公文写作用典一本通

一本通

罗轶 —— 著

深圳出版社

图书在版编目（CIP）数据

公文写作用典一本通 / 罗轶著. -- 深圳 : 深圳出版社, 2024.6
ISBN 978-7-5507-3955-0

Ⅰ. ①公… Ⅱ. ①罗… Ⅲ. ①公文—写作 Ⅳ. ①H152.3

中国国家版本馆CIP数据核字(2024)第006596号

公文写作用典一本通
GONGWEN XIEZUO YONGDIAN YIBENTONG

出 品 人　聂雄前
责任编辑　雷　阳
责任校对　万妮霞
责任技编　郑　欢
封面设计　麦克茜

出版发行　深圳出版社
地　　址　深圳市彩田南路海天综合大厦（518033）
网　　址　www.htph.com.cn
订购电话　0755-83460239（邮购、团购）
设计制作　麦克茜
印　　刷　深圳市华信图文印务有限公司
开　　本　787mm×1092mm　1/16
印　　张　30.25
字　　数　420千
版　　次　2024年6月第1版
印　　次　2024年6月第1次
定　　价　78.00元

序 言

公文用典是一门有节制的艺术，虽然只是一种修辞手法，但是只要使用适度，在公文写作中恰如其分地引用一些古言古语，就可以增强公文的历史底蕴，丰富文章的思想内涵，展现高度的文化自信，赋予公文一份震撼人心的力量之美。

一、公文用典：一个十分特别的职场文化现象

当前，公文写作越来越重视典故的使用，形成了一个十分特别的职场文化现象。我想有三个方面的因素推动了公文用典的繁荣。

（一）公文用典体现了我们这个时代的一种文风追求。公文作为政府机关公务往来以及工作指导、报告和交流的重要文书，它的写作风格往往是明显的风向标，发挥着重要的示范效应，更能引领一个时代的文风转变。当前，无论是国家领导人的讲话、文章、访谈，还是政府的工作报告，都分量不轻地引用了大量中国古代典籍中的历史典故。这些用典与当下社情民意联系起来，再配合亲民化的语言，收到了良好的表达效果，有很好的示范意义，让人感觉内蕴丰富，贴近生活。因此，"用典"成为当下转变公文写作文风的一个不可忽视的力量。

（二）公文用典可以增强文章或者说话者的亲和力。大凡公文性质的文章或者讲话，给我们的第一印象往往是理性的，甚至是硬邦邦、冷冰冰的。这个时候，如果在讲话或者文章中注入一些典籍，那么就会更具见人见物的感性色彩，既有历史的厚重感，又不乏轻松活泼。这样的文章或者讲话会更加立体、丰满，更具亲和力，不必长篇大论就能拉近与群众的距离，而且还能够迅速在社会上传播开来。

（三）公文用典可以增强文章或者讲话的魅力。在遵循公务文书语体特征的基础上，合理运用典故，通过对古言古语的诠释运用和创新发展，可以含蓄而深刻地表达作者的思想观点，增强公务文书的可读性与生动性，显得典雅含蓄、朴实大气，彰显魅力。

二、公文用典的三个原则

公文用典必须遵循这样三个原则：

（一）用典不能害意。公文用典归根到底是服务文章内容的，所有的用典不能以损害文意为代价博取眼球，否则就会哗众取宠，喧宾夺主，得不偿失。如果文稿不用典也能表达出真情实感，而且无害文意时，那么最好的选择是不用典。

（二）用典不能脱离读者和听众的视角。公文用典必须善于运用读者或者听众的视角，选择那些读者或听众耳熟能详的典故，不用或少用那些特别生僻的典故，避免文章艰涩，不知所言，主旨难解。

（三）用典不能脱离语境。一个典故表达的可能只是字面上的简单意义，也可能是语境所赋予的一种深层的含义，还有可能是一种言外之意，因而公文用典不能忽视文章的语境。这是一种"大语境"，更多的是一些非语言因素，包括时间、地点、场合、话题、身份、地位、文化背景等所有的主客观因素，它们不仅对用典起到了很大的限制性作用，而且对文章典故起到了很好的诠释作用，公文用典只有结合具体的语境，才能方便读者进行深入理解。

三、公文写作中该如何学习"用典"

本书提供了两条学习通道。

（一）"救急"通道。这条通道可以让你快速定位查找所需要的典故金句，马上就用，效果立竿见影。本书为每一个典故设计了一条以史为鉴、知古鉴今，重在古为今用、推陈出新的学习路径：

1. 领略经典。公文中的用典主要来自古代经典文献，书中为每一条典故提供了"典故出处"，引领大家回溯经典的源头，领略典故之美。

2. 融入语境。书中每一条典故都配置了"典故解读"，让读者充分融入经典文献的历史环境与语境中，感悟典故的博大精深，感受典故的"雍容华贵"，不仅解其言，更能知其意、明其理。

3. 诠释时代。书中设计的"场景应用"，可以最大限度地激活现实生活和工作中的问题与经验，赋予典故鲜活的现实意义和时代价值，激发典故为我所用、服务时代的能量与价值。

4. 实战实用。书中的"范文赏析"，为每一条典故在公文写作中的实战应用提供了技法案例，可以供读者借鉴揣摩。这些范文大部分选自近年来领导讲话及国内各大报刊文章，权威性、启发性、操作性极强，因而具有很高的欣赏价值。

5. 反馈修正。俗话说，眼过千遍，不如手过一遍。只有自己在公文写作中用上了这条典故，才算真正理解了这条典故。接下来，就可以通过领导与同事的反馈与评价，进一步修正自己的用典方法和技巧，使其更加成熟和高效。

（二）"修炼"通道。本书在框架设计上提供了一套基于典故体系的搭建路径，让你在学典的同时构建自己的用典体系。全书根据公文写作切入的常见场景，分为"大势篇""行业篇""修养篇"三个部分。

1. "大势篇"：顺应国家和地方的发展大势，从经济、政治、文化、社会、生态五个维度，切入宏观场景，以典说"势"，展现宏观"大势"。该篇体现出典故经世致用的价值和格局。

2. "行业篇"：顺应所在部门或领域的行业环境，从工作推动、组织管理、精神风貌、改革创新、廉政建设五个层面，切入中观场景，以典说"事"，展现行业发展的中观"趋势"。该篇用典更接"地气"，具有很强的行业实操性。

3."修养篇"：针对个人素质修养，从理想信念、思想品德、读书学习、生活情趣四个侧面，切入微观场景，以典说"情"，呈现个体微观"顺势"。该篇用典见微知著，提升人生境界，以自身修养顺应环境的"大势"和"趋势"，有所作为。

目 录

模块二 | 政治维度

模块三 | 文化维度

模块四｜社会维度

模块五 | 生态维度

模块六 ｜ 工作推动

模块七 ｜ 组织管理

模块八｜精神风貌

模块九 | 改革创新

模块十 | 廉政建设

第三单元 修养篇

模块十一 | 理想信念

模块十二│思想品德

模块十三｜读书学习

模块十四｜生活情趣

大势篇

模块一
经济维度

01

不务天时，则财不生；
不务地利，则仓廪不盈

【范文】

济南区位优越、交通便利，是一座通达之城。管子说过："不务天时，则财不生；不务地利，则仓库不盈。"济南南依泰山，北跨黄河，是中国沿海经济大省、文化大省、人口大省——山东省的省会，总面积 8000 平方公里，人口近 800 万，泉水超过 800 处。济南是位于北京、上海两大城市群之间的重要节点城市，北接京津冀，南连长三角，东承环渤海经济圈，西通中原经济区，是多个战略经济区交汇点。……权威机构的研究显示，济南是山东省辐射带动力最强的城市。从济南出发，可以"通四海""达三江"，为工商业发展奠定了重要基础。（选自 2018 年 9 月 28 日时任济南市委书记王忠林《在儒商大会上的讲话》）

【典故出处】

语出春秋时期《管子·牧民·国颂》："不务天时，则财不生；不务地利，则仓廪不盈。"

文中典故的意思是：不重视天时季节，就不能生产财富；不重视土地利用，就不能粮食满仓。

【典故解读】

《管子》一书是管仲学派以及稷下学宫的学者根据管仲的遗说和言论撰著而成的，涉及政治、经济、哲学、军事、法律等诸多方面，是后世道家、儒家、法家、阴阳家、兵家等多家学术思想的源头。

《管子》开篇就是《牧民》篇，系统地阐述了管子的治国理政思想。

《国颂》则是《牧民》篇的第一节，为全篇的纲领，体现了管子治国理政中的民本思想。

"不务天时，则财不生；不务地利，则仓廪不盈"，这句话强调了天时季节和土地利用对于经济发展的重要性。

【场景应用】

在新常态的经济环境下，我们迎来了从来没有的机遇，既有"天时"，又有"地利"。经济发展上倡导"天时地利人和"，就是要体现经济发展的区域性，充分尊重区域的文化和地域特点，唯有如此，我们的经济发展才会有底气、接地气，也才能从根本上发掘发展的活力。

【范文赏析】

这篇范文选自时任济南市委书记王忠林在 2018 年 9 月 28 日儒商大会上的讲话。这篇讲话谈古论今，文采斐然，被广大网友誉为"济南最美推介词"。

这篇讲话化用管子的典故"不务天时，则财不生；不务地利，则仓廪不盈"，阐释了济南市独特的地理环境对于促进经济发展的重要性。地利就是环境的优势，而济南占据了"地利"之先机，已经颇具规模，并呈迅猛发展之势，通过造势地利，为济南的经济发展创造出一个可持续发展的良好环境，从而可以更好地布局未来，赢得未来。

02　　　　　　　　　　　　民亦劳止，汔可小康

【范文】

　　向全面建成小康社会冲刺的艰巨任务落在我们肩上，人民在期待着我们，历史在期待着我们。长风过隘口，奋斗正当时。越是接近目标，越是形势复杂，越是任务艰巨，越需要真抓实干、埋头苦干，才能将中华民族千百年来"民亦劳止，汔可小康"的憧憬变为现实。（选自 2020 年 5 月 28 日《人民日报》评论员文章《真抓实干 埋头苦干》）

【典故出处】

　　语出《诗经·大雅·民劳》："民亦劳止，汔可小康。惠此中国，以绥四方。"

　　这段话的意思是：百姓实在劳苦，但求可以安康；爱抚王畿百姓，安定四方诸侯。句中典故表达了我国古人对安定宽裕生活的向往和追求。

【典故解读】

　　这是"小康"一词在中国古籍中的最早出处。作为一种社会模式，"小康"在《礼记·礼运》中得到系统地阐述，成为与"大同"相对的一种社会理想，也成为丰衣足食、安居乐业的代名词，成为中华民族追求美好生活的朴素愿望和社会理想。

【场景应用】

　　"小康社会"属于中国的原创，1989 年版《辞海》把"小康"解释为"家庭生活比较宽裕，可以安然度日"，成为一种介于温饱和富裕之间比较

殷实的生活状态。

在当代中国,"小康"被确立为国家发展目标,使之从一个抽象化的理想社会形态描述,逐渐发展成为一个蕴含经济、政治、文化、民生、社会、生态、国防等丰富指标体系的具象化的战略目标——"全面建成小康社会"。

【范文赏析】

《人民日报》这篇社论的副标题是"努力完成全年经济社会发展主要目标任务",文章中引用"民亦劳止,汔可小康"典故,更加凸显出"全面建成小康社会"的战略目标承载着历代中国人的美好追求,是中华儿女的千古梦想,在完成全年经济社会发展的目标任务过程中,我们只有真抓才能攻坚克难,只有实干才能梦想成真,"社会主义道路上一个也不能少,全面小康大家一起走!"

03

看似寻常最奇崛,成如容易却艰辛

【范文】

看似寻常最奇崛,成如容易却艰辛。深圳等经济特区一路走来,每一步都不是轻而易举的,每一步都付出了艰辛努力。深圳等经济特区改革发展事业取得的成就,是党中央坚强领导的结果,是广大干部群众开拓进取的结果,是全国人民和四面八方广泛支持的结果。(选自 2020 年 10 月 14 日习近平《在深圳经济特区建立 40 周年庆祝大会上的讲话》)

【典故出处】

语出北宋王安石《题张司业诗》："苏州司业诗名老，乐府皆言妙入神。看似寻常最奇崛，成如容易却艰辛。"这里的张司业是指唐代诗人张籍，王安石这首七绝是对诗人张籍的评价。

诗中典故的意思是：张籍的诗看似寻常，实际最为奇特；诗作写成好像容易，其中却充满了艰辛。

【典故解读】

这两句诗不仅适用于诗歌创作，也适用于其他方面。"看似寻常最奇崛"，对于那些看似寻常的事物，不要轻视，也不可忽视，往往在其看似普通的外表下，却隐藏着不寻常的奇特；"成如容易却艰辛"，任何成就的取得，从表面看不费力气，实际上却是用汗水换来的，这是成功的普遍规律。

【场景应用】

这两句诗可以用于多种场景，表达那些看似寻常、看似简单的事物，却最是别出心裁、出奇制胜，其中的付出也最多。

如果从经济维度来使用这个典故，更多是用来描述经济或者企业的发展，从最开始的一无所有，到如今的辉煌腾飞，其中的艰辛鲜为人知，所遇到的困难也远超常人，一项事业的成功来之不易，看似寻常的背后却饱含无尽的艰辛与磨难。

【范文赏析】

范文中的这两句诗描述了深圳等经济特区不平凡的发展历程，40 年的沧桑巨变，正是对"看似寻常最奇崛，成如容易却艰辛"的最好诠释。深圳作为改革开放后中国人民一手缔造的崭新城市，实现了从一座落后的边陲小镇到具有全球影响力的国际化大都市的蝶变，可以说是创造了世界经济史上的一个奇迹。但是，经济特区的奇迹是一代又一代特区建设者拼搏奋斗出来的，在它的传奇背后，每一步都不是轻而易举的，每一步都付出了艰辛努力。

04 足国之道，节用裕民

【范文】

　　把"过紧日子"内化于心，首先要牢固树立"过紧日子"的思想，在"过紧日子"中彰显为民情怀："足国之道，节用裕民。""过紧日子"不是紧民生，而是把钱花在刀刃上。这就必须要在质和量上下功夫，把更多真金白银投入到高质量发展和民生事业上来，用有限的财力和资源解决老百姓最关切的事，把政府精打细算的"过紧日子"变成人民群众实实在在的好日子；在"过紧日子"中诠释忠诚干净担当。（选自2020年6月2日《光明日报》评论员文章《扎牢"过紧日子"的制度篱笆》）

【典故出处】

　　语出战国时期《荀子·富国》："足国之道，节用裕民，而善臧其余。"

　　这段话的意思是：国家富足的根本途径就是节约支出，使民众富裕，并妥善贮藏多余的粮食财物。

【典故解读】

　　荀子提出"足国之道，节用裕民，而善臧其余"的论述，揭示了勤俭节约与国家富强之间的关系。这就是富国在于富民，但民众富裕了，更要注重勤俭节用、积蓄储备，唯有如此，才能保住社会财富，使国家长治久安、国富民强。

【场景应用】

在这个典故中，"节用"是手段，"裕民"是目的。近年来，《政府工作报告》多次提到"过紧日子"：2020年提出各级政府必须真正过紧日子；2021年指出各级政府都要节用为民、坚持过紧日子；2022年指出要坚持政府过紧日子，更好节用裕民。党政机关和领导干部坚持过、带头过紧日子，把更多资金用在支持高质量发展和民生事业上，正是让有限财力发挥出最大的社会效益、民生效益。

【范文赏析】

2020年，各级政府在财政收支矛盾加大的情况下，更是牢固树立"过紧日子"的思想。这年的《政府工作报告》提出"各级政府必须真正过紧日子"，这既是承诺，更是对全体党员干部发出的动员令。

《光明日报》这篇文章正是在这样的形势下，引用"足国之道，节用裕民"这句典故，表明勤俭节约是中华民族的优良传统，"过紧日子"就是以政府的"节"促百姓的"裕"，真正体现人民至上的理念，把紧日子过成一种生活常态，在"过紧日子"中体现党员干部的作风转变。

05 民之为道也，有恒产者有恒心，无恒产者无恒心

【范文】

"民之为道也，有恒产者有恒心，无恒产者无恒心。"自古以来，产权就是稳定人心、推动经济社会发展的"定盘星"。改革开放以来，我国大力推进产权制度改革，基本形成了归属清晰、权责明确、保护严格、流转顺畅的现代产权制度与产权保护法律框架，全社会产权保护意识不断增强，保护力度不断增大。（选自 2020 年 7 月 28 日《大众日报》大众锐评《有恒产者有恒心，有恒心者办恒业》）

【典故出处】

语出战国时期《孟子·滕文公上》："民之为道也，有恒产者有恒心，无恒产者无恒心。苟无恒心，放辟邪侈，无不为已。"

文中典故的意思是：百姓的生存之道是，有固定产业的人就会有恒心保持操守，没有固定产业的人就不会有恒心守住操守。

【典故解读】

孟子，名轲，战国时期思想家、教育家，师承子思，推崇孔子，最早提出"民贵君轻"思想，成为仅次于孔子的一代儒家宗师，有"亚圣"之称，与孔子并称"孔孟"。

《孟子》一书收录了孟子的言论著作，共七篇十四卷。南宋时期，朱熹将《孟子》与《论语》《大学》《中庸》合为"四书"，使之成为古代官定教科书和科举考试必读书。

这句话反映了孟子的民本思想，孟子主张百姓应该拥有"恒产"，这里

的"恒产"就是固定的土地,"恒心"就是一定的道德观念与行为准则,百姓拥有了恒产,才会有恒心。孟子认为,如果百姓没有恒心,没有道德观念和操守,那么就会放荡任性,胡作非为,没有什么坏事做不出来。

【场景应用】

在当代,"有恒产者有恒心,无恒产者无恒心"这句典故,常用来表达民富国强的道理,国家的繁荣稳定建立在百姓安居乐业的基础上,只有居者有其屋,才能形成社会的稳定力量。

【范文赏析】

这篇范文的刊发,是因为最高人民法院首次集中向社会公开发布了九起涉产权保护行政诉讼典型案例。文中引用"有恒产者有恒心,无恒产者无恒心"这句典故,表明产权的观念自古有之,加强产权的保护,让财产更加安全,让权利更有保障,这是依法治国的重要标尺。

　　　　　　　　　　　　　　　　凡治国之道,必先富民

【范文】

"凡治国之道,必先富民。"精神富足,才是真正的富足。有"富"才有"裕",人民才从容自信;有"富"才有"强",城市才大度包容。人民精神强健有力,城市精神朝气蓬勃,恰是城市繁荣昌盛的源源动力。(选自2020年6月15日《滨州日报》评论员文章《民之富,富在精神赋能》)

【典故出处】

语出春秋时期《管子·治国》："凡治国之道，必先富民。民富则易治也，民贫则难也。……民富则安乡重家，安乡重家则敬上畏罪，敬上畏罪则易治也。"

文中典故的意思是：治理国家的原则是，一定先让民众富裕起来。

【典故解读】

管仲治理国家最核心的思想就是"富民"治国论，提出通过发展经济，让国民富裕而不造反。他认为，民众富裕就容易治理，民众贫穷就难以治理。百姓富裕就安于乡居而重视家业，安乡重家就会恭敬君上而畏惧刑罪，敬上畏罪就容易治理了。

【场景应用】

公文写作中，"凡治国之道，必先富民"这句典故，常常用来表明共同富裕是中华民族几千年来梦寐以求的价值追求，国家稳定、社会和谐应该以增进人民福祉为根本前提，发展的最终目的是造福人民，必须让发展成果更多惠及全体人民。

【范文赏析】

范文以"凡治国之道，必先富民"这句典故开篇，并赋予了典故新的内涵，表达出"富强滨州建设"追求的民富，更是一种精神上的富足，是让越来越多的滨州人在城市的高速发展中不断提升获得感、幸福感，进而转换为高远的精神境界和饱满的精神状态，为人生、家庭、事业、社会赋能鼓劲。

07

合天下之众者财，
理天下之财者法

【范文】

　　合天下之众者财，理天下之财者法。站在"两个一百年"的历史交汇点，我国朝着既定战略目标前行，需要社会主义市场经济中各种形态资本形成合力，健康发展，充分发挥作用。(选自 2022 年 8 月 8 日《经济日报》文章《发挥好重要生产要素的积极作用——正确认识和把握资本的特性和行为规律（上)》)

【典故出处】

　　语出北宋王安石《度支副使厅壁题名记》："夫合天下之众者财，理天下之财者法，守天下之法者吏也。吏不良，则有法而莫守；法不善，则有财而莫理。"

　　文中典故的意思是：能够聚合天下民众的是财富，能够治理天下财富的是法律。

【典故解读】

　　《度支副使厅壁题名记》是王安石创作的一篇散文。北宋时设置三司使，总管国家财政。三司指盐铁、户部、度支，度支副使就是分管度支的副使。

　　仁宗嘉祐五年（1060），王安石担任度支判官，当时的度支副使吕景初掌管全面事务，王安石在其授意下，写下了这篇题名记。这篇文章借用厅壁题名这件事，借题发挥，从国家财政、法制、选才理财等方面，直抒己见，文思开阔，说理精辟。

　　文中"合天下之众者财，理天下之财者法"这句话，表达了王安石对于资本在内的生产要素如何进行有效监管的观点：一方面通过合理调配财力物力，激发民众齐心协力，推动国家经济发展；另一方面，制定财富治理的法律规范，有效统理全国财力物力。

接着，王安石又说，执守国家法律的是官吏，如果官吏不行，那么即使有法律也不能依法行事；如果法律不完善，那么即使有财富也不能管理好。

【场景应用】

公文写作中，"合天下之众者财，理天下之财者法"这句典故，常用于加强现代法治经济建设的文章，教育引导党员干部要增强法治思维，依法管理各种经济活动。

【范文赏析】

《经济日报》这篇文章的主题是发挥好资本作为重要生产要素的积极作用，范文引用"合天下之众者财，理天下之财者法"这句典故，强调了规范和引导资本健康有序运行，对于促进社会主义市场经济发展的重大意义。

08　　　　　　　　　　　国之称富者，
　　　　　　　　　　　　　　在乎丰民

【范文】

"国之称富者，在乎丰民。"共同富裕是社会主义的本质要求，是中国式现代化的一个重要特征，是人民群众的共同期盼，也是中国共产党人的不懈追求。（选自2022年2月22日《人民日报》文章《实现共同富裕要循序渐进》）

【典故出处】

语出三国时期魏国钟会《刍荛论》："国之称富者，在乎丰民，非独谓府库盈、仓廪实也。且府库盈、仓廪实，非上天所降，皆取资于民，民困则国虚矣。"

文中典故的意思是：国家的富裕，体现在百姓的富足上。

【典故解读】

钟会是三国时期魏国的军事家、书法家，他写的《刍荛论》是一篇陈述自己政治观点的议论文。从篇名上看，"刍"是割草，"荛"是打柴，"刍荛"就是割草打柴的人，引申为草野之人，古人在陈述意见时常用"刍荛之言"自谦。

钟会在文中阐述了国家富裕在于百姓富足的道理，国家富裕不单指国库充盈、粮仓充足，因为这些不是天上掉下来的，都是取自百姓，如果百姓穷困，那么国库势必空虚。

【场景应用】

公文写作中，"国之称富者，在乎丰民"这句典故，常用来表达国富与民富的关系，强调实现全体人民共同富裕是建设社会主义现代化的题中应有之义。

【范文赏析】

范文引用"国之称富者，在乎丰民"这句典故，表达共同富裕是中华民族的世代追求，更是我们这个时代的本质要求和不懈追求。

一粥一饭，当思来处不易；
半丝半缕，恒念物力维艰

【范文】

　　勤俭节约是中华民族的传统美德，是上下五千年代代赓续的精神财富。对粮食的敬畏之心、感恩之意、爱惜之情，是个体得以生存、家族得以兴旺、人类得以繁衍、文明得以传承的核心要素。"一粥一饭，当思来之不易；半丝半缕，恒念物力维艰。"食为政首，粮安天下。毫无疑问，我们要像爱惜生命一样爱惜每一粒粮食。（选自 2020 年 8 月 13 日《安康日报》署名文章《一粥一饭当思来之不易》）

【典故出处】

　　语出清朝朱柏庐《朱子家训》："一粥一饭，当思来处不易；半丝半缕，恒念物力维艰。宜未雨而绸缪，毋临渴而掘井。"

　　文中典故的意思是：对于一碗粥一顿饭，我们应当想到它们来之不易；对于半根丝半根线，我们要常念生产这些物资是十分艰难的。

【典故解读】

　　朱柏庐原名朱用纯，自号柏庐，明末清初理学家、教育家，居乡教授学生，潜心研究程朱理学，倡导知行并进，躬行实践，颇负盛名。

　　朱柏庐所著《治家格言》，世称《朱子家训》，虽然仅 525 字，但是问世后就成为童蒙必读教材，被尊为"治家之经"。

　　其中"一粥一饭，当思来处不易；半丝半缕，恒念物力维艰"这句典故，告诫人们对于粮食和物品，要懂得珍惜，不要浪费。同时，还告诫大家，凡事都要预先做好准备，不要等到下雨的时候才想起修缮房子，不要等到口渴的时候才想起去挖井。

【场景应用】

公文写作中，"一粥一饭，当思来处不易；半丝半缕，恒念物力维艰"这句典故，可以用于制止餐饮浪费行为，提倡"厉行节约、反对浪费"的社会风尚。

【范文赏析】

这篇范文化用典故"一粥一饭，当思来处不易；半丝半缕，恒念物力维艰"，强调了勤俭节约自古以来就是中华民族的传统美德和精神财富，天育物有时，地生财有限，日子过得越好，越不能忘本，越要将老祖宗的古训牢记心头，代代相传，这也是我们民族文化得以传承的核心力量。

治国有常，而利民为本

【范文】

要聚焦民生补短板。"治国有常，而利民为本。"满足人民日益增长的美好生活需要是做好经济工作的根本目的。中央经济工作会议围绕老百姓关心的就业、消费、住房等民生问题作出全面部署，既体现出鲜明的人民立场、深厚的人民情怀，又为做好新形势下的民生工作指明了方向。（选自2020年12月20日《沧州日报》评论员文章《深入学习贯彻中央经济工作会议精神 奋力开创沧州高质量跨越式发展新局面》）

【典故出处】

语出西汉刘安《淮南子·氾论训》："治国有常，而利民为本；政教有经，而令行为上。"

文中典故的意思是：治理国家有常法，但最根本的是让百姓获利。

【典故解读】

刘安是西汉时期的思想家和文学家，汉高祖刘邦之孙，淮南厉王刘长之子。《淮南子》又名《淮南鸿烈》，是刘安召集门客集体编写而成，有内篇21卷，外篇33卷，内容以道家思想为主，同时又夹杂着先秦各家的学说。《氾论训》出自《淮南子》的《内篇》，"氾论"亦作"泛论"，意思是广泛地论述，文中广泛地探讨了古往今来治乱兴衰的得失。

刘安在文中阐述了治理国家的常法，最根本的是让百姓获利，而政治教化也有常规，但最重要的是政令畅通无阻。

【场景应用】

公文写作中，"治国有常，而利民为本"这句典故，常用来表现以人民为中心的发展思想，即实现全体人民共同富裕，让老百姓享受更优质的物质生活，得到更多的实惠，真真切切地感到满足。

【范文赏析】

这篇评论员文章的主题是学习贯彻中央经济工作会议精神，实现高质量跨越式发展，文中引用"治国有常，而利民为本"这句典故，强调做好经济工作的立足点是关注民生问题，因此要聚焦民生补短板，办好民生实事，增进民生福祉。

11

富有之谓大业，
日新之谓盛德

【范文】

　　回首中国改革开放 40 多年的历程，创新与企业家精神是推动社会进步、经济增长的巨大驱动力。"富有之谓大业，日新之谓盛德。"在改革开放的浪潮中，我国涌现了一大批质量好、效益高、竞争力强、影响力大的一流企业，激活了广大人民群众（包括个体户、科技者、企业家等）的创新活力、创业动力、创造伟力，推动中国持续经济发展和财富创造。（选自2020 年 7 月 28 日《经济时报》署名文章《弘扬企业家创新精神 激发高质量发展动能》）

【典故出处】

　　语出《周易·系辞传上》："富有之谓大业，日新之谓盛德，生生之谓易，成象之谓乾，效法之谓坤，极数知来之谓占，通变之谓事，阴阳不测之谓神。"

　　文中典故的意思是：让天下所有人在物质和精神上富有，这就是弘大功业；推动万事万物日日进步增新，这就是盛美德行。

【典故解读】

　　《周易》包括"经"和"传"两个部分，"传"是对"经"的解释。《易经》和《易传》虽同属一部书，但产生于不同的时代。

　　《易传》共十篇，被称作"十翼"，分别是《彖传》上下篇、《象传》上下篇、《文言传》、《系辞传》上下篇、《说卦传》、《序卦传》、《杂卦传》。《系辞传》是《易传》中的两篇，可以说是孔子的学易心得，总论《易经》大义，是阐释经文的专论。

文中这段引语出自《系辞传》，以"富有之谓大业，日新之谓盛德"这句话提出了"富有"与"日新"，接着就阐述了易经的通变：阴阳变化生生不已叫作易，在天成象为乾，在地效法天的法则为坤，穷尽阴阳数的变化预知未来叫作占，根据变化规律作出应变叫作事，天地变化不可预测叫作神。

【场景应用】

公文写作中，"富有之谓大业，日新之谓盛德"这句典故，可以用来体现企业家创新引领精神对于经济建设和发展的重要意义，唯有物质和精神财富日有所进，才能成就大业盛德。

【范文赏析】

《经济时报》这篇文章的主题是弘扬企业家创新精神，文中引用"富有之谓大业，日新之谓盛德"这句典故，体现了企业家创新精神是国家发展的宝贵财富、人民幸福的重要依托，唯有企业家创新精神生生不息，才能推动国家经济行稳致远，走高质量发展道路，社会才有蓬勃活力。

12 洪范八政，食为政首

【范文】

"洪范八政，食为政首"。我国有 14 亿多人口，粮食安全是头等大事。……我们的饭碗必须牢牢端在自己手里，粮食安全的主动权必须牢牢掌控在自己手中。……粮食安全什么时候都不能轻言过关，而端稳中国饭碗，必须持之以恒培养农业人才，培养高素质农业生产者、经营者。（选自 2022年 3 月 2 日《光明日报》时评文章《人，是保障粮食安全的目标和依靠》）

【典故出处】

语出东汉班固《汉书·食货志第四》："《洪范》八政，一曰食，二曰货。……食足货通，然后国实民富，而教化成。……舜命后稷以'黎民祖饥'，食为政首。"

典故"洪范八政，食为政首"是从上段文字中化用而来的，意思是：治理国家的八大政务中，解决吃饭问题是第一要务。

【典故解读】

《洪范》是《尚书》中的篇名，"洪"是"大"，"范"是"法"，"洪范"的意思就是治理国家的大法。所谓"洪范八政"，是指我国古代国家施政的八个重要方面，包括食、货、祀、司空、司徒、司寇、宾、师，其中粮食问题是治理国家的头等大事。

《食货志》是东汉班固《汉书》十志中的一篇，按照"食"和"货"两部分，概括论述了西汉时期的农业经济情况和财政货币状况。

这段引文指出，古人治理国家的八大政务，一是管理民食，二是管理财货。……如果食物充足，货物流通，那么国家就会殷实，百姓就会富足，这样政教风化也就形成了。……帝舜任命后稷为农官，因为粮食是为政的首要任务。这段话充分体现了我国古代思想文化中"民以食为天"的重要内容。

【场景应用】

公文写作中，"洪范八政，食为政首"这句典故，常用于探讨农业生产和粮食安全等问题，还可以用于落实餐饮节约等各项措施的文章中。

【范文赏析】

《光明日报》这篇时评文章的主题就如标题所言，"人，是保障粮食安全的目标和依靠"，文中引用典故"洪范八政，食为政首"，强调我国自古以来就是崇尚农业、以粮为本的国家，特别是对于一个有14亿多人口的大国来说，粮食问题关乎国家安全和社会稳定，因此，唯有持之以恒地培养农业人才，培养高素质农业生产者、经营者，才是解决粮食安全的根本保障和依靠。

13 万言经济略，三策太平基

【范文】

推动经济增长，为发展打下坚实基础。**万言经济略，三策太平基。**在过去的一年，江苏的生产总值达到11.64万亿元，对全国经济增长的贡献率超过10%，为稳定全国发展大局发挥了压舱石、定星盘的作用。（选自2022年7月25日龙虎网署名文章《栉风沐雨不忘"江"来路，砥砺奋进"苏"写新篇章》）

【典故出处】

语出唐朝白居易《代书诗一百韵寄微之》："并受夔龙荐，齐陈晁董词。**万言经济略，三策太平基。**"

诗中典故的意思是：长达万余字的经邦济世策论，成为实现国家安定太平的基石。

【典故解读】

白居易，字乐天，号香山居士，唐代三大诗人之一，有"诗魔"和"诗王"之称。白居易与元稹共同倡导新乐府运动，世称"元白"。

《代书诗一百韵寄微之》是一首五言排律，"微之"是元稹的字。元稹任监察御史期间，因秉公执法触犯权贵利益，仕途受挫被贬，当时任翰林学士的白居易，直言上疏，但是未被采纳，于是写下这首五言长诗，为元稹鸣不平。

所引诗句中的"夔龙"相传为舜的两名大臣，夔为乐官，龙为谏官；"晁董"是晁错和董仲舒的并称，二人是西汉时期以策论治道见长的大臣，后世称"晁董之才"。诗句中"经济"一词是"经世济民"的意思，不同于现代的"经济"；"三策"是指举人应试的三道试策题，这里也可以借指董仲舒的"天人三策"。

【场景应用】

公文写作中，"万言经济略，三策太平基"这两句诗，如果用于经济建设和发展领域，可以用来表达政府或者企业的发展理念和目标，也就是经济发展的最终目标是稳定社会、安定人民、维护国家安全，最终实现太平盛世。

【范文赏析】

龙虎网这篇署名文章的主题是聚焦江苏经济发展目标，号召江苏人民把握时代发展机遇，踔厉奋发，走好每一步，谱写江苏发展的新篇章。文中引用"万言经济略，三策太平基"，更加凸显了江苏经济发展在稳定全国发展大局中发挥的压舱石、定星盘作用。

14

仓廪实而知礼节，
衣食足而知荣辱

【范文】

　　精神文明建设是一个自觉规划、自主建设的过程。物质文明是精神文明的必要条件，但非充分条件。有人认为物质文明建设好了，精神文明自然就有了，精神文明建设是一个水到渠成的事情。例如，有人就引用"仓廪实而知礼节，衣食足而知荣辱"来佐证上述观点。其实，"仓廪实而知礼节，衣食足而知荣辱"道出的是"仓廪实衣食足"是"知礼节知荣辱"的基础，没有这个基础，人们无暇顾及礼节荣辱，有了"仓廪实衣食足"就会有"知礼节知荣辱"的要求；并不意味着仓廪实必然知礼节，衣食足必然知荣辱。社会上存在的炫富、"土豪"等现象就是例证。（选自 2016 年 3 月 21 日《光明日报》署名文章《缩小两个差距促进两个文明协调发展》）

【典故出处】

　　语出西汉司马迁《史记·管晏列传》："仓廪实而知礼节，衣食足而知荣辱，上服度则六亲固。四维不张，国乃灭亡。下令如流水之原，令顺民心。"

　　文中典故的意思是：国家粮仓充足了，百姓才懂得遵守礼仪，百姓丰衣足食了，才能分辨荣辱懂得羞耻。

【典故解读】

　　"仓廪实而知礼节，衣食足而知荣辱"这句典故，最早出自春秋时期的《管子·牧民》："仓廪实则知礼节，衣食足则知荣辱。"司马迁写管仲时，引用了管仲的这段话，揭示了管仲治理内政"取信于民"的指导思想。

这段话中的"六亲"众说不一，可泛指亲属；"四维"指礼义廉耻。

管子的这段论述在提出"仓廪实则知礼节，衣食足则知荣辱"这一观点后，接着指出，只有国君的作为合乎法度，"六亲"才会得以稳固；如果礼义廉耻得不到推行，那么国家就不复存在；国家颁布政令就像流水的源头，要能顺乎民心。

【场景应用】

公文写作中，"仓廪实而知礼节，衣食足而知荣辱"这句典故，常用于社会治理和经济建设中，表达国家要重视粮食安全和民生问题，采取措施保障人民基本生活，维护社会稳定。

【范文赏析】

《光明日报》这篇署名文章的主题是缩小差距促进精神文明和物质文明的协调发展，文中引用典故"仓廪实而知礼节，衣食足而知荣辱"，是为了批驳错误观点，更好地阐明精神文明与物质文明之间的关系，这就是"仓廪实衣食足"是"知礼节知荣辱"的基础，但是并不意味着仓廪实必然知礼节，衣食足必然知荣辱。

15　　　　　　　　不富无以养民情，
　　　　　　　　　　　　　不教无以理民性

【范文】

"不富无以养民情，不教无以理民性"，在浙江高质量发展建设共同富裕示范区的进程中，打造新时代文化高地，推进社会主义先进文化发展先行示范是一大重点。（选自2023年4月5日中国文明网文章《浙江以文化惠民 让"最美"从现象成为风景》）

【典故出处】

语出战国时期《荀子·大略》："不富无以养民情，不教无以理民性。故家五亩宅，百亩田，务其业，而勿夺其时，所以富之也。立大学，设庠序，修六礼，明七教，所以道之也。"

文中典故的意思是：不让百姓富裕，就无法调养百姓的性情；不对百姓施教，就无法整饬百姓的本性。

【典故解读】

荀子是先秦时期一个总结式的人物，他吸取了儒、墨、道、法等诸家学术精华，又提出很多新的见解，成为一位集大成的思想家、教育家。经济思想是荀子思想的重要组成部分，他提出的"富国裕民"的理论主张，包含着丰富的经济和政治智慧，对调节社会贫富差距、维护社会稳定具有重要的价值和意义。

《荀子·大略》讲的是大的方略，全文论述最多的是"隆礼尊贤"的思想以及各种礼节仪式。文中"不富无以养民情，不教无以理民性"这段论述，指出富民是教民的基础，提出如果每家配置五亩宅基地，一百亩耕地，让他们从事农耕生产，也不耽误农时，那么这就是让他们富裕起来的办法；如果国家建立高等学府，设立地方学校，整饬礼仪，彰显教育，那么这就是用来引导他们的办法。

【场景应用】

公文写作中，"不富无以养民情，不教无以理民性"这句典故，可以用来强调自古以来共同富裕就是我们国家治国理政的思想理念，不仅是经济上的满足，还包括思想文化上的充实，物质和精神同步发展，才是共同富裕。

【范文赏析】

中国文明网这篇文章引用典故"不富无以养民情，不教无以理民性"，体现了浙江高质量发展建设共同富裕示范区，不仅仅是让人民群众在经济上获得实惠和满足，更重要的是，浙江正在打造新时代文化高地，以文化惠民，让社会主义先进文化成为共同富裕的重要内容。

 **16** 五谷丰登，民康物阜

【范文】

摆脱贫困、迈向小康，是中华民族数千年来的梦想。这体现为"民亦劳止，汔可小康"的美好憧憬，"五谷丰登，物阜民康"的热切企望。消除贫困，是社会主义的本质要求，是中国共产党人的不懈追求。新中国成立后特别是改革开放以来，党带领人民向贫困宣战，实施一系列中长期扶贫规划。进入新时代，党中央从全面建成小康社会的全局出发，作出一系列重大部署，脱贫攻坚力度之大、规模之广、影响之深前所未有。（选自2020年8月6日《经济日报》评论文章《谱写人类反贫困历史新篇章》）

【典故出处】

"五谷丰登"语出西周姜尚《六韬·龙韬·立将》："是故风雨时节，

五谷丰登，社稷安宁。"

"民康物阜"语出清朝郑观应《盛世危言·吏治下》："可见当时君明臣良，民康物阜，致治之隆非无故也。"

"五谷丰登，民康物阜"这句典故的意思是：物产丰富，人民安康，物资丰富，社会安定。

【典故解读】

《六韬》是西周时期姜太公与周文王、周武王之间的对话记录，分为《文韬》《武韬》《龙韬》《虎韬》《豹韬》《犬韬》六篇，论述了治国、治军和战争谋虑的方方面面，被誉为"兵家权谋之祖""古代军事百科全书"。《龙韬》阐述了军队的组织建设、将帅的选拔和奖惩体系、作战体系建设等。其中《立将》篇讲述的是君王任命主将的仪式和方法，"五谷丰登"这句引文出于此。

另一句引语"民康物阜"，出自晚清思想家和实业家郑观应所著《盛世危言》。郑观应在长期的实业、政界生涯中，致力于探讨国富民强之策。《盛世危言》是我国一部较早研究从传统社会向现代社会转型的著作。郑观应在书中提出了大力发展民族工商业、同西方国家进行"商战"、设立议院、实行"君民共主"制度等主张，这些改良封建社会、逐步实现君主立宪制度和资本主义经济制度的思想，对近代中国产生了深远影响。

【场景应用】

公文写作中，"五谷丰登，民康物阜"这句典故常用来展现人民群众共建美好家园、共享幸福生活的生动实践，以及全面建设小康社会给人民群众带来的获得感、幸福感和富足感。

【范文赏析】

《经济日报》这篇评论文章写于脱贫攻坚战的收官之年，文中化用典故

"五谷丰登，民康物阜"，用以表达中华民族数千年来的梦想就是摆脱贫困、迈向小康，丰衣足食一直都是先民们最朴素的生活追求，如今我们经过连续奋斗，已经到了打赢脱贫攻坚战的收官时刻，中华民族富民裕民的千年梦想也将成为现实。

17　　不义而富且贵，
　　　　于我如浮云

【范文】

孔子有句"不义而富且贵，于我如浮云"，杜甫有诗"丹青不知老将至，富贵于我如浮云"。在传统文化的价值排序中，义比利更具道德优先性，理想的人生不能为了荣华富贵而践踏仁义道德，在物质利益之上，更应注重道德修炼。这是古人"义利之辨"的价值起点，在今天仍然烛照我们前行。（选自 2014 年 4 月 30 日《人民日报》文章《领导干部的"义利之辨"》）

【典故出处】

语出春秋时期孔子《论语·述而》："饭疏食饮水，曲肱而枕之，乐亦在其中矣。不义而富且贵，于我如浮云。"

文中典故的意思是：不符合道义得来的富贵，对我来说就像是天上的浮云。

【典故解读】

《论语》为儒家经典之一，是一部以记言为主的语录体散文集，主要以语录和对话的形式记录了孔子及其弟子的言行，集中体现了孔子的政治、审美、道德、伦理等价值思想，内容涉及政治、教育、文学、哲学以及立身处世等方面。《述而》是《论语》的第七篇，阐述了孔子的教育思想和学习态度，以及对仁德等道德范畴作了进一步阐释。

引文中"不义而富且贵，于我如浮云"这段话，体现了孔子"安贫乐道"的思想。对于君子来说，即使吃粗粮、喝白水，弯着胳膊当枕头，也是自得其乐，乐趣无穷；可是，如果通过不正当的手段获取荣华富贵，对于君子来讲就像是天上的浮云一样。因此，在孔子看来，贫寒并不是问题，贫寒而不能践行道义才是真正的问题；富贵也不是问题，以不正当的手段牟取富贵才是真正的问题，君子爱财，取之有道，人的一生就应该追求大义之境。

【场景应用】

公文写作中，"不义而富且贵，于我如浮云"这句典故可以用来强调商业发展应该坚持正当经营和诚信经营，注重长远发展，建立良好的品牌形象和商誉，而不是通过不义的手段追求短期的利益，只有这样，才能获得真正的价值和成功。

这句典故还告诫我们，道德与正义比财富和地位更重要，在面临义利取舍时，应该坚持正道，不要为了一时的利益而背离道义和正义。

【范文赏析】

《人民日报》这篇文章论述的是领导干部的义利观，文中引用孔子的典故"不义而富且贵，于我如浮云"，体现了中国传统文化历来崇尚道义和正义的价值观念，义比利更具道德优先性，因而对于新时代的领导干部来说，更应该摆正义与利的关系，绝不能为了一时的利益而背离正道。

18   富与贵，是人之所欲也

【范文】

　　人设既与行业、事业、产业相联系，就会与名誉、利益相挂钩。名与利，都是有合理性的，不必讳言。孔子说"君子疾没世而名不称焉"，也说"富与贵，是人之所欲也"。但面对忘乎所以的追名，他的告诫是"君子去仁，恶乎成名"；对于富贵的向往，他主张"不以其道得之，不处也"。古往今来，名与利和仁与道，或者进一步说，是和法律与道德紧密相连的。

　　（选自 2021 年 9 月 2 日《光明日报》文章《也谈"泡沫人设"的崩塌》）

【典故出处】

　　语出春秋时期孔子《论语·里仁》："富与贵，是人之所欲也；不以其道得之，不处也。"

　　文中典故的意思是：金钱和地位，这是人人都想得到的，但是，如果通过不正当的手段得到这些，君子是不会接受的。

【典故解读】

　　《里仁》是《论语》的第四篇，重点阐述了《论语》的核心思想"仁"，包括仁的存在范围、如何修身养德、义与利的关系、君子与小人等。

　　"富与贵，是人之所欲也"这段话体现了孔子对于"富与贵"的基本态度。在孔子看来，每个人都想过上富裕和尊贵的生活，这是人的追求和向往，本无可厚非，但是对于君子而言，富与贵应当遵循仁义之道，通过正当途径获取，这是君子安身立命的原则和基础。

【场景应用】

公文写作中,"富与贵,是人之所欲也"这句典故可以用来体现人们对于财富和地位追求的名利观,强调名利富贵是人的正常欲求,但是这种欲求"取之有道",应当服从价值取向和道德底线。

这句典故还常用来教育引导党员干部,面对市场经济的诱惑,要树立正确的价值观和名利观,为官应该踏踏实实,真抓实干,对于"欲"字,取之有道,用之有度,守得住底线,经得起诱惑,管得住欲望。

【范文赏析】

《光明日报》这篇文章针对演艺圈接二连三的"人设崩塌"事件,提出对于名利的追逐不能突破道义的底线。文中引用孔子的典故"富与贵,是人之所欲也",强调中华传统伦理道德所崇尚的"重义轻利",并不意味着完全违背人性,拒绝正常的物质需求,而是"取之有道",名利是以道德、法律为底线的。

19　　　　　　　　下贫则上贫,下富则上富

【范文】

"下贫则上贫,下富则上富。"五年前,苍南县率全省之先开展公共财政"折股量化"试点,充分发挥财政扶贫资金"四两拨千斤"的作用,带动资本注入,让"一洼水"变成"一眼泉",实现低收入农户增收致富和村集体经济消薄"双赢",打造"扩中提低"新机制,开启"富民路"。(选

自 2022 年 6 月 10 日《温州日报》评论文章《苍南：富民为始"折股量化"创绘共富"百景图"》）

【典故出处】

语出战国时期《荀子·富国》："上好功则国贫，上好利则国贫，士大夫众则国贫，工商众则国贫，无制数度量则国贫。下贫则上贫，下富则上富。"

文中典故的意思是：如果百姓生活贫困，那么国家必然困顿；如果百姓生活富足，那么国家必然富裕。

【典故解读】

《荀子》是荀况的著作集，共三十二篇，《富国》是其中的第十篇，主要阐述了国家富足之道，提出了国家经济发展的政治原则和方针策略。

"下贫则上贫，下富则上富"这段话强调了社会财富是由民众创造的，体现了荀子所主张的由富民而成就富国的思想观点。在荀子看来，一个国家的强弱贫富，可以通过一定的表面征兆看出来：如果上位的人好大喜功，贪图私利，公务人员人浮于事，全民不务本业而追逐工商利益，政府财政支出毫无节制，那么这样的国家必然会贫穷。因而，如果百姓生活贫困，那么国家必然困顿；如果百姓生活富足，那么国家必然富裕。

【场景应用】

公文写作中，"下贫则上贫，下富则上富"这句典故，可以用来表达自古以来共同富裕就是重要的治国理政思想理念，理想的社会状态在于人人都有追求富裕的机会，在于百姓的富足安乐，民富一直是国富的基础。

【范文赏析】

《温州日报》发表的这篇评论文章，围绕苍南县项东村投资小微园建设这样一件让发展成果惠及全体村民的改革项目，描绘出一幅创绘共富的"百景图"。文中引用典故"下贫则上贫，下富则上富"，旨在表达苍南县的改革举措体现了中华民族几千年来对共同富裕的美好期盼，改革成果惠及全体村民，为全村带来更多的机会和资源，实现全村共同富裕，开启了"富民路"。

模块二
政治维度

01

来而不可失者，时也；
蹈而不可失者，机也

【范文】

近 1000 年前，中国宋代文学家苏轼说过："来而不可失者，时也；蹈而不可失者，机也。"发展中美关系要顺时应势、与时俱进。35 年来，尽管国际环境和我们两国各自国情都发生了深刻变化，但中美关系能克服困难、不断前行，其原因就是两国几代领导人准确把握时代脉搏，不断赋予中美关系新的内涵和动力。今天，我们双方更应该审时度势，转变思路、创新思维，不断开创两国合作新局面。（选自 2014 年 7 月 9 日习近平《在第六轮中美战略与经济对话和第五轮中美人文交流高层磋商联合开幕式上的致辞》）

【典故出处】

语出北宋苏轼《代侯公说项羽辞》："来而不可失者，时也；蹈而不可失者，机也。"

文中典故的意思是：来到了就不可丧失掉的是时间，遇到了就不可错失的是机会。

【典故解读】

楚汉相争时，项羽把刘邦的家眷关在军中作为人质。刘邦派陆贾去劝项羽放人，项羽不肯。后来刘邦手下一个叫侯公的说服了项羽。但侯公究竟是怎样说服项羽的，史书上没有记载。苏轼便代侯公把说服项羽的经过写了下来，这就是《代侯公说项羽辞》。

这篇文章与其说是代侯公说辞，不如说是苏轼借刘邦、项羽的故事，表达自己对北宋时期天下大势的看法，宣扬自己的政治主张。

【场景应用】

古往今来，在我们的观念中，"时"不仅仅是一个物理意义上的计时单位，更是一个历史时期的发展趋势，强调的是与时俱进。难得者时，易失者机，在时间的流转中，形势随时移易，机遇转瞬即逝，我们要因势而动，顺势而为。因此，这个典故多用于政治维度的形势分析。

当然，这个典故还可以用于个人的干事创业中，使用范围广泛，可用于很多不同的主题中，用以说明时间宝贵，机不可失，告诫我们抓住机会成就事业，世上最可贵的就是机遇。

【范文赏析】

2014 年 7 月 9 日，习近平在第六轮中美战略与经济对话和第五轮中美人文交流高层磋商联合开幕式上致辞，引用了"来而不可失者，时也；蹈而不可失者，机也"这个典故，用以强调发展中美关系要顺时应势、与时俱进，面对日新月异的世界，中美两国应该抓住机遇，携手合作，共同应对挑战，建设一个包容发展的美好世界。

02

不审天下之势，
难应天下之务

【范文】

细化双拥工作的落实举措，需从全局上统筹推进。"审天下之势，应天下之务。""十三五"时期，甘肃省系统建立了"党委统一领导、军地齐抓共管、军事机关组织协调、有关部门积极参与"的双拥联动机制。"十四五"期间全面深化提升双拥工作内涵，更要善于从大处着眼，切实做到缺什么补什么，按照国家和军队需要构建双拥工作大格局。(选自2021年6月26日《解放军报》文章《审天下之势 应天下之务》)

【典故出处】

语出北宋苏洵《几策·审势》："彼不先审天下之势而欲应天下之务，难矣！"

"不审天下之势，难应天下之务"是从上段文字中化用而来的，意思是：你不看清天下的形势，就难以应对天下的事务。

【典故解读】

《审势》是苏洵基于北宋的社会现实，以古为鉴，针对时政而作。文章认为北宋是势强而政弱，在总结了历史经验教训的基础上，提出了自己的治理良策。

【场景应用】

"势"是一种客观存在，是事物发展过程中表现出来的规律性趋向，它是在内外部因素不断作用下，积小为大、积弱为强，最终成为推动事物朝着确定方向发展的力量。

我们身处变动不居的时代环境，无论是谋划变革还是推动发展，都离不开对"势"的认知与把握。实践证明，察大局、谋大势，就能站在更高起点、更高层次、更高目标上，务实事、抓落实、求实效，牢牢把握主动权。

【范文赏析】

范文中的"审天下之势，应天下之务"，是对原典的反话正说，表明落实双拥工作的各项任务，还要善于从大处着眼，从全局上统筹推进，做到缺什么补什么。

03

知屋漏者在宇下，
知政失者在草野

【范文】

"知屋漏者在宇下，知政失者在朝野。"事实证明，"低调"的调研才能更好地摸准实情、提好对策，用心用情为民解难题，真正变"指导"为"服务"，变"部署"为"取经"，从本质上为调查研究"正本清源"，推动调查研究"从实里来到实里去"，让调研真正成为高效推进工作的"传家宝"。（选自 2020 年 9 月 24 日《吉林日报》文章《调研"低调"成果方能"高调"》）

【典故出处】

语出东汉王充《论衡·书解》："知屋漏者在宇下，知政失者在草野，知经误者在诸子。"

文中典故的意思是：知道房屋漏雨的人，身在房屋下；知道政治有过失的人，身在民间。

【典故解读】

《书解》篇的主要内容，是替儒家之外的诸子百家进行辩护，这句典故的后一句"知经误者在诸子"，意思是知道经书错误的人在诸子。但流传后世并警醒为政者的，却是"知屋漏者在宇下，知政失者在草野"。引文中的这句典故告诉当政者，评价政策优劣得失的不是制定政策的统治者，而是政策的施行对象，也就是百姓。

房子漏不漏，盖房子的人说了不算，只有住在屋内的人说了才算；同样，政策的施行效果好不好，政策制定者是没有发言权的，只有老百姓才有最清晰、最直观的感受。

【场景应用】

这句典故多用于呼吁为政者不要总是居庙堂之高，不察民间之苦，让施政脱离实际，失之偏颇。此外，这句典故对于我们的工作、学习和生活，也不无现实意义，它告诫我们，无论是官场为政、职场做事还是为学求学，都不能以自己的主观意志和主观感觉为依据，而是要重视行动对象的真实反馈和效果，重视民众声音、了解大众需求、调动百姓参与。

【范文赏析】

范文中化用"知屋漏者在宇下，知政失者在草野"这个典故，意在说明调查研究唯有走"低调"路线，沉得下心、弯得下身、低得下头，才能走近群众、贴近群众、知悉民情，了解群众的堵点、难点和痛点，只有这样，才能用好调查研究这个推进工作的"传家宝"。

04　　从来经国者，宁不念樵渔

【范文】

令人欣喜的是，在"我为群众办实事"过程中，我们看到许多党员干部并不一味追求有重大影响的、有轰动效应的、能够引起上级重视的事情，而是从群众身边"柴米油盐"这样的小事做起。"从来经国者，宁不念渔樵"，对群众来说，他们身边每一件琐碎的小事，都是实实在在的关系群众利益的事，有的甚至还是急事、难事。从人民群众需求入手，把群众的每一件"小事"做好、做到位，切实解决人民群众的操心事、烦心事、揪心事，才能搭建起党群干群之间的"连心桥"，凝聚起人民群众的强大力量。
（选自 2021 年 6 月 3 日《解放军报》文章《"办实事"从小处做起》）

【典故出处】

语出明代谢榛《送樊侍御之金陵》："地入维扬路，天分牛斗墟。秋帆二水外，春草六朝余。冰雪生官舍，风尘走谏书。从来经国者，宁不念樵渔？"

樵渔是指砍柴和捕鱼的人，这里泛指普通百姓。文中典故的意思是：自古能够治理好国家的人，有哪一个不顾念着老百姓呢？

【典故解读】

谢榛主要生活在正德、嘉靖年间，这一时期正是明王朝由盛转衰的转折点。作为布衣诗人，谢榛的诗常常流露出对国计民生的深切忧虑。《送樊侍御之金陵》这首诗虽为送别诗，但一洗寂寞悲伤之态，以"从来经国者，宁不念樵渔"反问句作结，表达出朋友忧国忧民的心境，以及为老百姓代言发声的勇气，也流露了诗人深深的赞许，以及对时局的深切关注，对民生疾苦的感同身受。

【场景应用】

"从来经国者，宁不念樵渔"这两句诗所阐释的内涵，与新时期倡导的"以民为本"理念殊途同归。心系民生之志已经流传千年，变化的只是每个时代的不同表述，不变的始终是执政的本质和初心。无论时代如何变迁，人民群众始终是我们战胜一切困难的力量源泉，情系人民始终是我们恪守的政治品格。

【范文赏析】

范文化用这两句诗，用于评价"我为群众办实事"这项活动的实效，虽然是群众的小事，但是一桩桩小事体现的却是群众的利益，只有真心实意地解决好群众的实事、难事和急事，我们才能凝聚起群众的力量，真正体现执政为民的理念。

05　善为政者，弊则补之，决则塞之

【范文】

"善为政者，弊则补之，决则塞之。"近年来，九江市浔阳区坚持以德治扬正气、以法治强保障、以自治增活力，构建共建共治共享的社会治理格局，不断增强百姓的获得感、幸福感、安全感。（选自 2020 年 10 月 9 日

《江西日报》评论员文章《扬正气 强保障 增活力——浔阳区推进市域社会治理现代化纪实》)

【典故出处】

语出西汉桓宽《盐铁论·申韩》："夫善为政者，弊则补之，决则塞之，故吴子以法治楚、魏，申、商以法强秦、韩也。"

文中典故的意思是：善于治国理政的人，发现弊端便会马上补救，看到漏洞就会立即填补，就像看到衣服破了就会缝补，看到河流决口就会堵塞，不会任由问题发展扩大。

【典故解读】

桓宽是西汉后期散文家，所著《盐铁论》为一本政论性散文集，是根据汉昭帝时针对盐铁官营和酒类专卖等问题进行辩论的会议纪要推演整理而成的。《盐铁论》以对话形式，记载了这场辩论的情况，在我国经济思想史和文学史上都具有重要价值。

【场景应用】

公文写作中，"善为政者，弊则补之，决则塞之"这句典故，常用来要求领导干部在工作中不能闭目塞听，要善于发现问题，并顺势而动，及时补救。

【范文赏析】

这篇范文写的是九江市浔阳区推进市域社会治理现代化的情况，开篇引用"善为政者，弊则补之，决则塞之"这句典故，一语中的，指出这次全区性的社会治理目标就是以问题为导向，顺时而动、顺势而动，增强百姓的获得感、幸福感、安全感。

06 为政之道，以顺民心为本，以厚民生为本

【范文】

树立正确政绩观，首先要回答"为谁创造政绩"。为政之道，以顺民心为本，以厚民生为本。我们党自成立之日起，就把"人民"二字铭刻在心，把坚持人民利益高于一切鲜明地写在旗帜上。全心全意为人民服务的根本宗旨，决定了共产党员是人民公仆的角色定位。党员干部要始终锚定这个定位，以造福人民为最大政绩，切实做到权为民所用、情为民所系、利为民所谋，才能不断创造得到人民认可、经得起历史检验的政绩。（选自2022年1月4日《人民日报》评论员文章《以造福人民为最大政绩》）

【典故出处】

语出北宋程颐《代吕晦叔应诏疏》："为政之道，以顺民心为本，以厚民生为本，以安而不扰为本。"

文中典故的意思是：执政的要义，在于以顺应民心为根本，以改善民生为根本，以安民不扰民为根本。

【典故解读】

程颐与其兄程颢，世称"二程"，共同奠定了北宋时期理学基础，他们的理学继承和发展了孔孟儒学中的民本思想，最为集中的体现就是"为政之道，以顺民心为本，以厚民生为本，以安而不扰为本"这句话。

【场景应用】

公文写作中，"为政之道，以顺民心为本，以厚民生为本"这句典故，

常用来表达为政为民的核心要义，尊重民心、听取民意、倾听民需，古往今来皆是如此。

【范文赏析】

范文引用"为政之道，以顺民心为本，以厚民生为本"这句典故，用来回答"为谁创造政绩"这样的问题，更加突出了我们党自成立之日起，就努力把为民造福的政绩观贯穿在干事创业中，用实际行动践行着这样的初心和使命。

 **07**　　　　　　　　　　　民之所好好之，民之所恶恶之

【范文】

没有群众的认可，我们什么都不是。树立正确的权力观、政绩观，对个人名利想得透、看得淡，对群众利益想得多、看得重，"民之所好好之，民之所恶恶之"，多做雪中送炭的暖心事，多下啃硬骨头的苦功夫，才能真正赢得民心。（选自 2015 年 7 月 8 日《人民日报》评论员文章《做群众的贴心人——三论努力成为党和人民信赖的好干部》）

【典故出处】

语出西汉《礼记·大学》："民之所好好之，民之所恶恶之，此之谓民之父母。"

文中典故的意思是：百姓喜欢什么，当权者就喜欢什么；百姓厌恶什

么，当权者就厌恶什么，这才称得上是百姓的父母官。

【典故解读】

《礼记》是研究中国古代社会情况、典章制度和儒家思想的重要著作，《礼记》的编定者是西汉礼学家戴德和他的侄子戴圣，其中戴圣选编的四十九篇本《小戴礼记》即是我们今天见到的《礼记》，后经东汉学者郑玄注解，《小戴礼记》逐渐成为经典，被列为"十三经"之一。

"民之所好好之，民之所恶恶之"这句典故体现了儒家以"仁爱"为本的政治治理传统，强调了"仁爱"精神在政治中的重要作用，古人的廉政思想正是建立在儒家"仁爱"基础上的德治。

【场景应用】

公文写作中，"民之所好好之，民之所恶恶之"这句典故，常常用来要求领导干部必须树立正确的政绩观，把人民拥护不拥护、赞成不赞成、高兴不高兴、答应不答应作为衡量一切工作得失的根本标准，不断增强人民群众的获得感、幸福感和安全感。

【范文赏析】

这篇范文的论题是"做群众的贴心人"，文中引用"民之所好好之，民之所恶恶之"这句典故，道出了自古以来执政者做群众贴心人的心法，这就是将心比心、换取真心，心系群众，群众想什么，我们就干什么，把群众呼声、群众需求作为干事创业的第一信号，把群众满意作为工作的根本目标，把事情办到群众心坎上。

08   养民以论功，足食以养民

【范文】

多听民众声音，延伸考核深度。"养民以论功，足食以养民"，不看"唱功"看"做功"。将重点项目和重大事件现场作为"考场"，把群众是否满意作为考核了解干部的重要标准，考准考实干部的"知名度"与"知民度"。（选自 2019 年 1 月 6 日《黔东南日报》署名文章《评优莫搞"轮流坐庄"》）

【典故出处】

语出清朝唐甄《潜书·下篇上·考功》："古之贤君，举贤以图治，论功以举贤，养民以论功，足食以养民。"

文中典故的意思是：考核官员功绩要看其能否养民富民，养民富民要看其能否让百姓丰衣足食。

【典故解读】

唐甄与王夫之、黄宗羲、顾炎武并称明末清初"四大著名启蒙思想家"，《潜书》是其主要代表作，集中反映了作者的政治和学术思想。《潜书》初名《衡书》，意在权衡天下，后更名《潜书》，意为潜而待用。全书分为上下两篇，每篇又各分上下，共九十七目。

在《考功》篇中，唐甄主张加强对官员的考核管理，考绩要以养民富民为功，把百姓能否丰衣足食作为考核官员的重要标准。在他看来，不能养民富民的官吏，即使是廉才之吏，也一样是贪官酷吏。

【场景应用】

公文写作中，"养民以论功，足食以养民"这句典故，常用于干部考核，强调考核应该立足根本，厚植为民服务意识，树立正确的政绩观，通过考核这根指挥棒，引导领导干部坚守初心使命，将为民服务刻在心头，落实在行动。

【范文赏析】

这篇范文针对各地年终考核中存在着评优"轮流坐庄"的问题，提出要将实际工作与干部考核结合起来，真正发挥好考核工作的"指挥棒"和"风向标"作用。

文中引用"养民以论功，足食以养民"这句典故，强调考核干部要多听民众声音，把群众是否满意作为考核干部的重要标准，考准考实干部的"知名度"与"知民度"。

 备豫不虞，为国常道

【范文】

12月11日是中国加入世贸组织5周年。国内国外都有连篇累牍赞美中国经济快速增长的文章。但所谓"备豫不虞，为国常道"。在赞美成就的同时，我们其实更应看到"入世"带来的阵痛和挑战。在城市，国际竞争造成一些产业破产加剧；在农村，"失地农民"不断增加，成为没有任何保障的"无产者"。而随着中国"入世"五年过渡期的结束，更大规模的开放势在必然，冲击将更为强烈。（选自2006年12月11日《广州日报》文章

《以"安全网"破解中国"入世"阵痛》)

【典故出处】

语出唐朝吴兢《贞观政要 · 直谏》："备豫不虞，为国常道。岂可以水未横流，便欲自毁堤防？"

文中典故的意思是：对那些可能发生的事情，事先做好防备，这是治理国家的基本原则。

【典故解读】

《贞观政要》为唐代史学家吴兢所著的一部政论性史书。贞观是唐太宗李世民在位时的年号；政要，即为政之要。全书通过君臣问对、大臣谏诤和诏答奏表，直观反映了贞观年间的政治风貌，总结了唐太宗时期的政治得失，对后世治国施政具有重要的参考价值。

文中引用的典故是魏徵进谏唐太宗时说的一番话，劝诫太宗要有忧患意识，安而不忘危，哪有因为洪水没有泛滥就想自己毁掉堤岸的道理呢？

【场景应用】

公文写作中，"备豫不虞，为国常道"这句典故常用于治国理政，告诫领导干部要始终保持危机意识，时刻坚守底线思维，对问题和风险保持充分的警惕，提高风险化解能力。

【范文赏析】

《广州日报》这篇文章写于中国加入世贸组织 5 周年之际，在国内国外一片赞美声中，却看到了"入世"给中国经济发展带来的阵痛和挑战。文中引用典故"备豫不虞，为国常道"，强调政府不仅要考虑大多数人，更要照顾到少数在国际竞争中处于劣势的困难群体，为他们构建一个安全网，这显得尤其必要和紧迫。

10 凡将立国，制度不可不察也

【范文】

"凡将立国，制度不可不察也。"衡量一种制度到底优越不优越，关键要从它在国家危急关头的现实表现来考察，从它的治理效果来评判。（选自 2020 年 7 月 15 日人民网文章《解码"中国之治"的制度优势》）

【典故出处】

语出战国时期商鞅《商君书•壹言第八》："凡将立国，制度不可不察也，治法不可不慎也，国务不可不谨也，事本不可不抟也。"

文中典故的意思是：凡是要建立国家政权的，对于规章制度不能不明确。

【典故解读】

《商君书》也称《商子》，是战国时期法家代表人物商鞅（可能还包括其后学）的著作汇编。《商君书》提出了"强国弱民"的理念，认为治国之道在于"弱民"，把国家的强势和人民的强势对立起来，体现了"君民对立"的思想。

《壹言》篇是全书的核心，探讨了治理国家的根本之道。文中引用的这段话，提出了建立和巩固国家政权需要解决的几件要事，即规章制度要明确、政策法令要清明、政务处理要慎重、国家基业要集中。

【场景应用】

公文写作中，"凡将立国，制度不可不察也"这句典故常用来强调制度是治国安邦的根本，具有全局性、稳定性和长期性，制度稳则国家稳。

【范文赏析】

人民网这篇文章的中心论题是"中国之治"的制度优势，范文中引用"凡将立国，制度不可不察也"这句典故，就是从制度的优越性上凸显中国特色社会主义制度是我们党驾驭复杂局面、应对风险挑战的根本保证，并进而将制度优势转化为强大的治理效能，通达"中国之治"的新天地。

11　为国也，观俗立法则治，察国事本则宜

【范文】

"为国也，观俗立法则治，察国事本则宜。"一个国家的法治道路，必须与本国的历史文化传统和发展阶段相适应。中国特色社会主义法治道路本质上是中国特色社会主义道路在法治领域的具体体现。（选自 2020 年 11 月 20 日《光明日报》评论员文章《坚定不移走中国特色社会主义法治道路——三论贯彻落实中央全面依法治国工作会议精神》）

【典故出处】

语出战国时期商鞅《商君书·算地》："故圣人之为国也，观俗立法则治，察国事本则宜。不观时俗，不察国本，则其法立而民乱，事剧而功寡。"

文中典故的意思是：治理国家，只有在考察风俗民情的基础上立法，才能把国家治理好；只有在弄清国情的基础上，抓住国家的根本，才能制定出适宜的政策。

【典故解读】

《商君书》是战国时期法家代表著作（参见本模块词条10），《算地》是《商君书》中的一篇，算地就是计算土地，商鞅在文中论述了土地利用与强国的关系，提出国家建设要精确计算地利和人力，掌握好人地比例，促使国家实现富强。文中引用的这段话，指出立法治国都要符合国情，如果不观察当下的风俗民情，不抓住国家的根本，那么法令制定后民众就会混乱，政务再繁忙也收效甚微。

【场景应用】

公文写作中，"为国也，观俗立法则治，察国事本则宜"这个典故，常用于法治建设中，强调国家的繁荣进步、社会的和谐稳定，离不开法治的支撑和保障，但是从法律制定到国家治理，必须坚持从群众中来到群众中去，做到因地制宜，切合实际。

【范文赏析】

《光明日报》这篇评论员文章的主题是贯彻落实中央全面依法治国工作会议精神，文中引用"为国也，观俗立法则治，察国事本则宜"这个典故，强调中国特色社会主义法治道路本质上是中国特色社会主义道路在法治领域的具体体现，它与本国的历史文化传统和发展阶段相适应。

12

为国不可以生事，亦不可以畏事

【范文】

为国不可以生事，亦不可以畏事。2016 年是"十三五"规划开局之年，也是全面深化改革、全面建成小康社会的关键一年，我们要有冒的勇气、闯的劲头，铆足了力，在审时度势、反复论证与科学评估之下，拿出大胆探索、勇于开拓的魄力，积极有为地推进改革攻坚。基层干部务必打破工作定势，探究科学有效的工作方式。全面深化改革是一场"赶考"，改革举措的得当毋庸置疑，反复研究与反复论证不可或缺，但不能谨小慎微、裹足不前，做一个畏首畏尾、明哲保身的"太平官"。为官一任，造福一方。从实际出发，不好高骛远地破解工作难题，尤其事关民生民计的难题，都不是小事。（选自 2016 年 4 月 26 日中国青年网文章《干字当头是"能吏"》）

【典故出处】

语出北宋苏轼《因擒鬼章论西羌夏人事宜札子》："夫为国不可以生事，亦不可以畏事。畏事之弊，与生事均。譬如无病而服药，与有病而不服药，皆可以杀人。夫生事者，无病而服药也。畏事者，有病而不服药也。"

文中典故的意思是：治理国家不可以随便制造事端，但是也不可以胆小怕事。

【典故解读】

《因擒鬼章论西羌夏人事宜札子》是苏轼在北宋元祐二年（1087），针对西羌、西夏事宜而写的奏议。

在这段引文中，苏轼针对北宋的边防政策提出"为国不可以生事，亦不可以畏事"，并指出"生事"就像"无病而服药"，"畏事"就像"有病而不服药"，它们带来的危害一样，都会置人于死地。

【场景应用】

公文写作中，"为国不可以生事，亦不可以畏事"这句典故，常用来要求领导干部在工作中谨慎持重，维护社会稳定，不无端生事，同时遇事不退缩，主动作为，迎难而上，勇于担当，敢于化解矛盾。

【范文赏析】

中国青年网这篇文章旨在要求领导干部在工作中要脚踏实地，既起"带头作用"，又发挥"担当作用"，锐意进取促改革，凝心聚力谋发展，文中引用典故"为国不可以生事，亦不可以畏事"，强调的是担当作为，不可畏事，不能谨小慎微、裹足不前，做一个畏首畏尾、明哲保身的"太平官"，而是干字当头，做个"能吏"，真心诚意为人民群众办实事、做好事、解难题。

13 为政以德，譬如北辰，居其所而众星共之

【范文】

古人云，"为政以德，譬如北辰，居其所而众星拱之"。在我国传统文化中，为政以德一直是秉持的重要政治思想。正所谓"政者，正也。子帅以正，孰敢不正"，从政者的德行高低，在很大程度上决定了政令的实施效

果。从这个意义上来说，以德施政、道之以德，就构成了我国德治思想的主要内容。（选自 2018 年 3 月 12 日人民网文章《以"尺寸之功"立"为政以德"》）

【典故出处】

语出春秋时期孔子《论语・为政》："为政以德，譬如北辰，居其所而众星共之。"

文中典故的意思是：为政者以德行来治理国家，自己就会像北极星一样，安居其所，其他星辰井然有序地环绕着它。

【典故解读】

以德服人是孔子一贯的政治主张，这是一种以道德力量感化人民的政治手段，这种思想鲜明地体现在"譬如北辰，居其所而众星共之"这句典故中。

在古人眼中，北极星不仅能够用来辨认方向，而且更是宇宙星辰的中心，所有星辰都以其为尊。这里孔子就把施行"德"政的人比作天上的北极星，接受满天星辰的拱卫。典故中的"居其所"，体现了为政者有自己的职责范围，不可胡乱指挥，唯有如此，才能让众星拱捧。

【场景应用】

公文写作中，"为政以德，譬如北辰，居其所而众星共之"这句典故，常用来强调领导者应当有良好的德行，成为团队的表率，将大家紧密地团结在自己的周围，唯有如此，才能管理好一个团队或者国家。

【范文赏析】

人民网这篇网评文章要求领导干部讲政德、立政德，多积尺寸之功，文中化用典故"为政以德，譬如北辰，居其所而众星共之"，用以体现德政是我国传统文化中长期秉承的重要政治思想。在当代，政德就是党员领导干部的政治品质、道德品质、思想作风的综合体现，从政者的德行高低，在很大程度上决定了政令的实施效果，身为新时代党员干部，要常修为政之德。

14　当官之法，惟有三事：曰清、曰慎、曰勤

【范文】

　　真实的调查研究是干部成长成才的"必修课"。当官之法，惟有三事：曰清、曰慎、曰勤。真实的调查研究运用到实践中，就是实实在在地走访，多方面地了解困难群众的生活生产状况，对于年轻干部的成长来说至关重要。书本知识的多寡并不能决定成长速度的高低，惟有实践是检查真理的唯一标准。（选自 2020 年 11 月 4 日光明网署名文章《调查研究是干部成长的"必修课"》）

【典故出处】

　　语出南宋吕本中《官箴》："当官之法，惟有三事：曰清、曰慎、曰勤。知此三者，可以保禄位，可以远耻辱，可以得上之知，可以得下之援。"

　　文中典故的意思是：为官的基本准则，只有三条，即清廉、谨慎、勤恳。

【典故解读】

　　吕本中为南宋诗人、词人、道学家，一生著述甚丰，生性刚烈，敢于

直言，因反对和议，为秦桧嫉恨而被罢官。晚年深居讲学，因先世为东莱人，故称为"东莱先生"。

吕本中所著《官箴》是中国古代居官格言类著作，《四库全书总目提要》认为，"此书多阅历有得之言，可以见诸实事。书首即揭清、慎、勤三字，以为当官之法，其言千古不可易"。

"当官之法，惟有三事：曰清、曰慎、曰勤"这句典故，为《官箴》开首之语，这一段也成为全书的主旨和纲领。这段话阐明了为官之道，在于遵守清廉、谨慎、勤恳这样三条准则。懂得并能够做到这三点，那么，就可以保住官位与俸禄，可以远离耻辱，可以得到上级的赏识，可以得到下属的支持。

【场景应用】

公文写作中，"当官之法，惟有三事：曰清、曰慎、曰勤"这句典故，常用来教育引导领导干部要正确使用手中权力，守得住清贫、耐得住寂寞、稳得住心神、经得住考验；自觉做到秉公用权、不以权谋私，依法用权、不假公济私，廉洁用权、不贪污腐败；为工作尽心尽力、尽职尽责、忘我奉献，真正做到为党和人民的事业鞠躬尽瘁。

【范文赏析】

光明网这篇署名文章强调年轻干部必须在调查研究中提高解决实际问题的能力，文中引用典故"当官之法，惟有三事：曰清、曰慎、曰勤"，这是从实践的角度提出为官之道离不开调查研究，真实的调查研究是干部成长成才的必修课，也决定了干部的成长速度。

15

水浊无掉尾之鱼，土确无葳蕤之木，政烦无逸乐之民

【范文】

健康政治生态是濡染先进政治文化的"净化剂"。政治文化是可塑的，在以政治文化涵养政治生态的同时，政治生态亦反作用于政治文化。正所谓"水浊无掉尾之鱼，土确无葳蕤之木，政烦无逸乐之民"。政治生态，自古就有清浊之分。污浊的政治生态会滋生权欲熏心、阳奉阴违、结党营私、团团伙伙、拉帮结派的政治文化。（选自 2017 年 8 月 30 日《中国纪检监察报》署名文章《构建良好政治生态要把握好三层关系》）

【典故出处】

语出南北朝时期刘昼《刘子·卷三·爱民》："故水浊无掉尾之鱼，土确无葳蕤之木，政烦无逸乐之民。"

文中典故的意思是：河水浑浊，就没有大鱼生长；土地瘠薄，就没有枝叶茂盛的树木；政令烦苛，就没有百姓安居乐业。

【典故解读】

刘昼为南北朝时期北齐文学家、思想家，所著《刘子》全书十卷五十五篇，内容丰富，涉及哲学、政治、经济、军事、文学等领域，针对当下时弊，探讨了修身治国富民之要，表达了为国建功立业的政治抱负。

这句典故指出国家的统治环境不能过于苛刻，否则百姓无以为继，民不聊生时，就会作乱犯上。

【场景应用】

公文写作中，"水浊无掉尾之鱼，土确无葳蕤之木，政烦无逸乐之民"这句典故，可以用于表达国家的政治生态建设，强调政治生态环境关系到国家的政风民风，如果政治生态"山清水秀"，那么身在其中，就会感到神清气爽，闻之向往，见贤思齐；如果政治生态"乌烟瘴气"，那么就会败坏风气，到处歪风邪风，百姓被迫呼吸"政治雾霾"，不得安宁。

【范文赏析】

《中国纪检监察报》这篇文章从党内政治生活、政治生态、政治文化三层关系入手，提出实现三者有机统一，营造正气弘扬的大气候。文中引用典故"水浊无掉尾之鱼，土确无葳蕤之木，政烦无逸乐之民"，旨在强调政治生态自古就有清浊之分，只有在风清气正的政治生态环境的濡染下，那些庸俗污浊的政治风气才能得到净化，政治生态好，人心就顺、正气就足；政治生态不好，就会人心涣散、弊病丛生。

16　　　　　　　　　　自古驱民在信诚，
　　　　　　　　　　　　一言为重百金轻

【范文】

"自古驱民在信诚，一言为重百金轻"。"诚信"既是个人立身之本，更是国家强盛之基。政府及其工作人员只有一言九鼎、言出必行，才能为社会炼制一颗颗定心丸，为百姓带来满满的获得感。（选自 2016 年 11 月 22 日《人民日报》署名文章《用政务诚信炼制"定心丸"》）

【典故出处】

语出北宋王安石《商鞅》："自古驱民在信诚，一言为重百金轻。今人未可非商鞅，商鞅能令政必行。"

诗中典故的意思是：自古以来治理百姓在于真诚守信，即使一个诺言也看得比百斤黄金还重。

【典故解读】

王安石为北宋杰出的政治家、改革家、文学家，宋神宗时担任宰相。王安石变法期间，自比商鞅，希望宋神宗能够效仿秦孝公支持变法，但招来保守派对商鞅的攻击，实际矛头却指向王安石。于是，王安石以《商鞅》这首诗来表明自己推行新法的决心和信念。

"一言为重百金轻"出自商鞅变法中的一个典故。商鞅在新法实施时，曾在国都城门处"立木"取信于民，声明谁能搬动所立的一根三丈多高的木柱，就赏百金。"自古驱民在信诚，一言为重百金轻"这两句诗，是王安石对商鞅令出必行的做法给予的高度评价，最后两句"今人未可非商鞅，商鞅能令政必行"，针锋相对地批驳了顽固派对变法的阻挠和诋毁，也表明王安石对商鞅法家精神的继承和发扬以及坚决推行新法的决心和信念。

【场景应用】

公文写作中，"自古驱民在信诚，一言为重百金轻"这两句诗，可以用来强调领导干部或者为政者要讲究诚信，恪守承诺，做到言出必行，一诺千金，这样才能取信于民，得到拥护和支持。

【范文赏析】

《人民日报》这篇文章引用典故"自古驱民在信诚，一言为重百金轻"，旨在强调自古以来诚实守信是中华民族的传统美德，也体现了民族精神的精华，以此教育引导党员领导干部真正从内心深处将"诚"作为规范工作的职业伦理，把"信"看成日常生活的道德准则，发挥好"以上率下"的示范作用，营造全社会的诚信氛围。

17 　　　　　　　　鉴前世之兴衰，考当今之得失

【范文】

以史为鉴，常怀忧患之思。"鉴前世之兴衰，考当今之得失。"中华民族之所以历经磨难而愈挫愈勇，不断成长，其中一个重要原因就是鉴往知来，特别重视总结经验教训。从历史中汲取能量和智慧，能增强我们不畏一切艰难险阻夺取胜利的勇气和信心，不断提高应对风险，迎接挑战、化险为夷的能力。（选自 2021 年 12 月 1 日东方圣城网署名文章《新时代领导干部要树立忧患意识》）

【典故出处】

语出北宋司马光《资治通鉴·后周纪五》："鉴前世之兴衰，考当今之得失。"

文中典故的意思是：借鉴历史的兴盛衰亡，考察当今的利弊得失。

【典故解读】

《资治通鉴》是司马光主编的一部编年体史书，宋神宗认为此书"鉴于往事，有资于治道"，所以定名为《资治通鉴》。

"鉴前世之兴衰，考当今之得失"这句话可以很好地体现《资治通鉴》

的历史价值，《资治通鉴》正是以"鉴前世之兴衰，考当今之得失"为目的，从历代王朝的治乱兴衰之中，鉴察得失，总结经验，吸取教训，让后世君主观古知今，以史为镜，更好地巩固统治地位，也便于后世之人读史，考察当今的利弊得失。

【场景应用】

公文写作中，"鉴前世之兴衰，考当今之得失"这句典故常用于治国理政，告诫领导干部要善于从历史中汲取智慧，读史不仅可以提高历史素养，更可以获得历史眼光和历史厚度，以史为镜，更好地领会和把握当今局势，从而在决策与判断上与时俱进。

【范文赏析】

这篇范文针对新时代领导干部提出了树立忧患意识、保持居安思危的要求和期望，文中引用典故"鉴前世之兴衰，考当今之得失"，从中华民族发展的历史高度，强调以史为鉴可以让一个民族从中汲取能量和智慧，常怀忧患之思，愈挫愈勇，不断成长。

18 　　　　　　惟事事，乃其有备，有备无患

【范文】

"惟事事，乃其有备，有备无患。"坚持底线思维，既是防范化解风险的认识论，也是一种重要的方法论。可以说，应对改革发展中的复杂问题，

在治理过程中树立底线思维，一方面能强化对"害"的预防，另一方面也增加了对"利"的思考，化害为利、化险为夷、转危为机，就能促使人们更有动力、有信心，以主动的作为去争取最好的结果。不确定性因素越多、不可控性越强，就越需要运用底线思维来明晰立身之本和发展方向，有序有力地开展各项工作。（选自 2019 年 4 月 2 日《人民日报》评论文章《以底线思维防范化解风险》）

【典故出处】

语出春秋时期《尚书·商书·说命中》："惟事事，乃其有备，有备无患。"

文中典故的意思是：做事情，就要有准备，有准备才没有后患。

【典故解读】

《尚书》又称《书经》，意指上古时代的书，是我国现存最早的一部历史文献汇编，也是儒家经典著作之一，分为《虞书》《夏书》《商书》《周书》。

《说命》是《尚书·商书》中的篇名，共三篇，记录了高宗武丁和傅说拜相后二人之间的对话，共同治理殷商中兴，成为历史上的圣君贤相。《说命》中篇是傅说向武丁诉说治国方法，其中"惟事事，乃其有备，有备无患"这句话，就是告诫武丁要做一个居安思危的人，只有目光长远，才能看到可能出现的危险，并提前做好准备。

【场景应用】

公文写作中，"惟事事，乃其有备，有备无患"这句典故用于治国理政方面时，强调一个国家要具备良好的治理能力和管理体系，就必须在国家和公共安全、经济运行管理、政策制定等各个方面，都具备充分完备的危机预判和防范措施，以有效解决潜在的安全和社会问题，唯有如此才可以确保国家长期稳定和繁荣。

【范文赏析】

《人民日报》这篇评论文章提出面对改革发展中的复杂问题，我们应当以底线思维防范化解风险，努力争取最好的结果。文中引用"惟事事，乃其有备，有备无患"这句典故，强调了底线思维源于历史文化传统，自古以来就是防范化解风险的一种重要的方法论，对于领导干部来说，也是战胜风险，迎接挑战的重要思想方法、工作方法和领导方法。

19 信，国之宝也，民之所庇也

【范文】

重约束，以刚性制度规范人。"信，国之宝也，民之所庇也。"诚信影响国家长治久安，关乎个人安身立命。诚信既有赖于个人的笃定坚守，也需靠刚性的规章制度来约束。作为党委宣传部门，要在加强顶层设计、完善信用体系等方面想办法，努力让诚实守信者畅通无阻、失信背信者寸步难行。（选自 2017 年 8 月 15 日《湖南日报》署名文章《让诚实守信成为人民的道德自觉》）

【典故出处】

语出春秋时期左丘明《左传·僖公·僖公二十五年》："冬，晋侯围原，命三日之粮。原不降，命去之。谍出，曰：'原将降矣。'军吏曰：'请待之。'公曰：'信，国之宝也，民之所庇也，得原失信，何以庇之？所亡滋多。'退一舍而原降。"

文中典故的意思是：诚信，是国家的根基，是庇护百姓得以生存的根本。

【典故解读】

《左传》是春秋时期鲁国史官左丘明为《春秋》注解的一部史书，全称《春秋左氏传》，与《春秋公羊传》《春秋穀梁传》合称"春秋三传"，被列入儒家十三经。

据《左传·僖公·僖公二十五年》记载，这年冬天，晋文公围攻原国，命令只携带三天的粮食，如果三天原国不降，就带兵离开。三天后原国没有投降，晋文公下令退兵。这个时候，有间谍从城里出来说："原国马上就要投降了。"带兵将领就请示说："让我们再等等吧。"于是晋文公就说了"信，国之宝也，民之所庇也"这段话，意思是诚信，是国家的根基，是庇护百姓得以生存的根本，如果我们得到原国却失去了信用，那还用什么来庇护百姓呢？那样一来，我们损失的东西会更多。于是退兵三十里，原国也因为晋文公守信而主动投降。

晋文公攻打原国，其用意并不是占领原国，而是要通过这次行动展现自己的诚信，从而取得军民的信任。

【场景应用】

公文写作中，"信，国之宝也，民之所庇也"这句典故，常用于强调信誉对于国家治理有着不可忽视的作用，关系到国家的稳定、发展和人民的福祉，只有坚持诚信立国，建立完善的信用体系，弘扬诚信文化，才能切实履行好政府职能，取信于民，提升国家治理能力，实现国家长治久安。

【范文赏析】

《湖南日报》这篇文章阐述了长沙市多措并举抓好诚信建设，让诚实守信成为人民的道德自觉。文中引用典故"信，国之宝也，民之所庇也"，强调自古以来诚信一直被视为国家治理的基石，是国家长治久安、社会和谐稳定、百姓安居乐业的基础因素，因而长沙市从推进诚信教育、树立诚信典型、强化诚信约束这些方面入手，推动诚信成为市民内化于心、外化于行的道德自觉。

20

政者，正也。
子帅以正，孰敢不正

【范文】

"政者，正也。子帅以正，孰敢不正？"先哲言简意赅，一语道破了"政"与"正"之间的联系。它启示我们：从政当以守正为要。唯有守正，才能影响和带动他人，形成风清气正的良好氛围；唯有守正，才能赢得信任和支持，更好地履行职责。今天，党员领导干部应当怎样守正呢？（选自2012年7月23日《人民日报》署名文章《从政当以守正为要》）

【典故出处】

语出春秋时期孔子《论语·颜渊》："季康子问政于孔子。孔子对曰：'政者，正也。子帅以正，孰敢不正？'"

文中典故的意思是：所谓政，就是端正的意思。为政者行为端正，作出了表率，谁敢不正？

【典故解读】

《颜渊》是《论语》第十二篇，问答内容主要是关于仁、政、道德修养等方面的问题，既有师生之间的问答，也有同学之间的交流。

在本篇中，鲁国权臣季康子问孔子为政之道，孔子就用"政者，正也。子帅以正，孰敢不正"这句作了回答，一个"正"字就深刻地道出了"政"的内涵和本质。这个"正"字实质上是为政者应当遵守的道德规范和行为准则，为政者行为端正，作出了表率，谁还敢不正呢？

【场景应用】

公文写作中，"政者，正也。子帅以正，孰敢不正"这句典故，体现了中华文化中对于"为政以德"理念的高远追求，强调为政者的品质、德行以及决策都会影响到国家治理，为政者当为民作表率。这句典故常用来教育引导党员领导干部加强自身修养，涵养政德，率先垂范，有诺必践，树立良好榜样，引导整个社会形成良好风气。

【范文赏析】

发表在《人民日报》上的这篇文章提出，党员领导干部作为党的代言人当以守正为要。文中引用"政者，正也。子帅以正，孰敢不正"这句典故，旨在强调自古以来为政者十分注重守正，为政者唯有做到正己，才可以上行下效，不令而行，使天下人都归于正道。作为新时代的党员领导干部当牢记古训，修身正己，率先垂范，赢得信任和支持，影响和带动他人，形成风清气正的良好氛围。

模块三
文化维度

01 观乎人文，以化成天下

【范文】

让人文之光照亮公众生活之路。古人云，"观乎人文，以化成天下"。人文精神不但可以启迪思维、陶冶情操、温润心灵，而且通过以文化人、以文育人，可以带来认知社会的新视野和新境界。培养人文情怀，不仅仅想读文史哲，更想培养一种对生命的热爱和尊重，对真理的探索和敬畏，对信仰的执着和坚定。（选自 2021 年 5 月 18 日《人民日报》文章《让人文之光照亮未来》）

【典故出处】

语出《周易·贲卦·象传》："观乎天文，以察时变；观乎人文，以化成天下。"

文中典故的意思是：观察人类文明的进展，就能用人文精神来教化天下。

【典故解读】

在古代，"人文"有"诗书礼乐之谓"的说法，肯定"诗书礼乐之教"，才是"观乎人文，以化成天下"的主要内涵和基本功能，也就是取向人的精神层面，更多体现在对人性的关注、生命的关怀和艺术的感召上。

【场景应用】

文化是人的一种生存状态，"观乎人文，以化成天下"这句典故，把"化人"作为根本宗旨，通过提升人的文化素质、精神境界，达到治国安邦的目的。

在当代，国家的综合实力既包含了经济、军事、科技等方面的硬实力，还包含了文化这样的软实力，成为现代社会发展的精神动力、智力支持和思想保证，更是民族凝聚力和创造力的重要源泉。

【范文赏析】

该篇范文表达的中心是人文精神对个人、对社会的"大用"，对国家、对民族的"大用"，从而通过涵养人文精神，更好激发社会的活力和创造力，增强民族的凝聚力和向心力。

范文引用"观乎人文，以化成天下"这句典故，为的是表达"让人文之光照亮公众生活之路"这样的观点。新时代不需要只有物质生活、缺乏精神生活的"单面人"，需要的是一种对生命充满热爱和尊重、对真理充满探索和敬畏、对信仰无限执着和坚定的人文情怀，让人文精神照亮每个人的心灵世界。

02 文人之笔，劝善惩恶

【范文】

批评家不仅要做"美"的"洞见者"，还要做"丑"的"公诉人"。如果通篇都是溢美之词，即使点出不足与缺点，往往也是避重就轻，隔靴搔痒，这将使批评走向庸俗化、功利化，而无法起到引领、修正、评判艺术创作的社会功用。正所谓"文人之笔，劝善惩恶"，我联想到关于批评家的两个词：权威与担当。当一个批评家得到了业界的认可，树立了自己的学术权威，就意味着他要肩负更多的社会担当。敢于担当社会责任，一定是批评家的职业底线，是树立学术权威，更好地引导、纠正美术创作的先决条件。（选自 2019 年 7 月 8 日《中国文化报》文章《批评家要做"洞见者"》）

【典故出处】

语出东汉王充《论衡·佚文》："善人愿载，思勉为善；邪人恶载，力自禁裁。然则文人之笔，劝善惩恶也。"

文中典故的意思是：文人的笔，是用来劝人为善，惩戒恶行的。

【典故解读】

典故中的"文人"泛指文章写作者，"文人之笔，劝善惩恶"这句典故告诉我们，文章写作不是为了炫耀文辞之美，而是为了达到"劝善惩恶"的目的。

这句典故的前两句"善人愿载，思勉为善；邪人恶载，力自禁裁"，就是在告诫我们，为善的人希望得到记载，所以不断努力为善；邪恶的人害怕被记载，也就尽量节制恶行。因此，"文人之笔"，能够起到"劝善惩恶"的积极作用。

【场景应用】

"惩恶扬善"是中国文学的优秀传统。中国古代文学倡导的"文以载道"，这个"道"就包含了对善恶的褒贬。一个时代有一个时代的文艺，一个时代有一个时代的精神，古往今来的优秀文学家，无不是在用自己的笔，关注社会现实，弘扬正气，鞭笞恶行。

当代中国正在进行一场中华民族伟大复兴的伟大事业，文学艺术家无疑肩负着引导大众的历史使命，"惩恶扬善"就体现在"用文艺的力量温暖人、鼓舞人、启迪人，引导人们提升思想认识、文化修养、审美水准、道德水平，激励人们永葆积极向上的乐观心态和进取精神"。

【范文赏析】

范文是针对国内美术批评日益钝化的现状而作，文中引用"文人之笔，劝善惩恶"这句典故，意在指出美术批评过于功利化、庸俗化的倾向，实在有悖文人"劝善惩恶"之道，呼吁批评家不仅要做"美"的"洞见者"，还要敢于担当社会责任，敢于肩负更多的社会责任，做"丑"的"公诉人"。

03 　　　　　　　　浇风易渐，淳化难归

【范文】

拓宽覆盖面，下活全域共建"一盘棋"。"浇风易渐，淳化难归。"廉洁文化建设绝非一朝一夕之功，需要综合施策、协同推进。这就需要充分把廉洁文化建设融入当地文化建设的总体布局，作为重要组成部分，探索建立廉洁文化建设统筹协调机制，形成久久为功抓好落实的一盘棋格局，利用文化、宣传、教育、旅游等部门的资源优势，将廉洁文化建设与行风整治、效能建设、政务公开等党风廉政建设工作有机结合起来。（选自2022年7月15日海报新闻廉政时评《让廉洁文化"飞入寻常百姓家"》）

【典故出处】

语出唐代王勃《上刘右相书》："是知源洁则流清，形端则影直，大道起而仁义息，神化周而市狱定。虽复体元立教，眚灾耀知远之书；顺时宰物，宥罪发精微之典。而况浇风易渐，淳化难归？"

文中典故的意思是：奢靡轻薄的风气容易滋长，而淳朴敦厚的风俗难以

恢复。

【典故解读】

王勃为"初唐四杰"之首，在他 14 岁那年，右丞相刘祥道巡行关内，王勃上书自陈，这就是《上刘右相书》。在这篇文章中，王勃对清明政治、扶植农桑以及选用贤才等问题，表达了自己的政治主张。

"浇风易渐，淳化难归"是王勃对于民俗民风的观点，意在提醒世人，对于奢靡轻薄的风气应该防微杜渐，在形成之时就将其刹住，使"浇风"没有立足之地，让"淳化"之风大行其道。

古人对于风俗文化十分重视，认为风俗关系到一个国家的兴衰，通过移风易俗以求善治，成为古代一个重要的治国理念。后人常用这句典故告诫世人，警惕和制止轻靡之风的蔓延，培养和教化良好的风俗文化。

【场景应用】

在当代，"浇风易渐，淳化难归"这句典故常用于政治生态和廉政文化建设中，强调政治生态同自然生态一样，稍不注意就容易受到污染，特别是奢靡的风气具有极大的惯性，只会愈演愈烈，一旦再想恢复好的风气就要付出很大代价。因此，只有从小处着眼，防微杜渐，辨风正俗，坚持不懈，久久为功，才能让清风正气在社会中生根发芽、化风成俗。

【范文赏析】

这篇范文剖析的是廉洁文化，文中引用"浇风易渐，淳化难归"这句典故，从根本上表达了廉洁作为一种社会风貌、生活方式，本身不仅具备政治教育作用，更具有社会教化属性。因此，廉洁文化建设绝非一朝一夕之功，需要久久为功，持之以恒，才能发挥好廉洁文化的自律、教化、育人功能。

04

江山代有才人出，
各领风骚数百年

【范文】

我十分高兴在这里讲几句话。这个会开得很好，是我们农经学界继往开来、承前启后的一个会。理所当然受到各方面的重视与社会影响。特别在农业经济方面，尤其是在农业经济社团方面是一件举足轻重的盛事。我作为一个有 47 年农业工龄的老农村工作者表示由衷的高兴和良好祝愿，祝愿农经学会学术研究"联系实际，层出不穷"，农经学界"江山代有才人出，各领风骚数百年"。（选自 1997 年 12 月 29 日广东省农研中心主任谭国侃《江山代有才人出 各领风骚数百年——在省农经学会第五次代表大会上的讲话》）

【典故出处】

语出清朝赵翼《论诗五首》："李杜诗篇万口传，至今已觉不新鲜。江山代有才人出，各领风骚数百年。"

诗中典故的意思是：历史上每个朝代都会涌现出来有才华的人，他们各自开创一代新风，引领文坛几百年。

【典故解读】

赵翼是清代诗人、史学家，他创作的《论诗》是五首七言绝句组诗，用诗歌形式表达了自己的文学主张。

赵翼在这首诗中表达了诗歌创作贵在创新的主张。他说，李白和杜甫的诗篇曾经被成千上万的人传诵，但现在读起来已经没有什么新意了。由此，他写出了千古传诵的诗句"江山代有才人出，各领风骚数百年"，认为诗歌并非只有古人的作品才是最好的，每个时代都有属于自己风格的诗人，诗歌也应该随着时代不断发展创新。

【场景应用】

在当代，"江山代有才人出，各领风骚数百年"这两句诗，常常用来赞美一代一代涌现出来的时代新人，每一个时代都拥有自己的人才、自己的创新，代代传承，新一代的崛起，就如同滚滚长江，无法阻拦。

【范文赏析】

这篇范文是广东省农经学会第五次代表大会上的一篇致辞，文中引用"江山代有才人出，各领风骚数百年"这两句诗，表达了对农经学界人才辈出、传承创新的良好祝愿。

立文之道，惟字与义

【范文】

中国文艺发展历史中，有着深厚的文以载道的传统。"立文之道，惟字与义"，让文艺保持向上向善的力量，止于至善，方能臻于至美。在人民文艺大道上，文艺工作者，必须发扬中国文艺追求向上向善的优良传统，把社会主义核心价值观生动活泼地体现在文艺创作之中，努力创造有筋骨、有道德、有温度的作品。（选自 2022 年 6 月 3 日《中国艺术报》署名文章《高扬人民性的文艺发展道路——从毛泽东同志〈讲话〉到习近平总书记关

于文艺工作的系列重要论述中贯穿的一条红线》)

【典故出处】

语出南北朝时期刘勰《文心雕龙·指瑕》："夫立文之道，惟字与义。字以训正，义以理宣。"

文中典故的意思是：至于文章的写作方法，在于运用文字和确立文义两个方面。

【典故解读】

《文心雕龙》是一部文学理论专著，书名意为"文章写作精义"，全书共十卷，五十篇，分上下两编，包括总论、文体论、创作论、批评论四个部分。《指瑕》是其第四十一篇，论述了写作中应该避免的种种毛病。

典故中的"字"是指文学创作的形式要求，"义"是指文学作品的内容规定。刘勰认为，文字是通过解释来规定含义，文义则是通过理论来进行阐明。

【场景应用】

在当代，"立文之道，惟字与义"这句典故用来号召新时代的文艺工作者，要发扬中国文艺追求向上向善的优良传统，从时代之变、中国之进、人民之呼中提炼主题、萃取题材，全方位展现新时代的精神气象。

【范文赏析】

这篇范文是为纪念毛泽东同志《在延安文艺座谈会上的讲话》发表80周年而刊发，文中引用"立文之道，惟字与义"这句典故，一方面体现出中国文艺发展有着深厚的文以载道的传统，另一方面号召新时期的文艺工作者必须把中国文艺追求向上向善的优良传统发扬光大，努力创作有筋骨、有道德、有温度的作品。

06

源浚者流长，根深者叶茂

【范文】

源浚者流长，根深者叶茂。文物承载着灿烂的文明，跃动着民族的根脉。我们要在做好文物保护工作的基础上，努力释放文物承载的文化力量，让人民更好地触摸过往、感知历史，从延续民族文化的血脉中开拓前进，不断推动中华文明焕发出更加蓬勃的生命力。（选自 2022 年 7 月 11 日《江南时报》评论文章《推动中华文明焕发出更加蓬勃的生命力》）

【典故出处】

语出唐玄宗《起义堂颂序》："若夫修德以降命，奉命以造邦，源浚者流长，根深者叶茂，天人报应，岂相远哉。"

文中典故的意思是：源头深远的河流才能流得长长久久，根扎得深厚的树木才能枝繁叶茂。

【典故解读】

唐玄宗为缅怀高祖、太宗皇帝的创业伟绩，撰写了这篇《起义堂颂序》，并摹刻为碑，以资纪念。

【场景应用】

公文写作中，"源浚者流长，根深者叶茂"这句典故，可以用于文化建设中，强调我们只有植根于中华文化这片沃土，守住传统文化这个"源头"，才能源源不断地汲取丰厚滋养，根深叶茂，汇聚起磅礴的文化力量。

这个典故还可以用于国家之间的交往关系，表达两国友谊源远流长，根深叶茂。

【范文赏析】

《江南时报》这篇评论文章的中心论题是以发展文博事业为重要抓手，守护好、传承好、展示好中华文明优秀成果。范文中引用"源浚者流长，根深者叶茂"这句典故，体现了中华民族历史悠久，中华文明源远流长，中华文化博大精深，而文物承载着灿烂的文明，跃动着民族的根脉，博物馆担负着文化保护和文明传承的重大使命。

 万物有所生，而独知守其根

【范文】

"万物有所生，而独知守其根。"历史文化是城市的精神之根。西湖文化景观、中国大运河、良渚古城遗址，不仅是杭州城市生命的一部分，也是向世界展示自我的鲜明标识。接下来，杭州将深化三大世界文化遗产联动保护与利用，全面实施宋韵文化传世工程，实施城市记忆工程，建设"博物馆之城"等，延续文脉留住"城市之魂"。（选自 2022 年 8 月 22 日《杭州日报》署名文章《建设一流历史文化名城要多些耐心》）

【典故出处】

语出西汉刘安《淮南子·原道训》："万物有所生，而独知守其根；百事有所出，而独知守其门。"

文中典故的意思是：万事万物有着不同的生长规律，但是都知道应该保住自己的根本。

【典故解读】

《原道训》是《淮南子》（参见模块一词条 10）的首篇，探讨了"道"的基本特性、作用以及发展变化的规律，可以看作全书的总纲。文中这句典故告诉我们，万事万物纷繁复杂，但是无论怎样变化，都要返归其根，启示我们认识事物要抓住根本，掌握本源。

【场景应用】

公文写作中，"万物有所生，而独知守其根"这句典故，可以用于传统文化的传承和发展中。传统文化承载着一个民族的基因和血脉，不仅属于我们这一代，也属于子孙万代，我们要始终敬畏历史，敬畏文化，只有守住了中华优秀传统文化这条根脉，中华民族才能屹立不倒，绵延不绝。

【范文赏析】

《杭州日报》这篇文章的中心论题是打造具有杭州辨识度的一流历史文化名城。范文引用"万物有所生，而独知守其根"这句典故，表达了我们这个时代虽然瞬息万变，但是能让根脉始终不断的，就是特有的不可复制的人文特质和文化传统，强调了历史文化才是杭州这座城市的精神之根。

文变染乎世情，兴废系乎时序

【范文】

"文变染乎世情，兴废系乎时序。"从上世纪40年代开始，《白毛女》《小二黑结婚》《洪湖赤卫队》《江姐》等民族歌剧经久不衰，释放出穿越时空的魅力，为几代中国人所铭记。在新时代，能否创作出无愧于时代的文艺精品，成了摆在所有文艺创作者面前的重要命题。（选自2018年4月25日《人民日报》文章《艺术，做好人民的文化伴侣》）

【典故出处】

语出南北朝时期刘勰《文心雕龙·时序》："故知文变染乎世情，兴废系乎时序，原始以要终，虽百世可知也。"

文中典故的意思是：文学的演变深受世事风气的熏染，兴盛和衰落关联着时代的发展变迁。

【典故解读】

《时序》是《文心雕龙》（参见本模块词条05）的第四十五篇，"时序"即时代发展，论述了文学与社会、政治、时代的关系问题，提出了"文变染乎世情，兴废系乎时序"的观点。

【场景应用】

公文写作中，"文变染乎世情，兴废系乎时序"这句典故，常用来强调文艺工作者的时代使命，号召广大文艺工作者响应时代召唤，创作出无愧于我们这个时代的优秀作品。

【范文赏析】

　　《人民日报》这篇文章的主旨是让艺术做好人民的文化伴侣，文中引用"文变染乎世情，兴废系乎时序"这句典故，再追溯到 20 世纪 40 年代一批经久不衰的民族歌剧，很好地诠释和展示了什么样的作品才是人民的文化伴侣，是跟上时代发展、反映人民心声、主动满足人民对美好生活期待的高品质精神食粮。

灭人之国，必先去其史

【范文】

　　"灭人之国，必先去其史。"上世纪 80 年代，苏联国内受所谓"新思维"以及国外敌对势力等影响，放任历史虚无主义横行流布，结果以卓娅、马特洛索夫、奥列格等为代表的一批英雄人物被污名化，进而出现党史国史也被否定颠覆，最终导致国家走向分崩离析。……一个人如果失去对过去的理性判断，注定是可悲的；一个民族如果失去对历史的敬意，则更加难以直面未来。（选自 2016 年 9 月 22 日《人民日报》人民论坛《敬畏历史，就是捍卫良知》）

【典故出处】

　　语出清朝龚自珍《定盦续集·古史钩沉论二》："欲知大道，必先为史。灭人之国，必先去其史。"

　　文中典故的意思是：消灭一个国家和民族，必须先让它的历史消亡。

【典故解读】

　　龚自珍为晚清思想家和文学家，精于诗词，是改良主义运动的先驱人物，著有《定盦文集》。

　　在这段话中，龚自珍指出人间有正道，要想掌握世间大道，就必须了解蕴含着世间大道的历史，只有掌握了历史，才能把握社会的发展规律；让一个国家灭亡的首要方法，就是让它的历史消亡，一个没有历史的国家，也就不复存在了。

【场景应用】

　　公文写作中，"灭人之国，必先去其史"这句典故，常用于党史和中国历史的学习教育中，从"灭国"与"去史"的因果联系中，强调历史同国家和民族的生死存亡息息相关，以史育人是中华民族一以贯之的优良传统，任何时候都要坚决抵制和反对历史虚无主义的滋生和蔓延。

【范文赏析】

　　《人民日报》这篇论坛文章，是针对当年备受关注的侮辱革命烈士邱少云案一审宣判而作，文中引用"灭人之国，必先去其史"这句典故，并以苏联的解体为教训，强调一个民族如果失去对历史的敬畏，就难以捍卫良知，直面未来，从历史中汲取前进的动能。

10

落其实者思其树，
饮其流者怀其源

【范文】

"落其实思其树，饮其流怀其源。"面向未来，中国促进共同发展的决心不会改变，将继续奉行互利共赢的开放战略，将自身发展机遇同世界各国分享，欢迎各国搭乘中国发展的"快车""便车"。（选自 2018 年 11 月 22 日《人民日报》评论员文章《为世界共同繁荣作出更大贡献——论习近平主席亚太工商峰会主旨演讲》）

【典故出处】

语出南北朝时期庾信《燕射歌辞·徵调曲（其六）》："正阳和气万类繁，君王道合天地尊。黎人耕植于义圃，君子翱翔于礼园。落其实者思其树，饮其流者怀其源。"

文中典故的意思是：吃到树上的果实便会想到结出果实的树；喝到河中的水便会想到河水的源头。

【典故解读】

庾信是南北朝时期北周的文学家、诗人，《燕射歌辞》是其所作的一组诗歌，借用古乐中使用的五个基本音阶，组诗分为"宫、商、角、徵、羽"五声调曲，其中《徵调曲》为七言诗，共有六首，"落其实者思其树，饮其流者怀其源"出自第六首。

这两句诗表达了对故土的思念之情，后世化用为"饮水思源"，表达不忘故土、不忘本来。同时，还深刻地揭示了万事万物都有其发端的根本和源头，切断了这个根本和源头，那么一切都会成为无源之水、无本之木。

【场景应用】

公文写作中，"落其实者思其树，饮其流者怀其源"用于文化建设和宣传教育时，可以充分体现中华文化源远流长、一脉相承的特质，这是支撑我们一路前行、不忘初心、一以贯之的精神力量。

【范文赏析】

《人民日报》这篇评论员文章的主题是中国发展离不开世界，世界繁荣也需要中国，文中化用典故"落其实者思其树，饮其流者怀其源"，体现了中国与世界各国的发展息息相关，表达了中国为促进世界共同发展、共同繁荣作出更大贡献的决心。

11 以古人之规矩，开自己之生面

【范文】

在技术加持上，中华文明的"清晰度"得到进一步提升。"以古人之规矩，开自己之生面"，是文明探源成果进行大众传播时需要直面的挑战。以数字技术为支撑，打造高水平的视听空间已成为文化综艺触达更多青年观众的必要手段。（选自 2022 年 8 月 10 日《光明日报》署名文章《让优秀传统文化活起来，传媒责无旁贷》）

【典故出处】

语出清朝沈宗骞《芥舟学画编》："苟能知其弊之不可长，于是自出精意，自辟性灵，以古人之规矩，开自己之生面，不袭不蹈，而天然入彀，可以揆古人而同符，即可以传后世而无愧，而后成其为我而立门户矣。"

文中典故的意思是：运用古人探索总结的法则和规律，开辟出自己的创作新局面。

【典故解读】

沈宗骞是清朝画家，善画山水、人物，其理论著作《芥舟学画编》在清代绘画研究中占有重要地位，全书共四卷，卷一、卷二论山水画，卷三论传神，卷四为人物琐论。

在这段引文中，沈宗骞强调了艺术创作要彰显个性和特质，但这种独创要合乎法则和规律，唯有如此，艺术创作才能够获得存在的价值和意义，才能为社会和历史所认同与接纳。

传承中华文化，绝不是简单复古，也不是盲目排外，而是古为今用、洋为中用、辩证取舍、推陈出新，摒弃消极因素，继承积极思想，"以古人之规矩，开自己之生面"，实现中华文化的创造性转化和创新性发展。

【场景应用】

公文写作中，"以古人之规矩，开自己之生面"这句典故，用于表述文化传承与发展时，更多强调的是我们要立足时代的实践和现实的需求，彰显代表中华民族精神的文化内容，实现中华文化创造性转化、创新性发展。

【范文赏析】

《光明日报》这篇文章提出大众媒体要致力于推动中华优秀传统文化创造性转化、创新性发展，让源远流长的华夏文明飞入寻常百姓家，文中引用"以古人之规矩，开自己之生面"这句典故，从大众媒体技术加持的角度，凸显了以时代的科技文明开创传统文化的"生面"，进一步提升中华文明的"清晰度"。

12

文章千古事，得失寸心知

【范文】

文章千古事，得失寸心知。大凡学问中人，对于自己的思想观点见诸文字、晓之世人，一向是十分看重的。（选自 2006 年 5 月 12 日《人民日报》署名文章《学术"注水"的忧思》）

【典故出处】

语出唐朝杜甫《偶题》："文章千古事，得失寸心知。作者皆殊列，名声岂浪垂。"

诗中典故的意思是：写文章是流传千古的事业，其中的甘苦得失只有作者心里明白。

【典故解读】

杜甫是唐代现实主义诗人，对中国古典诗歌影响深远，被世人尊为"诗圣"，其诗被称为"诗史"。《偶题》是杜甫创作的一首五言排律，表达了诗人对于诗歌传承发展以及诗歌创作的思考和见解。

诗歌开篇就写出了"文章千古事，得失寸心知"这一饱含哲理的名句，表达出诗人对于文学创作地位和作用的独特理解：写文章是流传千古的大事情，而其中甘苦得失只有作者自己心里清楚；历代作家都有自己独特的成就地位，他们又怎么会空有虚名呢？

【场景应用】

公文写作中，"文章千古事，得失寸心知"常用来表达文章创作一直承担着重大的责任和使命，创作者唯有殚精竭虑、呕心沥血，才能让文章传之后世，自己也能立身扬名。

【范文赏析】

《人民日报》这篇署名文章针对学术"注水"现象，提出这是一种亟须消除的学术"公害"，倡导和弘扬优良学风与文风。文章的首句引用"文章千古事，得失寸心知"诗句，强调文章是要见诸文字、晓之世人的，自古以来凡是学者都十分看重文章的思想观点，学术"注水"现象不能不让人忧思。

13   为政之道，务于多闻

【范文】

"为政之道，务于多闻。"善于从经典著作中汲取力量，向来是我们党的优良传统。经典作品有原理体现、有思想浓缩、有实践指南，品读经典，是我们获得精神给养、激发奋斗自觉的重要途径。（选自 2015 年 7 月 9 日《人民日报》评论员文章《重温经典锻造更坚强的党性》）

【典故出处】

语出三国时期诸葛亮《便宜十六策·视听》："故为政之道，务于多闻，是以听察采纳众下之言，谋及庶士，则万物当其目，众音佐其耳。"

文中典故的意思是：君主治理国家的方法，关键在于多听。

【典故解读】

《便宜十六策》是三国时期政治家和军事家诸葛亮所著的一部兵法，这部兵法提出了一系列治国治军的原则，其中《视听》篇主要论述了当政者在治理国家时，应当重视了解民情，善于倾听来自下属和百姓的意见。

"为政之道，务于多闻"这段话提出为政之道在于多听，唯有如此，君主才能够倾听、辨察和采纳群臣甚至普通百姓的意见，这样一来，天下万物都会成为君主的眼睛和耳朵，如此，君主无所不知，无所不晓。

【场景应用】

公文写作中，"为政之道，务于多闻"这句典故，可以用来强调领导干部多听多闻、广泛获取信息对于提高工作决策准确度的重要性，要求领导干部多多开展调查研究，密切联系群众，广开言路，广泛了解各种情况和信息，实现科学治理和科学决策。

【范文赏析】

《人民日报》这篇评论员文章强调领导干部要把学习摆在突出位置，文中引用典故"为政之道，务于多闻"，就是从"多闻"的角度，来强调多读书对于领导干部提升从政能力的重要意义，鼓励领导干部从经典著作中获得精神给养、激发奋斗自觉。

14　承百代之流而会乎当今之变

【范文】

国际社会希望解码中国的发展道路和成功秘诀，了解中国人民的生活变迁和心灵世界，只有把目光投向世界、投向人类，承百代之流，会当今之变，创作更多彰显中国审美旨趣、传播当代中国价值观念、反映全人类共同价值追求的优秀作品，才能展示一个生动立体的中国，为推动构建人类命运共同体谱写新篇章。（选自 2021 年 12 月 17 日《人民日报》评论员文章《展示中国文艺新气象，铸就中华文化新辉煌》）

【典故出处】

语出西晋郭象《庄子注》："承百代之流而会乎当今之变，其弊至于斯者，非禹也，故日天下耳。"

文中典故的意思是：承袭前人的文化传统，以顺应时代的变革机遇。

【典故解读】

郭象为西晋玄学家，酷好老庄，他在魏晋文学家向秀所注《庄子》的基础上，加以发展完善，完成了对《庄子》一书的注解。

"承百代之流而会乎当今之变"这段话，是郭象针对《庄子·天运》篇讲到圣人乱天下时所作的一段评论。按照儒家经典，禅让制在禹以后发生了变化，禹接受舜的禅让后，却传位于子，由此世风大变。可是，在郭象看来，禹这种"当今之变"并非一个孤立的、突然的变化，它是承续"百代之流"的必然结果，也就是说"流"之常在而"变"之不断，因而一件事情的发展变化，不是一两个特殊人物造成的，而是整个时代环境的变化导致的。

"承百代之流而会乎当今之变"这句典故，将过去、现在和未来看作一条难以割断的时间之流，从某种意义上说是对传统精神的一种继承、发扬，既有着悠久的传统脉络，同时又烙上了鲜明的时代印迹。

【场景应用】

公文写作中，"承百代之流而会乎当今之变"这句典故强调了在历史长河中，我们既要承袭前人的智慧传统，但也不能僵化不变，应该在当下的变革中寻找机遇，将传承与创新、历史与现实结合起来，实现传统与时代的"通变"。

这句典故用于文化建设时，强调的是我们要传承和弘扬传统文化，同时也要将当代的价值观和社会现实融入文化教育中，让传统文化与现代社会相融相通，实现中华文明连续发展、凝聚不散。

【范文赏析】

《人民日报》这篇评论员文章提出文艺只有深刻把握民族复兴的时代主题，把文艺创作写到民族复兴的历史上、写在人民奋斗的征程中，才能更好担负起时代赋予的重任。文中化用典故"承百代之流而会乎当今之变"，强调中华文明博大精深，是中华民族独特的精神标识，当代中国文艺在面向国际世界和人类未来时，只有坚持守正创新，把握传承和创新的关系，才能创作出无愧于我们这个民族和时代的优秀作品。

15

诗文随世运，无日不趋新

【范文】

"诗文随世运，无日不趋新。"创新是文艺的生命，作家的创造力在于创新。创新乏力，文艺毫无生机；创新缺失，文艺百弊丛生。在历史的长河中，文学艺术之所以能够奔腾向前、永不止歇，核心动力是创新。文学史留下的灿烂经典之作，共同特征即是创新。对于当代中国的文艺工作者来说，创新是他们文化性格之中最为明显的特征。新时代的文艺工作者，既要有学习前人的礼敬之心，更要有超越前人的竞胜之心，既要在继承中创新，更要在创新中继承。（选自2021年12月16日中国江苏网署名文章《坚持守正创新，开拓中国文艺新境界》）

【典故出处】

语出清朝赵翼《论诗》："诗文随世运，无日不趋新。古疏后渐密，不切者为陈。"

诗中典故的意思是：诗文创作总是随着时代的变化而变化，没有哪一天不在趋时更新。

【典故解读】

赵翼是清代诗人、史学家，他在《论诗》这首古诗中，针对苏轼的诗歌审美主张，提出了"诗文随世运，无日不趋新"的观点，力倡创新，反对盲目拟古，认为诗文创作与时代命运密切相连，一个时代有一个时代的文学创作，主张诗文要与时俱进，把"创新"作为诗歌创作的审美标准。

【场景应用】

公文写作中，"诗文随世运，无日不趋新"常用来强调创新是文艺的生命，文学创作必须反映时代精神，随着时代的发展而日益创新，自觉地承担起历史和时代赋予的使命和责任。

【范文赏析】

中国江苏网这篇署名文章提出文艺工作者要坚持守正创新，在培根铸魂上展现新担当，在守正创新上实现新作为，使文艺创作呈现更有内涵、更有潜力的新境界。范文引用"诗文随世运，无日不趋新"，体现自古以来文学创作的生命力来源于创新，唯有高扬创新精神，才能创作出无愧于我们这个时代的优秀作品，为这个时代留下永恒的艺术经典。

16　太上有立德，其次有立功，其次有立言

【范文】

《左传》有云："太上有立德，其次有立功，其次有立言，虽久不废，此之谓不朽。"从中可见思想、道德以及论述穿越时空而不可磨灭的影响力，目前在全面从严治党背景下，加强党内思想文化建设就显得尤为重要，党内政治文化对政治生态会产生潜移默化的影响。只有党内政治文化积极而健康，才能为全体党员自觉克服自身局限打下坚实的基础，做到坚守从政之德，抵御不良风气的侵蚀，抵御形形色色诱惑的考验，始终保持共产党人的政治本色。（选自 2018 年 2 月 6 日《中共南京市委党校学报》署名

文章《加强党内政治文化建设：破立并举》）

【典故出处】

语出春秋时期左丘明《左传·襄公二十四年》："豹闻之：太上有立德，其次有立功，其次有立言，虽久不废，此之谓不朽。"

文中典故的意思是：最上等的是树立德行，其次是建立功业，再次是树立言论，这三者不会因为时代久远了而湮灭，这就是我们所说的不朽。

【典故解读】

《左传》（参见模块二词条19）是春秋时期鲁国史官左丘明为《春秋》注解的一部史书，引文中的"豹"是鲁国大夫穆叔的名。根据《左传·襄公二十四年》记载，鲁国大夫穆叔出访晋国，晋国大夫范宣子请教何为"虽死而不朽"，并且讲述了自己历代祖先受封世袭之事，说这就是不朽吧。穆叔回答说："这只不过是世代为官受禄，并非不朽。"接着，就以"太上有立德，其次有立功，其次有立言"这句话阐述了何谓不朽。

古人以"立德、立功、立言"来界定不朽观，体现出可贵的文化自觉，赋予了人生新的意义和追求，成为中国历代知识分子实现人生价值和理想追求的最高境界。

【场景应用】

公文写作中，"太上有立德，其次有立功，其次有立言"这句典故用于文化建设方面时，可以用来教育引导文化和社会科学工作者，充分认识到自己所肩负的以文化人、以文育人、以文培元的社会使命，应当坚持用明德引领风尚，以高远志向、良好品德、高尚情操为社会作出表率，做到有信仰、有情怀、有担当，把个人的艺术追求、学术理想同国家前途、民族命运、人民福祉紧紧结合在一起，做对国家、对民族、对人民有贡献的艺术家和学问家。

【范文赏析】

这篇范文的论题是破立并举，加强党内政治文化建设，文章开篇引用《左传》中的典故"太上有立德，其次有立功，其次有立言"，以此强调党内政治文化也是中华优秀传统文化的重要组成部分，作为优秀传统文化的忠实传承者和中国特色社会主义事业的领导核心，我们党十分重视吸收借鉴优秀传统政治文化，这是新时代推进政治生态建设的内在要求，因而加强党内政治文化建设就显得尤为重要。

17 周虽旧邦，其命维新

【范文】

"周虽旧邦，其命维新。"这是我们自古以来的文化强国理想。但必须强调的是，这个"新"绝对不是保守、倒退和封闭的，而是要有比汉唐时代更开放的心胸和更宽广的视野，只有这样，才能在充分吸收全球文化发展智慧的基础上，在风云变幻的当今世界中真正开创我国文化发展的"日新"境界。（选自 2011 年 11 月 25 日《光明日报》署名文章《文化引领时代风气之先，是最需要创新的领域》）

【典故出处】

语出《诗经·大雅·文王》："文王在上，于昭于天。周虽旧邦，其命维新。有周不显，帝命不时。文王陟降，在帝左右。"

文中典故的意思是：周朝虽然是古老邦国，但是承受天命国运出现新气象。后来比喻国运昌盛，气象一新。

【典故解读】

《诗经》是我国最早的一部诗歌总集，也是中国文学的主要源头之一，收集了西周初年至春秋中叶的诗歌，共305篇，反映了周王朝时期的社会历史面貌。

《诗经》传为周朝中兴名臣尹吉甫采集、孔子编订，在先秦时期称为《诗》《诗三百》，西汉时被尊为儒家经典，始称《诗经》，并沿用至今。《诗经》在内容上分为《风》《雅》《颂》三个部分，《风》是来自周朝各地的歌谣；《雅》是周王朝宫廷宴飨或朝会时的乐歌，又分《小雅》和《大雅》；《颂》是周王朝和贵族宗庙祭祀的舞曲歌辞，内容多是歌颂祖先的功业。

《大雅·文王》是《大雅》的首篇，相传为周公颂美周王朝奠基者文王姬昌之作。全诗七章，引文"周虽旧邦，其命维新"这段话是全诗的首章，赞颂文王与天合德，以此利用神权来强化周朝王权，体现周王朝基业的合理性：文王神灵在上方，天上光彩显赫；周朝虽是古老邦国，但承受天命国运出现新气象；周朝辉煌荣耀，上天意志不可挡；文王神灵升降天庭，无时不在天帝旁。

"周虽旧邦，其命维新"这句典故在后世得到进一步引申和发展，代表和体现着中国文化的基本精神，成为激励中华民族不断创新、不断前进的思想源泉。

【场景应用】

公文写作中，"周虽旧邦，其命维新"这句典故用于文化传承和创新方面时，可以强调中国人自古就有革故鼎新的精神，中华民族灿烂的文化、悠久的文明是在不断改革创新中取得的，中华优秀传统文化为中国改革提供了充足的养分和强大的精神支撑。

【范文赏析】

《光明日报》这篇文章针对国家作出深化文化体制改革的重大决定，指出以文化引领时代风气之先，是最需要创新的领域，文章引用典故"周虽旧邦，其命维新"，进一步强调了自古以来中华民族就胸怀文化强国的理想，文化兴则国运兴，文化强则民族强。

18 远人不服，则修文德以来之

【范文】

文化建设应把提升我国的文化软实力作为重要内容，积极宣传中华优秀文化和中国共产党带领中国人民求得民族独立自强、人民解放幸福的光辉历史。古人云："远人不服，则修文德以来之。"自古以来，中华民族都是和平的使者，推行睦邻友好的对外政策，展现文明和谐的大国形象。（选自 2021 年 9 月 16 日《柳州日报》署名文章《推进文化建设的三个维度》）

【典故出处】

语出春秋时期孔子《论语·季氏》："丘也闻，有国有家者，不患寡而患不均，不患贫而患不安。盖均无贫，和无寡，安无倾。夫如是，故远人不服，则修文德以来之。既来之，则安之。"

文中典故的意思是：如果远方的人不归服，那么就要修文德、重教化，以此吸引他们过来。

【典故解读】

《季氏》是《论语》第十六篇，共有十四章，主要阐述了孔子的基本政治立场、政治主张、政治活动，以及关于君子德行操守的观点。

"远人不服，则修文德以来之"这句话出自《季氏》第一章，孔子在这一章中提出了平均社会财富、安定社会秩序的政治思想，主张通过修文德来招抚远人的外交策略。

这里的季氏是指鲁国的权臣季康子，季氏想去讨伐鲁国的附属国颛臾，孔子的学生冉有和子路正是季氏家臣，于是就向孔子请教这件事情。对此，孔子指责了弟子没有劝阻季氏，尽到为臣之道，同时，提出了治国应该遵循"均无贫、和无寡、安无倾"这三个原则。

孔子在"远人不服，则修文德以来之"这段话中阐述道：我听说，一个国家和家族，不怕贫穷而怕财富不均，不怕人口少而怕不安定。因为财富均衡就没有贫困，和睦团结就不觉得人口稀少，社会安定政权就不会倾覆。能做到这样，如果远方的人还不归服，就要整顿礼乐，凭借仁德来招引归附。他们来归服了，就要让他们安心生活下去。

【场景应用】

公文写作中，"远人不服，则修文德以来之"这句典故常用来强调文化在交往交流中的重要作用，体现了文化交流要展现一个国家或民族的文化包容，展示自己独特的文化底蕴和民族文化的道德美德，发挥文化魅力，增进各国人民的友谊和理解，促进世界文化多样性发展。

【范文赏析】

发表在《柳州日报》上的这篇文章，从政治导向、人民立场和艺术价值三个维度，提出推进新时代形势下的文化建设。文中引用典故"远人不服，则修文德以来之"，旨在体现中华民族向来是和平的使者，推行睦邻友好的对外政策，因而新时代的文化建设应当展现中华文化的包容性与吸引力，积极宣传中华优秀文化，提升我国的文化软实力，展现一个文明和谐的大国形象。

19 治天下，莫不以教化为大务

【范文】

第三，做好教化育人，彰显方志之用。"治天下，莫不以教化为大务。"我们要立足丰富的史志文化资源，站在"为党和国家立心、为伟大时代立传、为社会明德立德、为国家传声立言"的高度，充分利用《巴蜀史志》期刊、网站及新媒体矩阵平台，利用方志"六进"活动，围绕中心，聚焦热点，融入大局大势，在服务发展、民生、稳定中发挥地方志宣传引导、教化育人功能，大力宣传弘扬习近平新时代中国特色社会主义思想，大力宣传弘扬中华优秀传统文化、革命文化、巴蜀文化，大力宣传弘扬社会主义核心价值观。（选自 2020 年 4 月 15 日陈建春同志《在四川省地方志办2020 年度党风廉政建设工作会议上的讲话》）

【典故出处】

语出东汉班固《汉书·董仲舒传》："古之王者明于此，是故南面而治天下，莫不以教化为大务。立太学以教于国，设庠序以化于邑，渐民以仁，摩民以义，节民以礼。"

文中典故的意思是：因此南面称帝而治理天下的，没有不把教化作为重要事务的。

【典故解读】

《汉书》是我国第一部纪传体断代史，完整记录了西汉二百三十年的盛衰兴亡，与《史记》《后汉书》《三国志》并称为"前四史"。《汉书》是班氏两代人毕其精力而成，班彪奠定基础，其子班固断汉为史，其女班昭接续修撰，终于修成《汉书》。

董仲舒是西汉时期著名的思想家，是继孔子、孟子之后的儒学大师，有"汉代孔子"之称。董仲舒提出的"罢黜百家，独尊儒术"的主张，得到汉武帝推崇和实行，从此，儒学思想不仅成为汉武帝时期的统治政策和治国思想，而且成为统治中国两千余年的正统思想。

在《董仲舒传》中，"是故南面而治天下，莫不以教化为大务"这段话，是董仲舒在应对汉武帝策试诏问时提出的文化政策。他说，古代的帝王都明白这个道理，因此他们在登上帝位治理天下的时候，都把教育感化作为重要事务来对待，设立太学以教育国都之士，设立学校以教化州县之人，以仁来感化百姓，以义来磨砺民众，以礼来规范大众行为。

【场景应用】

公文写作中，"治天下，莫不以教化为大务"这句典故，可以用来强调教化是国家治理的基础，体现教化注重人的全面发展，通过培育人才、传承文化、塑造价值观和道德责任感，促进国家和社会持续发展与进步。

【范文赏析】

这篇范文选自四川省地方志办领导讲话，文中引用典故"治天下，莫不以教化为大务"，体现了中华文化向来重视教育、崇尚德行、追求和谐、关注人文价值的思想观念，以此强调地方志要充分发挥好德治教化、以文育人的重要功能，服务民生、发展和稳定，宣传弘扬社会主义核心价值观。

模块四
社会维度

01

出入相友，守望相助，疾病相扶持，则百姓亲睦

【范文】

　　这是一股在中国历史长河中澎湃不已的文化脉动。"出入相友，守望相助，疾病相扶持，则百姓亲睦"，乡土中国绵延数千年的生活方式，不仅塑造了中华民族共同的价值基础，也在时间的积淀下形成了民族的"集体人格"——团结一心。（选自 2018 年 3 月 29 日《人民日报》评论员文章《守望相助的力量无坚不摧》）

【典故出处】

　　语出战国时期《孟子·滕文公上》："死徒无出乡，乡田同井。出入相友，守望相助，疾病相扶持，则百姓亲睦。"

　　文中典故的意思是：共处同一井田的乡里乡亲们，出入劳作时相互结伴，抵御盗寇时互相帮助，有疾病事故时互相照顾，这样百姓就友爱和睦了。

【典故解读】

　　成语"守望相助"就出自这个典故，表示相邻居住的人，在守卫和瞭望警戒中，互相帮助，相互合作，从而在遭遇侵害时，能够共同防御，获得安全。这既是古代百姓日常生活的道德实践，也是儒家士大夫的道德理想，成为中华民族几千年来固有的传统观念和价值基础。

【场景应用】

　　成语"守望相助"已经频繁用于工作与生活的很多方面，可以恰到好处地表达出人与人之间团结互助的诚挚感情。比如描写工作、生活以及邻

里之间的扶持、扶助、关心、关怀；描写灾害灾情下的人与人之间的援助、支援、资助；描写驰援救灾中的响应、呼应、接应；还有突发事件中的救命、救人、救援；等等。

【范文赏析】

这篇范文的中心就是在表达"团结和凝聚力"创造了中国的"经济奇迹"。文章开篇引用"出入相友，守望相助，疾病相扶持，则百姓亲睦"这句典故，为的是强调中国人民的"团结和凝聚力"绵延了数千年，是中华民族共同的价值基础和"集体人格"，这种力量无坚不摧。

 意莫高于爱民，行莫贱于害身

【范文】

"德莫高于爱民，行莫贱于害民。"我们党来自于人民，根植于人民。作为县委书记，应时刻把人民对美好生活的需要作为奋斗目标，胸怀爱民之心，善谋富民之策，常办利民之事，恪尽为民之责，真正做一个合格的人民"勤务员"。（选自 2018 年 6 月 1 日人民论坛网文章《修好共产党人"心学"做新时代人民公仆》）

【典故出处】

语出春秋时期《晏子春秋·内篇问上》："叔向问晏子曰：'意孰为高？行孰为厚？'对曰：'意莫高于爱民，行莫厚于乐民。'又问曰：'意孰为

下？行孰为贱？'对曰：'意莫下于刻民，行莫贱于害身也。'"

文中典故的意思是：最高尚的品德，莫过于爱护百姓；最卑贱的行为，莫过于戕害百姓。

【典故解读】

这句典故来自春秋时期晋国大夫叔向与齐国大夫晏婴之间的一次对话。叔向请教晏子："什么样的品德才是高尚的？什么样的行为才是宽厚的？"晏子回答："最高尚的品德，莫过于爱护百姓；最宽厚的行为，莫过于让百姓安乐。"又问："什么样的品德是低劣的？什么样的行为是卑贱的？"晏子回答："最低劣的品德，莫过于苛刻百姓；最卑贱的行为，莫过于戕害百姓。"

"意莫高于爱民，行莫贱于害身"从正反两面提炼了晏子的思想和观点，与管仲的主张"政之所兴，在顺民心；政之所废，在逆民心"如出一辙。

【场景应用】

国家领导人在各种场合，多次化用典故"意莫高于爱民，行莫贱于害身"，要求各级领导干部一切从人民的利益出发，站在人民群众的立场上立身、处世、从政，真正做到权为民所用、情为民所系、利为民所谋。

【范文赏析】

这篇范文是浙江省常山县时任县委书记叶美峰所写，文中化用典故"意莫高于爱民，行莫贱于害身"，表达了县委书记作为一个县域的主要负责人，在坚持人民的立场上，唯有做到德行一致，才能真正俯下身子干工作，在考虑和解决问题时，时刻从群众的角度出发，而不会为了"政绩"做出伤害群众利益的事，真正做一个合格的人民"勤务员"。

03   天下兼相爱则治，交相恶则乱

【范文】

"天下兼相爱则治，交相恶则乱。"成立世界互联网大会国际组织，是顺应信息化时代发展潮流、深化网络空间国际交流合作的重要举措。数字化时代，互联网发展治理对世界合作发展意义重大，而在连续成功举办八届世界互联网大会的基础上，成立这一国际组织，也是对国际社会开展网络空间对话协商合作呼声的有力回应。秉承"搭建全球互联网共商共建共享平台，推动国际社会顺应数字化、网络化、智能化趋势，共迎安全挑战，共谋发展福祉，携手构建网络空间命运共同体"这一宗旨，全球互联网发展治理又迈出了坚实一步。（选自 2022 年 7 月 14 日浙江在线潮评文章《开放包容，让网络家园更有生机活力》）

【典故出处】

语出战国时期《墨子 • 兼爱上》："故圣人以治天下为事者，恶得不禁恶而劝爱？故天下兼相爱则治，交相恶则乱。"

文中典故的意思是：如果天下人彼此亲爱，天下就会太平；如果彼此仇恨，天下就会混乱。

【典故解读】

这句典故反映了古人一种朴素善良的美好愿望，认为以治理天下为己任的圣人，一定会阻止人们相互仇恨而鼓励相亲相爱。所以天下的人如果能够互相关爱，那么天下就可以大治。

墨子创立了墨家学说，"兼爱"是其最具有代表性的理论之一，也是墨

子社会伦理思想的核心，认为社会动乱的根源起于人们"不相爱"，因此提出"兼相爱，交相利"，主张通过彼此无差别的相爱相利来解决社会矛盾。

【场景应用】

当今世界多极化、经济全球化、文化多元化的趋势日益增强，各国相互联系和依存日益加深，和平发展大势不可逆转。但是，与此同时，全球范围内的环境破坏、能源危机、道德失范等问题也日趋严峻。在这样的世界环境下，墨子的"兼爱"思想，以及"天下兼相爱则治，交相恶则乱"这句典故，告诫人类正视自己，帮助他人，爱护环境，维护和平，仍然有着积极的现实意义。

【范文赏析】

这篇范文写于世界互联网大会国际组织成立之际，文中引用"天下兼相爱则治，交相恶则乱"这句典故，表达了互联网已经成为人类的共同家园，世界真正地变成了"地球村"，国际社会越来越成为你中有我、我中有你的命运共同体，因而倡导相亲相爱、远离彼此仇恨的"兼爱"思想，对于建设网络空间共同体就显得更为重要。

○4　　　　　　　老吾老，以及人之老；
幼吾幼，以及人之幼

【范文】

提升医养结合机构服务质量，让老年人都能老有所养、老有所医，需

要机构、家庭、社会等有关方面更加重视老龄工作和养老服务，下大力气来营造全社会尊老爱老的环境。惟其如此，方不负"老吾老以及人之老"的美好之托，让老年人健康幸福地安享晚年。（选自 2021 年 1 月 7 日《人民日报》人民时评《医养结合完善养老服务》）

【典故出处】

语出战国时期《孟子·梁惠王上》："老吾老，以及人之老；幼吾幼，以及人之幼。天下可运于掌。"

文中典故的意思是：在赡养孝敬自己的老人时，不要忘记别人的老人；在抚养教育自己的孩子时，不要忘记别人的孩子。

【典故解读】

"老吾老，以及人之老；幼吾幼，以及人之幼"这句典故出自孟子与齐宣王的对话，原意是劝诫齐宣王，如果想施行德政，推行王道，那么就要先从自我做起，推己及人，使百姓安居乐业，衣食无忧，如此"天下就可以运转于手掌之上了"。

孟子提出的"老吾老，以及人之老；幼吾幼，以及人之幼"，这是一种有差别的"等差之爱"，爱是有亲疏之分的，先后有别，由近及远。相比之下，墨子倡导的"兼爱"是一种无差别的爱，不分厚薄亲疏。同样是"爱"，孟子是从理性出发，强调的是一种"推己及人"的仁爱；而墨子更多是从情感出发，强调爱无差别等级，爱他人如同爱自己。

【场景应用】

在当代，孝老爱亲，不仅是家事，更是国事。"老吾老，以及人之老；幼吾幼，以及人之幼"这句典故，常常用于弘扬中华民族传统美德，让社会常怀敬老之心，倾注爱老之情，笃行扶老之事，实现老有所养、老有所依、老有所乐、老有所安，让千千万万个家庭成为国家发展、民族进步、社会和谐的重要基点。

【范文赏析】

范文是针对国家提升医养结合机构服务质量行动，提出要进一步健全养老服务体系，切实提升老年人的获得感和满意度。文中引用"老吾老，以及人之老"这句典故，表达了孝老敬老是中华民族几千年来的传统美德和美好愿望，提升医养结合机构服务质量，可以在全社会营造尊老爱老的环境，让老年人老有所养、老有所依，健康幸福地安享晚年。

05   风俗者，天下之大事

【范文】

风俗者，天下之大事也。把体现中华民族勤俭美德和社会主义核心价值观的要求转化为法律规范，发挥法治的引领和规范作用，为全社会确立餐饮消费、食品消费的基本行为准则，有利于更好弘扬新时代厉行节约、反对浪费的社会风尚。（选自2021年1月7日《人民日报》人民时评《为反浪费提供法治保障》）

【典故出处】

语出清朝顾炎武《日知录·廉耻》："廉耻者，士人之美节；风俗者，天下之大事。朝廷有教化，则士人有廉耻；士人有廉耻，则天下有风俗。"

文中典故的意思是：社会风气是国家的大事情。

【典故解读】

顾炎武是明末清初思想家,《日知录》是其代表作品, 以明道救世为宗旨, 囊括了作者全部的学术思想和政治理念, 对后世影响巨大。

在《廉耻》篇中, 顾炎武主张以德治淳化社会风气。他认为, 廉洁知耻是读书人的高尚气节, 民俗风气是天下的大事; 如果朝廷能够做到教育感化, 那么读书人就会有廉耻之心, 读书人有廉耻之心, 那么天下就会有良风美俗。

【场景应用】

公文写作中, "风俗者, 天下之大事" 这句典故, 常用来倡导移风易俗, 刹歪风, 治陋习, 弘扬时代新风, 构建社会新风正气。

【范文赏析】

《人民日报》这篇时评写于反食品浪费法草案提请人大初审之时, 这是我国首次以法律形式制止餐饮浪费, 文中引用 "风俗者, 天下之大事" 这句典故, 充分体现了自古以来我们就十分重视风气教化, 号召全社会积极参与, 用法治引领节约粮食新风尚。

 **百姓昭明, 协和万邦**

【范文】

天人合一的宇宙观内含着一种相互联系而非孤立片面看待世界的视角, 这让中国人很早就产生了 "天下" 的观念, 视天下为一体。《尚书·尧典》

说："百姓昭明，协和万邦。"这说明中国人很早就形成了协和处理不同国家关系的观念，认为不同国家之间应和睦共处、相互合作。在"天下"观的滋养下，中国人生发出以天下为己任的高尚追求和责任担当。孟子说："穷则独善其身，达则兼济天下。"从中可以看出中国人追求天下大同，有一种要共同实现美好生活的担当。（选自 2018 年 11 月 8 日《人民日报》署名文章《"和合"理念具有重要价值》）

【典故出处】

语出春秋时期《尚书·虞书·尧典》："克明俊德，以亲九族。九族既睦，平章百姓。百姓昭明，协和万邦。黎民于变时雍。"

文中典故的意思是：百姓的明德得以彰显，邦国之间得以和谐共融。

【典故解读】

文中这段话出自《尚书》（参见模块二词条 18），其本意是帝尧能够弘扬大德，使家族亲密和睦。家族和睦了，又让百姓众族和谐共处。百姓众族的明德得以彰显，邦国之间也得以和谐共融。这样，天下民众就能够友好和睦相处。这样的主张可以理解为，先由家族和谐，扩展到社会和谐，再推广到邦国之间的和谐，最终实现天下大同。

【场景应用】

在当代，"百姓昭明，协和万邦"这句典故，体现的是一种和合理念，运用在社会领域就是一种和而不同的社会观，强调人与人之间和睦共处，社会和谐有序，国家之间相互尊重、相互合作、共同发展，进而实现天下大同。

【范文赏析】

《人民日报》这篇署名文章，阐述的就是中华传统文化中的和合理念，文中引用"百姓昭明，协和万邦"这句典故，强调中华民族对于"和合"理念的认知和践行由来已久，一以贯之，为我们处理当代的各种国际难题和社会问题提供了宝贵智慧。

07 旧时王谢堂前燕，飞入寻常百姓家

【范文】

公款吃喝既姓公，也姓奢，所谓"崽花爷钱不心疼"，菜挑好的上，酒选贵的来，怎怪螃蟹、刀鱼越吃越贵，茅台、五粮液越卖价越高。自中央八项规定实施以来，公款吃喝或与权力有关的吃喝，不能说完全绝迹了，但实事求是讲，确实少多了。即便还在吃喝，也不像以前一样堂而皇之，标榜"吃喝也是战斗力"。曾经的天价商品，慢慢降下了身段，不少已经"伸手够得着"，慢慢"飞入寻常百姓家"。（选自 2015 年 1 月 14 日《人民日报》署名文章《反腐红利飞入寻常百姓家》）

【典故出处】

语出唐朝刘禹锡《乌衣巷》："朱雀桥边野草花，乌衣巷口夕阳斜。旧时王谢堂前燕，飞入寻常百姓家。"

诗中典故的意思是：昔日飞绕在王谢大宅华堂前的燕子，如今飞进了寻常百姓家低矮的屋中。

【典故解读】

《乌衣巷》是一首七言绝句，以燕子见证乌衣巷之变，寄托兴衰之感，引导读者思考时代的发展和社会的变迁。诗歌前两句中的"朱雀桥边""乌衣巷口"，曾经威名显赫，如今只有萧瑟的野草和惨淡的残阳相伴；后两句中的"王谢"是指东晋时期王导、谢安两大显赫家族，曾经盘桓于此的燕子如今飞进了寻常百姓人家低矮的屋中，从中我们可以感受到作者对于沧海桑田、物是人非的感慨。

【场景应用】

公文写作中，"旧时王谢堂前燕，飞入寻常百姓家"可以用来体现人民衣食住行的新变化，展现国家发展的新风貌，以及时代进步的新气象。

"飞入寻常百姓家"这句诗还常常用于思想和文化宣传中，强调宣传工作要创新传播手段和话语方式，使党的思想理论可以走入千家万户，深入人心，落地生根。

【范文赏析】

《人民日报》这篇文章的标题引用了"飞入寻常百姓家"这句典故，而且文中再次引用这句诗，两次引用就是为了体现反腐给社会带来的巨大红利，让曾经的天价商品，慢慢地降下了身段，让寻常百姓也能伸手够得着，从中可以感受到反腐的成效，以及当下的民心取向。

08 凡议国事，惟论是非，不徇好恶

【范文】

保持担当勇气。坚持一切从实际出发，是我们想问题、作决策、办事情的出发点和落脚点。公而忘私，把党和人民利益放在第一位，才能真正做到实事求是。这就要求我们发挥人民政协优势，"凡议国事，惟论是非，不徇好恶"，坚持有一说一，既报喜又报忧，进一步营造讲真话、讲实话、讲心里话的浓厚氛围，力戒文过饰非、好人主义。（选自 2022 年 2 月 9 日《人民日报》文章《练好调查研究的基本功》）

【典故出处】

语出清朝张廷玉《明史·骆问礼传》："士习倾危，稍或异同，辄加排陷。自今，凡议国事，惟论是非，不徇好恶。"

文中典故的意思是：商议国事的时候，一切只以是非为判断标准，而不根据个人的喜恶来做决定。

【典故解读】

文中这段话出自明朝言官骆问礼呈给明穆宗的奏疏。他在奏疏中说，士人常常相互倾轧，稍有异议，就加以排挤陷害，因此，从现在开始，凡是商议国家大事，一切只以是非为判断标准，而不能依照个人的好恶来做出判断。骆问礼在这封奏疏中体现出来的敢于讲真话、建诤言的勇气和担当，在当时以及对后世的影响都很大。

【场景应用】

公文写作中，"凡议国事，惟论是非，不徇好恶"这句典故，既可以用来要求领导干部在工作中要努力践行群众路线，广泛听取意见和建议，虚心纳谏，体现领导干部应当具备的工作态度和能力；同时，还可以用来鼓励党外知识分子参政议政，说真话、道实情、有担当，为国家富强、民族振兴、人民幸福多作贡献。

【范文赏析】

《人民日报》这篇文章是根据江西省政协主席在省政协十二届五次会议闭幕会上讲话整理而成的，讲话中引用"凡议国事，惟论是非，不徇好恶"这句典故，强调人民政协要发挥好政治协商、民主监督、参政议政的职能作用，就必须练好调查研究的基本功，把情况摸实摸透，这样才能真正做到实事求是，体现敢于讲真话、讲实话、讲心里话的担当勇气。

履不必同，期于适足；治不必同，期于利民

【范文】

"履不必同，期于适足；治不必同，期于利民。"政协事业是党的事业的重要组成部分，中国共产党领导的多党合作和政治协商制度，是国家治理体系的重要组成部分，是植根中国土壤的一项基本政治制度。人民政协走过的 70 年壮丽历程和取得的辉煌成就充分证明，人民政协是适合中国国情、具有鲜明中国特色的制度安排，这种中国式民主在中国行得通、很管

用。(选自 2019 年 11 月 30 日《湖南日报》评论员文章《找到最大公约数画出最大同心圆》)

【典故出处】

语出清朝魏源《默觚(下)·治篇(五)》:"天下事,人情所不便者,变可复;人情所群便者,变则不可复。江河百源,一趋于海,反江河之水而复归之山,得乎?履不必同,期于适足;治不必同,期于利民。"

文中典故的意思是:鞋子的大小不必相同,关键是要适合自己的脚;治理国家的方式不必相同,关键是要有利于人民。

【典故解读】

《默觚》是近代思想家魏源的早期作品,分为《学篇》和《治篇》两部分,"默"取自魏源的字"默深","觚"为书写用的木简,故名"默觚"。

在《治篇(五)》中,魏源主张变法和变革,并从历史的"自变性"角度来探求发展变革的驱动力。他认为判断变法变革的标准只能是"便民",提出天下万事万物的变革,如果让民众感到不利不便,就会变回来;如果让民众感到有利方便,得到民众拥护,那么这种变革就不会再变回来。这就像江河各有源头,最终都是流入大海,如果想让江河的水全部返回山中,这可能吗?

【场景应用】

公文写作中,"履不必同,期于适足;治不必同,期于利民"这句典故,用来强调改革和变革需要敢变、敢做、敢有所为的担当,但能否得到有效施行,关键是要找到一条适合自己的路子,看它是否有利于人民,能否得到人民的拥护。

【范文赏析】

《湖南日报》这篇评论员文章的主题是加强和改进新时代人民政协工作，文中引用"履不必同，期于适足；治不必同，期于利民"这句典故，很好地体现了政治协商制度是在中国的社会土壤中生长起来的，是适合中国国情、具有鲜明中国特色的制度安排，得到了广大人民群众的拥护和支持，在中国行得通。

 去民之患，如除腹心之疾

【范文】

治政之要在于安民，安民之道在于察其疾苦。要让群众安居乐业，最需要的是解决好群众的切身困难。解民忧、暖民心不是停留在口头上、文件里，而是在办成每一件"小事"的行动上、惠民政策的落实里。"去民之患，如除腹心之疾"，为民解决困难的每一步，更需要广大党员干部用心用情去完成。（选自 2022 年 6 月 28 日《荆门日报》评论员文章《用心用情暖民心》）

【典故出处】

语出北宋苏辙《上皇帝书》："陛下诚能择奉公疾恶之臣而使行之，陛下厉精而察之，去民之患，如除腹心之疾，则其以私罪至某、赃罪正入已至若干者，非复过误，适陷于深文者也。"

文中典故的意思是：清除百姓的祸患，如同去除自己的心病一样。

【典故解读】

苏辙是北宋文学家、政治家，"唐宋八大家"之一，一生忧国忧民，廉洁奉公。

王安石推行新法之初，苏辙持不同见解，上书神宗皇帝，在《上皇帝书》中，提出了许多切中肯綮的重要观点，文中"去民之患，如除腹心之疾"这句典故，便是用人的"腹心"来比喻生命攸关的要害部位，推己及人，设身处地指出清除老百姓的祸患，就如同去除自己的心病一样，刻不容缓。

【场景应用】

公文写作中，"去民之患，如除腹心之疾"这句典故常用于民生建设中，民生问题关系着老百姓的幸福感，只有把一件件关乎群众切身利益的"小事"办好，才能成就民生"幸福大事"，面对民生疾苦，党员干部要像对待自己的"腹心之疾"那样不除不快，除恶务尽。

【范文赏析】

《荆门日报》这篇评论员文章针对全省党员干部开展下基层、察民情、解民忧、暖民心实践活动，指出用心用情暖民心的"暖"，来自放下架子、沉到基层，来自真心真情、实际行动和看得到的结果。文中引用"去民之患，如除腹心之疾"这句典故，强调解民忧、暖民心不是停留在口头上、文件里，而是需要解决好群众的切身困难，把工作做到群众心坎上，把好事实事办出温度，让群众有更多实实在在的获得感、幸福感、安全感。

11   凡以教化不立而万民不正也

【范文】

凡教化之不立，而万民不正也。教化民风自古就是为政者的主要职责，我们过去只注重经济发展却忽视了民风教化，致使一些人不辨黑白、不分善恶、不论是非。家风相连成民风，一个地区的社会风气是由这个地方的每家每户每一个个体的言行举止中反映出来的，家风纯则民风正。（选自 2017 年 11 月 28 日万宁在线评论员文章《莫让"破窗效应"伤了这座城市的良心！》）

【典故出处】

语出东汉班固《汉书·董仲舒传》："凡以教化不立而万民不正也。夫万民之从利也，如水之走下，不以教化堤防之，不能止也。"

文中典故的意思是：如果没有把政教风化确立为治国安邦的根本，那么百姓就难以纳入正道。

【典故解读】

《董仲舒传》出自《汉书》（参见模块三词条 19），汉武帝"欲闻大道之要"，针对汉武帝的征问，董仲舒连上三篇策论作答，史称"天人三策"。这段引文明确将教化确立为王道政治的根本大法，指出百姓追逐利益，就像水顺势往下流一样，如果没有教化作为堤防，那么就难以遏制水流泛滥成灾。

【场景应用】

公文写作中，"凡以教化不立而万民不正也"这句典故，常用于社会教化中，体现社会教化自古以来作为国家治理的重要方式，可以更好地促进全社会弘扬道德模范精神，崇德向善蔚然成风，同时辅之以政令法规和社会管理，推动社会和谐进步，实现国家长治久安。

【范文赏析】

万宁在线这篇评论员文章针对全市创文巩卫工作，呼吁广大市民争做一名文明的社会公民，携手创建美好、整洁、有序的新万宁，为子孙后代造福。文中化用"凡以教化不立而万民不正也"这句典故，强调为政者不能因为片面追求经济发展而忽视了民风教化，而是要承担起教化民风的职责，传承好优良家风，弘扬崇文重教传统，改善民风，建设一个经济繁荣、社会文明、生态宜居、人民幸福的美好新万宁。

12　民生在勤，勤则不匮

【范文】

古语有云："民生在勤，勤则不匮。"一个"勤"字，成为解决民生问题的良方。在男耕女织的封建社会，适逢庙堂勤政为民、百姓勤劳友善，便会出现盛世繁华，为后人乐道。反之，官府不虑民生、不忧百姓，懒政怠政一出，便开启了乱世之门，苦的最终还是百姓。（选自 2019 年 1 月 30 日宣讲家网评论文章《民生逐梦贵在勤政爱民——写在北京市 2019 年两会闭幕后的感想》）

【典故出处】

语出春秋时期左丘明《左传·宣公十二年》："箴之曰：'民生在勤，勤则不匮。'不可谓骄。"

文中典故的意思是：百姓的生计在于勤劳，辛勤劳作就不会缺衣少食。

【典故解读】

典故中"民生"的意思是"百姓的生计"，这是"民生"一词最早在古籍中出现。根据《左传》记载，"民生在勤，勤则不匮"这句典故，原本是楚国国君用来规诫臣民的，后来晋国在攻打楚军时，晋国大臣栾武子就引用了这句典故来分析楚军的形势变化。意思是楚国国君常常用"民生在勤，勤则不匮"这样的箴言，来训导民众保持辛勤劳作的精神状态，这就不能说楚人骄横傲慢。

【场景应用】

公文写作中，"民生在勤，勤则不匮"这句典故，常用来体现中华民族克勤克俭、勤奋勤劳的传统美德，在社会上倡导劳动最光荣、劳动最崇高的价值导向，只有辛勤劳动，才能创造财富，激发亿万劳动者的奋斗激情。

【范文赏析】

这篇网评文章是写于北京市两会闭幕后的感想，文中引用典故"民生在勤，勤则不匮"，体现了两会对于民生热点问题的高度关注，这既是千百年来中华民族的人文关怀，更凸显了我们这个时代的责任和担当。

13

乐民之乐者，民亦乐其乐；
忧民之忧者，民亦忧其忧

【范文】

"乐民之乐者，民亦乐其乐；忧民之忧者，民亦忧其忧。"自古以来，人民乃官吏之父母，古时圣贤就是常怀为民之心，听百姓之言，察百姓之难，解百姓之苦。黄霸是汉代为朝廷出力、为国尽忠的能臣国士，勤政爱民，而且政绩特别突出；陈希亮是北宋官员，一生从知县到知府，亲政爱民，放粮赈灾，心系黎民，功在千秋；海瑞是明朝历经四世的官员，在他做巡抚期间，为民做主，大兴水利，难能可贵的是做官多年，家无余财……他们上对得起国家，下对得起百姓，前无愧于古人，后可光照来者，让我们致敬那些古代为民实干的好官。（选自 2023 年 4 月 7 日西藏纪检监察网评论文章《谨记"心无百姓莫为官"》）

【典故出处】

语出战国时期《孟子·梁惠王下》："乐民之乐者，民亦乐其乐；忧民之忧者，民亦忧其忧。乐以天下，忧以天下，然而不王者，未之有也。"

文中典故的意思是：如果为政者以百姓的快乐为快乐，百姓也会以他们的快乐为快乐；为政者以百姓的忧愁为忧愁，百姓也会以他们的忧愁为忧愁。

【典故解读】

"乐民之乐者，民亦乐其乐；忧民之忧者，民亦忧其忧"这句典故出自孟子与齐宣王的对话，体现了孟子的民本思想。

这句典故原意是劝诫齐宣王，治理国家必须得民心，顺民意，既要与民同乐，又要与民共苦，唯有推己及人，施恩于民，关心疾苦，才能达成仁政的最高理想。在孟子看来，一旦为政者把天下人的快乐当作自己的快乐，把天下人的忧愁当作自己的忧愁，如果这样还不能够臣服天下，这是从来没有先例的。

【场景应用】

公文写作中，"乐民之乐者，民亦乐其乐；忧民之忧者，民亦忧其忧"这句典故，常用来体现中国传统文化中关注民生、顺应民心、注重民愿的价值理念，教育引导领导干部要关注人民群众的切身利益和现实需求，多多体察民生疾苦，努力增进民生福祉，提高人民生活品质。

【范文赏析】

西藏纪检监察网这篇评论文章，要求广大党员干部谨记"心无百姓莫为官"，始终把人民放在心中最高位置，真正做到"为官一任、造福一方"。文中引用典故"乐民之乐者，民亦乐其乐；忧民之忧者，民亦忧其忧"，强调古代先贤就十分重视百姓在国家治理中的重要地位，认识到百姓是官吏的衣食父母，以此教育引导党员领导干部应该全心全意为人民服务，密切与群众的血肉关系，听百姓之言，察百姓之难，解百姓之苦。

14　安得广厦千万间，
大庇天下寒士俱欢颜

【范文】

"安得广厦千万间，大庇天下寒士俱欢颜。"各级党委政府应当以高度

的政治责任感和历史使命感，认真学习贯彻执行好《办法》，确保民生安全网"网底"密实坚韧，给全社会以稳定、可靠的民生保障预期，减少不安和焦虑，促进社会公正。（选自 2014 年 2 月 28 日《人民日报》评论员文章《确保民生安全网"网底"密实坚韧》）

【典故出处】

语出唐朝杜甫《茅屋为秋风所破歌》："安得广厦千万间，大庇天下寒士俱欢颜，风雨不动安如山。"

文中典故的意思是：如何才能得到千万间宽敞的大屋，让普天下贫寒的读书人欢天喜地地住在里面，房屋安稳得像山一样，任凭风吹雨打也不动摇。

【典故解读】

《茅屋为秋风所破歌》是唐代诗人杜甫住在成都草堂时所作的一首歌行体古诗，描述了诗人因茅屋被秋风所破，而遭受风雨侵袭的苦楚，但诗人并没有沉沦在个人的痛苦经历中，而是推己及人，推想到普天下广大士子的苦难，发出了"安得广厦千万间，大庇天下寒士俱欢颜，风雨不动安如山"的呼声，希望能建成千万间宽敞坚固的大屋，让普天下贫寒的读书人安居乐业，这样，即使他自己的茅屋被风所破，自己受冻而死也心甘情愿，表达了诗人宽广的胸怀和忧国忧民的思想境界。

【场景应用】

公文写作中，"安得广厦千万间，大庇天下寒士俱欢颜"这句典故，常用于教育引导领导干部要具备与人民共甘苦、同命运的胸怀情操和执政关怀，时刻关注民生问题，提高民生福祉，把群众冷暖挂在心上，为构建一个公正和谐社会、让百姓居有所安作出努力。

【范文赏析】

《人民日报》这篇评论员文章针对国家颁布的《社会救助暂行办法》（下简称《办法》），提出各级党委政府要切实抓好《办法》的学习宣传和贯彻落实，文章末段引用典故"安得广厦千万间，大庇天下寒士俱欢颜"，就是再次强调贯彻执行好《办法》，确保民生安全、促进社会公正所体现的政治责任感和历史使命感。

15 些小吾曹州县吏，
一枝一叶总关情

【范文】

在这个大有可为的新时代，立场坚定不坚定，能不能担当，敢不敢干事，是检验一名干部党性觉悟和本领素质的"试金石"，"天下大事必作于细"，从群众关注的小事做起，甘于奉献，主动作为，把群众时刻放在心上，把群众真正当作亲人，有了"些小吾曹州县吏，一枝一叶总关情"的责任和情怀，我们定能乘风破浪，一步一个脚印把前无古人的伟大事业推向前进。（选自 2019 年 11 月 14 日共产党员网署名文章《打造干部队伍最美"铁憨憨"》）

【典故出处】

语出清朝郑燮《潍县署中画竹呈年伯包大中丞括》："衙斋卧听萧萧竹，疑是民间疾苦声。些小吾曹州县吏，一枝一叶总关情。"

诗中典故的意思是：我们虽然只是一些小小的州县官，但是百姓一枝一叶的小事无不时刻牵动着我们的心。

【典故解读】

郑燮,号板桥,人称板桥先生,为清代书画家、文学家,"扬州八怪"之一,其诗、书、画世称"三绝",擅画兰、竹、石、松、菊等植物,尤以画竹最为突出。

《潍县署中画竹呈年伯包大中丞括》是郑燮在山东潍县知县任上所作的一首题画诗。题中"包大中丞括"是郑燮的年伯包括,曾任山东布政使、御史中丞,故称"中丞",郑燮将此诗随画赠送给他。

这首诗以竹声作引,由窗外竹叶之声联想到百姓的疾苦,进而抒发诗人心系民生的志向。"一枝一叶"既照应了诗题,又暗喻民间疾苦,寄寓了诗人对百姓命运的关切深切之意。

【场景应用】

公文写作中,"些小吾曹州县吏,一枝一叶总关情"常用来强调领导干部要始终把百姓安危冷暖放在心上,即使是一些民生小事,也要以十二分的精神去认真对待,多思群众疾苦,多做雪中送炭、急人之困的工作,努力拉近与群众百姓的距离。

这两句诗还可以教育引导领导干部充分重视民生问题,哪怕是一些小小的民生问题,对百姓来说都是实实在在的大事,有的甚至还是急事、难事,如果这些小事得不到及时解决,或者处置不当,就会影响百姓对领导干部的看法,使领导干部失去群众的信任,造成工作难以展开,进而影响国家和社会的健康发展,因而小事的处理中也体现了党性、原则和人格。

【范文赏析】

这篇范文提出新形势下打造干部队伍最美"铁憨憨",呼唤党员干部意志要"铁",对党要"忠",做事要"实",文中引用典故"些小吾曹州县吏，一枝一叶总关情"，比较好地诠释了该以什么样的情怀和责任，做到做事要"实"，这就是为官一任，无论官职大小，都应勤政爱民，只要是与百姓生活相关的，无论事之大小，都要放在心上，为民解忧，这是领导干部的职责与良心所在。

16

三日不书民疾苦，文章辜负苍生多

【范文】

"三日不书民疾苦，文章辜负苍生多"，在调查研究过程中一定要把倾听群众呼声、反映群众意见作为工作要求，坚持到底。揭短才能治短，报忧方能解忧，工作中应坚持做到知无不言、言无不尽，成绩尽量讲够，问题更要说透。当然，也要端正报忧的出发点，是为了解决问题，而不是为了"爆冷门"。（选自 2021 年 3 月 5 日《解放军报》署名文章《调查研究当"六戒"》）

【典故出处】

语出近现代吴芳吉《戊午元旦试笔》："权丫债主影如梭，避债难于蜀道过。三日不书民疾苦，文章辜负苍生多。"

诗中典故的意思是：已经三天没有书写民生疾苦的不平事了，平日所写文章太辜负天下百姓了。

【典故解读】

吴芳吉是近现代中国著名诗人，字碧柳，自号白屋吴生，世称"白屋诗人"，其诗作关注民生疾苦，流露出悲天悯人的仁者情怀。

《戊午元旦试笔》这首诗创作于1918年，年仅22岁的吴芳吉有感于自己流浪在外所见的民生艰难，决心以诗为号角，以笔为枪炮，唤醒民众，为百姓抗争。

【场景应用】

公文写作中，"三日不书民疾苦，文章辜负苍生多"可以用于倡议新闻媒体或者文艺工作者，要广接地气，贴近民生，贴近现实社会，把群众所思、所盼、所愿、所困作为创作的来源，更好地满足广大群众的文化需求。

这两句诗还可以用来要求党员领导干部，多多深入一线、深入群众，听民声、知民心、察民意、解民忧，关注百姓的疾苦，在服务基层群众的实践中锤炼能力。

【范文赏析】

《解放军报》这篇文章提出年轻干部要围绕"六戒"，提高调查研究能力，这是做好全部工作的基本功，文章在阐述"六戒藏忧报喜"时，针对现实中存在着报喜不报忧的问题，引用诗句"三日不书民疾苦，文章辜负苍生多"，强调了调查研究的根本目的就是更好地了解群众疾苦，帮助解决民生问题，只有端正了报忧的出发点，才能真正听到群众呼声，把反映群众意见作为调查研究的工作要求，坚持到底。

17

善为国者，顺民之意

【范文】

善为国者，顺民之意。只有剑指群众身边腐败和作风问题，解决好人民群众最关心最直接最现实的利益问题，把纪律和规矩立起来，关紧"微权力"的笼子，对侵害群众合法权益行为一着不让，才能让群众切实感受到那份看得见、摸得着的踏实。（选自 2021 年 2 月 7 日安徽纪检监察网评论文章《亮剑群众身边腐败和作风问题》）

【典故出处】

语出西汉刘向《战国策·齐策五·苏秦说齐闵王》："臣闻善为国者，顺民之意，而料兵之能，然后从于天下。"

文中典故的意思是：善于治理国家的君主，应该顺应民心。

【典故解读】

《战国策》由西汉刘向编写，又称《国策》，是一部国别体史书，全书共三十三卷，分东周、西周、秦、楚、齐、赵、魏、韩、燕、宋、卫、中山十二国的"策"论，主要记述了战国时期纵横家的政治主张和言行策略，反映了战国时期的社会风貌和各国政治、经济、军事、外交方面的重大活动。

《齐策五·苏秦说齐闵王》这篇文章是战国时期纵横家苏秦受燕昭王委派，到齐国游说齐闵王出兵宋国，这导致齐国成为众矢之的，燕昭王与秦、韩、赵、魏四国军队共同伐齐，齐国从此一蹶不振。

"善为国者，顺民之意"这段引语，是苏秦游说齐闵王的一番话，意思是说善于治理国家的君主，应该顺应民心，同时善于估计军事力量强弱，自己不会首先发难。

【场景应用】

公文写作中，"善为国者，顺民之意"这句典故可以用来要求党员干部关注民生领域，倾听民意，合理引导社会舆论，解民忧、顺民心、得民意；引导党员干部带着感情、带着责任、带着办法，到群众中去发现问题、化解矛盾、推动工作。

【范文赏析】

安徽纪检监察网这篇评论针对群众身边腐败和作风问题，提出要敢于亮剑，铁腕执纪，持之以恒反腐正风，文章引用典故"善为国者，顺民之意"，旨在强调群众身边腐败和作风问题，虽然看似不起眼，但最容易撬动群众的"奶酪"，侵害到群众的切身利益，因而整治群众身边腐败和作风问题，也就是群众最期盼的大事，顺应了民意，可以让群众清晰感受到"老百姓的事也有人管"带来的那份看得见、摸得着的踏实感。

18　　　　　　　　　　　　　　　天地之大，黎元为本

【范文】

"天地之大，黎元为先。"改善民生在省委工作大局中始终占据十分重要的位置。百姓富是建设新福建的重要内容之一，我们推动发展，根本目的就在于不断改善民生福祉，提高人民群众对幸福生活的"有感度"。再上

新台阶是建设新福建的阶段目标，就是要在建党 100 周年前全面建成小康社会，实现这一目标，改善民生是个关键性指标。（选自 2016 年 12 月 8 日《福建日报》评论文章《着力改善民生和创新社会治理——三论认真学习贯彻省第十次党代会精神》）

【典故出处】

语出唐朝房玄龄《晋书·宣帝纪》："制曰：'夫天地之大，黎元为本。邦国之贵，元首为先。治乱无常，兴亡有运。'"

文中典故的意思是：天地广袤无垠，无所不包，但是黎民百姓才是国家的根本。

【典故解读】

《晋书》是唐朝房玄龄等人主持编纂的史书，唐太宗李世民下达诏令，并为《晋书》亲自编写了四篇史论。《晋书》共有一百三十卷，包括帝纪十卷、志二十卷、列传七十卷、载记三十卷，记载了从东汉末年司马懿到东晋恭帝元熙二年间，包括了西晋和东晋的历史，并用"载记"的形式记述了十六国割据政权的兴亡。

晋宣帝就是三国时期魏国权臣司马懿，也是西晋王朝的奠基人，谥号宣文。司马炎称帝后，追尊其祖父司马懿为晋宣帝，庙号高祖。

《晋书》所载第一个皇帝就是宣皇帝司马懿，唐太宗李世民为《宣帝纪》作史论，称制旨，对司马懿作出评价。制旨开篇语"夫天地之大，黎元为本"这段话，体现了唐太宗以民为本的治国思想，提出天地之大，黎民百姓才是根本；国家所尊贵的，是君王元首；国家安定与祸乱变幻无常，兴盛衰亡是有时运。

【场景应用】

公文写作中，"天地之大，黎元为本"这句典故常用于社会治理中，体现人民群众的主体地位和参与意识，强调民生为先，关注民生疾苦，不断满足群众的需求，努力解决群众关心的热点难点问题，提高人民群众的生活水平和幸福感。

这句典故还可以用来要求领导干部要勤政为民，始终把群众的利益放在首位，深入基层了解民情民意，积极回应民众的需求和诉求，为百姓排忧解难，为群众提供优质的公共服务。

【范文赏析】

《福建日报》这篇评论文章旨在贯彻落实省党代会精神，着力改善民生和创新社会治理。文中化用典故"天地之大，黎元为本"，体现了自古以来从政者一直崇尚以民为本的思想，关注民众的利益和需求，成为中华民族影响至今的治国理念，如今党委政府把改善民生纳入工作大局，并始终占据十分重要的位置，根本目的就在于不断改善民生福祉，让人民群众有更多的获得感，提高人民群众对幸福生活的"有感度"。

19 天下顺治在民富，天下和静在民乐

【范文】

"天下顺治在民富，天下和静在民乐。"民生问题能否得到妥善解决，于国，关乎政权兴亡；于党，关乎事业兴衰；于民，关乎家给人足。省第十一次党代会报告指出，我省民生整体水平还不高，公共服务和社会保障体系还不完善，贫困人口占比大、贫困程度深。要从解决群众最关心最直

接最现实的利益问题入手，促进经济发展和民生改善良性循环，确保民生福祉提升、社会政策托底、社会治理加强。（选自 2017 年 5 月 16 日《山西日报》评论文章《把更多获得感体现在民生实践中》）

【典故出处】

语出明朝王廷相《慎言·御民》："天下顺治在民富，天下和静在民乐，天下兴行在民趋于正。"

文中典故的意思是：国家安顺太平，来自百姓富足；国家安宁和平，来自百姓快乐；国家兴旺发达，来自民风清正。

【典故解读】

王廷相为明代政治家、哲学家、文学家，号浚川，世称"浚川先生"，诗文创作方面倡导复古，为明"前七子"之一。

《慎言》是王廷相的一部哲学著作，共有 13 篇 407 章，比较全面地反映了作者的政治思想、哲学思想和社会历史观，特别是提出了中国哲学史上"气"的概念，认为天地万物都是由"气"产生的，这与理学所倡导的"唯理"、心学提倡的"唯心"相抗衡，成鼎足之势。

《御民》是《慎言》中的一个篇章，集中体现了王廷相改革时弊的政治主张，提出"天下顺治在民富，天下和静在民乐，天下兴行在民趋于正"这样的观点，认为天下安顺在于百姓富足，天下安宁在于百姓安乐，天下兴旺在于民风淳正。

【场景应用】

公文写作中，"天下顺治在民富，天下和静在民乐"这句典故，体现了民富国强和以民为本的治国理念，强调从政者要勤政为民，关注民生，促进民富，保障民乐，推动国家繁荣富强和社会和谐安定。

【范文赏析】

　　《山西日报》这篇评论文章围绕省党代会精神，提出把更多获得感体现在民生实践中，文中引用典故"天下顺治在民富，天下和静在民乐"，强调自古以来国家治理就在于"民富"与"民乐"，促进百姓物质与精神双富足，实现社会和谐稳定和国家繁荣昌盛，因而贯彻好省党代会精神，就是要从解决群众最关心最直接最现实的利益问题入手，确保民生福祉提升、社会政策托底、社会治理加强。

生态维度

01

一水护田将绿绕，
两山排闼送青来

【范文】

　　"一水护田将绿绕，两山排闼送青来"，古人常赋予山水美好的情感，大自然和谐的画面跃然纸上，令人神往。新时代下，山水被赋予新的内涵，绿水青山就是金山银山，恢复"八水绕长安"的生态环境成为大西安当下的新目标。（选自 2018 年 11 月 23 日《西安日报》文章《西咸新区秦汉新城 高质量推进河湖长制落地实施》）

【典故出处】

　　语出北宋王安石《书湖阴先生壁》："茅檐长扫净无苔，花木成畦手自栽。一水护田将绿绕，两山排闼送青来。"

　　诗中典故的意思是：一汪溪水环绕田地，护卫着遍野的绿意；两座青山推门而入，送来了满眼的翠色。

【典故解读】

　　诗中的湖阴先生，名杨德逢，是王安石退居江宁时的邻居。王安石写给他不少诗，这首诗就题在湖阴先生家的墙壁上。

　　"一水护田将绿绕，两山排闼送青来"，把山水拟人化了，秀水守护着绿色葱茏的山田，青山破门而入送来了美景，把人对自然的爱与自然对人的情完全交融在一起，呈现出一幅人与自然和谐共生的美景。

【场景应用】

　　这两句诗多用于以自然生态环境保护为主题的文章中，体现一种人与自然和谐共生的社会形态，提倡人的生产和消费活动与自然生态环境协调可持续发展。

【范文赏析】

这篇范文的主题是创建大西安生态文明建设示范区，具体的抓手就是高质量推进河湖长制落地。因此，"一水护田将绿绕，两山排闼送青来"传神地勾勒出了"八水绕长安"的生态环境之美，令人神往。

02　　　　　　　取之有度，用之有节，则常足

【范文】

勤俭节约是一种忧患意识。古人云："取之有度，用之有节，则常足；取之无度，用之不节，则常不足。"历史上，不少灾荒之年因为缺粮少粮，导致"路有冻死骨"。新中国成立后，才逐步解决了吃饱饭这个大难题。但是，粮食总产量有限，而我国人口多、基数大，如果每人浪费一点，就会是惊人的量。（选自 2020 年 8 月 21 日《渭南日报》评论文章《勤俭节约这个传家宝不能丢》）

【典故出处】

语出唐代陆贽《均节赋税恤百姓第二条》："地力之生物有大数，人力之成物有大限，取之有度，用之有节，则常足；取之无度，用之不节，则常不足。"

文中典故的意思是：有限度地索取，有节制地使用，这样就可以常保富足。

【典故解读】

这句典故告诉我们，自然界创造的生态资源是有限的，通过人力加工成品的资源也十分有限，如果有限度地索取，有节制地使用，这样就可以常保富足；相反，如果索取时毫无节制，使用时铺张浪费，那么难以常保富足。

因此，对于自然界的物产资源，无论是人力、物力还是财力，都需要合理分配、利用，不能涸泽而渔。

【场景应用】

这句典故常用在提倡生态环境保护和勤俭节约、杜绝奢侈浪费的文章中。在生态环境方面，大自然的资源是有限的，如果我们随意开发使用，就会造成资源枯竭，破坏了自然界的生态平衡，带来的恶果就是自然界的惩罚；在生活方式上，提倡简约适度、绿色低碳，任何资源的使用要有度、有节，用有限的资源去做更多的事情。

【范文赏析】

这篇范文响应了国家的号召，制止餐饮浪费行为，表明了厉行勤俭节约、反对铺张浪费的态度和决心。文中引用典故"取之有度，用之有节，则常足"，意在表达勤俭节约是中华民族绵延几千年的传统美德，勤俭节约不仅是一种生活态度，更是一种忧患意识。

03

水光山色与人亲，
说不尽、无穷好

【范文】

我们期待，未来的内蒙古"水光山色与人亲，说不尽，无穷好"，建成资源节约型、环境友好型社会，形成人与自然和谐发展的现代化建设新格局。（选自 2016 年 3 月 8 日内蒙古新闻网文章《内蒙古："五大理念"开启发展新境界》）

【典故出处】

语出南宋李清照《双调忆王孙·赏荷》："湖上风来波浩渺。秋已暮、红稀香少。水光山色与人亲，说不尽、无穷好。"

词中典故的意思是：水光山色与人亲近，（我也）说不清、道不尽这无限的美好。

【典故解读】

这首词描绘的是秋天郊游，展现了一幅清新广阔的秋湖风景图。上阕抒写了观赏秋景的喜悦之情，下阕流露出归去时的依依不舍。

"水光山色与人亲"是外景，不说自己如何喜爱"水光山色"，却偏说"水光山色与人亲"，移情于景；"说不尽、无穷好"是内情，看似浅显直白，但是读来饶有韵味，齿颊留香，一种陶醉于自然美景的欢愉心情跃然词间。

【场景应用】

公文写作中，"水光山色与人亲，说不尽、无穷好"常常用来表达要坚持生态建设和绿色发展，要构建人与自然和谐共处的生态环境。

【范文赏析】

这篇范文写于 2016 年全国两会期间，"创新、协调、绿色、开放、共享"这些理念，成为各地经济社会发展的"领航员"。文中引用"水光山色与人亲，说不尽、无穷好"表达了内蒙古推进绿色发展的美好愿望，把环境污染治理好、把生态环境建设好，打造祖国北疆亮丽风景线。

大舸中流下，青山两岸移

【范文】

大舸中流下，青山两岸移。我们要适应时代之变、顺应时代之需、回应时代之问，用好"五个战略性有利条件"，走好"五个必由之路"，在乱云飞渡中把牢正确方向，在风险挑战面前砥砺胆识，激发为实现中华民族伟大复兴而奋斗的信心和动力，迎难而上，敢于斗争，砥砺前行，奋发有为，在新时代新征程上不断交出优异答卷，开创属于我们这一代人的历史伟业。（选自 2022 年 3 月 30 日《人民日报》署名文章《时代是出卷人，我们是答卷人，人民是阅卷人》）

【典故出处】

语出元朝揭傒斯《归舟》："汀洲春草遍，风雨独归时。大舸中流下，青山两岸移。鸦啼木郎庙，人祭水神祠。波浪争掀舞，艰难久自知。"

诗中典故的意思是：大船在江中急流而下，青山从两岸后移而去。

【典故解读】

"大舸中流下，青山两岸移"捕捉到了乘舟自中流而下的真实感觉，写得明快畅达，流露出诗人返回家乡的喜悦之情。

原本是船在水中行，但是置身于急流之中，却感觉是两岸青山在自行移动，给人一种"人在画中行"般的美感，激发人们对大自然的喜爱之情，以及对淳朴民风和山村生活的神往。

【场景应用】

公文写作中，"大舸中流下，青山两岸移"常常用来表达在"过去已成历史，未来已经到来"这样一个关键时期，船到中流浪更急，越是艰险越要向前，号召我们保持定力，把握机遇，砥砺奋进，只争朝夕，从而赢得未来。

【范文赏析】

这篇范文写于 2022 年全国两会之后，文中引用了"大舸中流下，青山两岸移"用以表达国内国际形势发生着深刻复杂的变化，新征程上我们既面临着战略机遇和显著优势，同时前进道路上各种风险挑战也异常复杂严峻，以此号召我们要适应时代之变、顺应时代之需、回应时代之问，砥砺前行，奋发有为，开创属于我们这一代人的历史伟业。

05

问渠那得清如许，
为有源头活水来

【范文】

"问渠那得清如许，为有源头活水来。"在改革开放第 40 个年头，当代中国打响了具有深远历史意义的改革攻坚战，夯基固坝、疏渠引流，充分调动人民积极性创造性，解放和发展社会生产力，为实现人民对伟大梦想的追求、对美好生活的向往，注入强劲动力，释放源头活水。（选自 2018 年 4 月 2 日《人民日报》署名文章《为有源头活水来》）

【典故出处】

语出南宋朱熹《观书有感 · 其一》："半亩方塘一鉴开，天光云影共徘徊。问渠那得清如许？为有源头活水来。"

诗中典故的意思是：如果要问池塘的水为何这般清澈？那是因为永不枯竭的源头在源源不断地输送活水。

【典故解读】

这首诗极富艺术哲理，写出了诗人品书读书时那种神采飞扬的艺术感受。眼前半亩大的池塘，就像一面镜子荡漾开来，清澈见底，闪耀浮动着一片片的天光云影。

此情此景让诗人不由得感叹，如此清澈明亮的池水，是因为它的源头活水永不枯竭啊。由此想到自己品书读书，自己的心灵为什么会这般澄明无瑕呢？那是因为书中的新知就像这片活水一样，一直在源源不断地给自己补充养分啊。这个时候，诗人观书的心境与方塘的意境得到完美的融合与升华。

【场景应用】

公文写作中，"问渠那得清如许，为有源头活水来"除了用于书写生态环境保护和建设，更多的是用来表达工作创新、人才培养、改革发展等方面，它们的源头出在实践、出在基层、出在群众，我们要用好这些"活水源头"。

这两句诗还常常用于强调我们的思想学习中，只有不断地学习新知识、接收新思想，我们的人生才能源源不断地注入新的能量，永葆青春活力和动力。

【范文赏析】

《人民日报》这篇文章的标题是"为有源头活水来"，而且范文一开篇就引用了典故"问渠那得清如许，为有源头活水来"，意在反复强调改革开放的力量源泉在于人民群众的积极性和创造性，人民群众始终是价值的起点、实践的主体、创造历史的动力源泉，因此，在改革发展再出发的今天，我们要为实现人民对伟大梦想的追求、对美好生活的向往，注入强劲动力，释放源头活水。

万物各得其和以生，各得其养以成

【范文】

当前，很多青年人热衷于动植物保护、生物多样性研究，他们有热情、有毅力、有创新意识，在边疆、在动植物需要保护的地方调研、工作，把环境保护、生态文明的意识深植于学习生活甚至是职业生涯。这些来自各行各业的青年人，充分发挥利用自己的知识技能，让"**万物各得其和以生，各得其养以成**"的生态理念付诸实践；他们以真才实学身体力行，担当责任，保护环境，这样的行动令人动容，也给人启发。（选自 2021 年 8 月 3 日《光明日报》署名文章《筑梦绿水青山是有远见的选择》）

【典故出处】

语出战国时期《荀子·天论》："列星随旋，日月递炤，四时代御，阴阳大化，风雨博施，**万物各得其和以生，各得其养以成**，不见其事而见其功，夫是之谓神。"

文中典故的意思是：天下万物各自得到自然的调和而生成，各自得到自然的滋养而成长。

【典故解读】

荀子在《天论》中揭示了自然界的运动变化规律，系统地阐述了人与自然的关系。他仰望浩瀚的天空，但见斗转星移，日月更替，四季相迭，阴阳和合，风雨交作。此情此景，让他提出了大自然的"和"与"养"两大功用，人们虽然看不到大自然的"和""养"之事，但是能够感受到大自然通过"和"与"养"化生万物的功效，这就是大自然的神妙之处。

在中国传统文化中，"和"体现的是和谐有序，万物遵循着自然的规律，各司其职，节然有序，达成和谐平衡；"养"体现在自然的成物，让万物得到滋养，顺利成长成熟。这句典故告诉我们，天地万物共存于一个大自然的共同体中，享有着同样的生存和发展的权利。

【场景应用】

公文写作中，"**万物各得其和以生，各得其养以成**"这句典故，多用于体现中华文明历来强调天人合一、尊重自然，在生态文明建设中，应将古人的生态思想与现代的生态文明建设结合起来，挖掘中华传统文化中的生态哲学思想，为构建人与自然生命共同体提供中国智慧。

【范文赏析】

《光明日报》这篇文章旨在号召青年一代始终坚定"两山"理念，自觉承担保护自然环境的历史使命，范文引用**"万物各得其和以生，各得其养以成"**这句典故，赞扬了青年人秉承生态理念，身体力行，担当责任，将建设美丽中国这一奋斗目标转化为自己的实际行动。

 鱼翔浅底

【范文】

再现清水绿岸、鱼翔浅底的景象，既非一日之功，又非一己之力，这需要全社会、全领域的共同作为。其中关键一点就是集中优势力量干大事，变"九龙治水"为"一个拳头出击"。（选自 2018 年 5 月 23 日人民网评论文章《还给老百姓清水绿岸、鱼翔浅底的景象》）

【典故出处】

语出毛泽东《沁园春·长沙》："鹰击长空，鱼翔浅底，万类霜天竞自由。"

词中典故的意思是：鱼儿在清澈见底的水里自由自在地游来游去，寓意是对自由的向往和追求。

【典故解读】

《沁园春·长沙》这首词写于1925年晚秋，描绘了一幅多姿多彩的湘江寒秋图，回忆了往昔的峥嵘岁月，道出了"谁主沉浮"的胸怀和壮志，抒发了一种对中华民族前途充满信心的乐观主义精神。

词中通过万物竞相在秋光中自由生活的画面，体现了对自由解放的向往和追求。

【场景应用】

公文写作中，"鱼翔浅底"这句词体现的是它的画面形象，常用于生态建设中，再现了高颜值的生态环境。

【范文赏析】

人民网这篇评论员文章是全国生态环境保护大会系列网评之一，文章使用"鱼翔浅底"这句话，比较形象地勾勒出了生态环境治理后呈现的美丽画面。

 草长莺飞

【范文】

草长莺飞，水波粼粼。山东枣庄市峄城区古邵镇"古运荷乡"运河湿地公园里，大枣庄村村民孙启付正撑着船清理水面垃圾，"区里设了生态公益岗，我们既能保护家乡的环境，还有稳定的收入"。峄城区设立城乡生态

公益岗 1914 个，生产发展、生活改善、生态良好，人与自然和谐相处的良性循环逐渐形成。(选自 2022 年 9 月 13 日《人民日报》文章《让青山常在绿水长流空气常新》)

【典故出处】

语出南北朝时期丘迟《与陈伯之书》："暮春三月，江南草长，杂花生树，群莺乱飞。"

"草长莺飞"源自"江南草长""群莺乱飞"这两句话，用来描绘旖旎多姿的江南春色。

【典故解读】

丘迟是南朝梁国文学家，《与陈伯之书》是一篇劝降书，陈伯之原是梁国的江州刺史，后来投魏，丘迟写了这封信劝其归降。

文中这段话形神兼备地描绘了一幅让人流连忘返的江南春景图，以此触动陈伯之对家乡的思念之情。

【场景应用】

公文写作中，"草长莺飞"可用在倡导生态环境保护和建设的文章中，尽显生态之美。

【范文赏析】

《人民日报》这篇文章的主题就是不断改善和提升生态环境质量，文中使用"草长莺飞"，可以形象地展现"青山常在绿水长流空气常新"的生态之美。

 山积而高，泽积而长

【范文】

"山积而高，泽积而长。"为建设美丽中国出一份力，贵在行动，重在坚持。不断增强全民节约意识、环保意识、生态意识，培养生态道德和行为习惯，形成文明健康的生活风尚，就一定能早日建成青山常在、绿水长流、空气常新的美丽中国。（选自 2022 年 8 月 22 日《人民日报》文章《做生态文明建设的实践者推动者》）

【典故出处】

语出唐朝刘禹锡《唐故监察御史赠尚书右仆射王公神道碑》："铭曰：山积而高，泽积而长。圣人之后，必大而昌。由圣与贤，或为霸强。"

文中典故的意思是：山是由土石日积月累而高耸起来的，水是由点滴积聚而长流不断的。

【典故解读】

《唐故监察御史赠尚书右仆射王公神道碑》是一篇碑文，收录于《全唐文》。"山积而高，泽积而长"这句典故出自该碑文的起首句，用来类比人的修养达成"内圣"之后，"外王"的事业一定会大加兴盛，而奠定的圣贤伟业又会成就国家繁荣强盛。

【场景应用】

公文写作中，"山积而高，泽积而长"这句典故可以用来表达在生态环境建设中，要加强生态环境保护、推进全球环境治理，需要各方持续坚韧

的努力和长期不断的付出。

这句典故还可以用来表达我们在干事创业和成长进步中，都需要经过长期的积累，付出艰辛的努力，才能铸就最后的辉煌与成功。

【范文赏析】

《人民日报》这篇文章的标题"做生态文明建设的实践者推动者"就是全文的主旨，文末引用"山积而高，泽积而长"这句典故，比较好地表达出了人人都是生态文明建设的实践者推动者，只有从自己做起、从现在做起、从身边小事做起，才能在点滴之间汇聚起生态环境保护的磅礴力量，早日建成青山常在、绿水长流、空气常新的美丽中国。

10 草木植成，国之富也

【范文】

"草木植成，国之富也。"在保护生态的前提下，我省多渠道创造生态产品，多角度探索生态经济转化模式，建立绿色低碳循环经济体系，做好生态发展、绿色发展、循环发展，建立健全生态产品价值实现机制，在全国率先颁布经济林发展条例，大力发展林草产业，逐步实现经济发展和生态保护互促共荣。（选自 2022 年 12 月 26 日《山西日报》评论员文章《以生态之美成就绿色发展优势》）

【典故出处】

语出春秋时期《管子·立政》："山泽救于火，草木植成，国之富也。"文中典故的意思是：草木繁殖生长，国家就会富足。

【典故解读】

《立政》篇为《管子》（参见模块一词条 01）一书的第四篇，探讨了国家重大政务的确定与设立问题，提出了治理国家的一些基本政治原则。"草木植成，国之富也"这句典故，体现了古人朴素而又充满远见的生态思想，已经认识到生态环境对于国家治理的重大意义，提出山泽能够防止火灾，草木繁殖生长，国家就会富足。

【场景应用】

公文写作中，"草木植成，国之富也"这句典故常用来体现良好的生态环境是检验一个国家、一个地区经济社会高质量发展的重要标准，也是实现高质量发展的一个重要途径。

【范文赏析】

《山西日报》这篇评论员文章的主题就是"以生态之美成就绿色发展优势"，文中引用"草木植成，国之富也"这句典故，进一步强调了经济的发展离不开良好的生态环境，唯有坚持以绿色谋发展，多角度探索生态经济转化模式，才能推动"生态"和"发展"两条底线交融、互促，实现经济发展和生态保护互促共荣。

11

山林者，鸟兽之居也

【范文】

　　"山林者，鸟兽之居也。山林茂而禽兽归之，山林险则鸟兽去之，树成荫而众鸟息焉，无土则人不安居，无人则土不守，得地则生，失地则死。"千百年的风雷激荡、千百年的高歌猛进、千百年的沧桑变幻，自然告诉我们保护生态环境、与自然和谐共处是实现绿色可持续发展的必由之路，也是我们能过上"青山清我目、流水静我耳"生活的必然选择。让我们竭尽所能保护蓝天碧水，建立起属于这个时代的绿色文明吧！（选自2022年4月22日云南网"彩云杯"网评大赛署名文章《让绿色低碳成为云岭新风尚》）

【典故出处】

　　语出战国时期《荀子·致士》："川渊者，龙鱼之居也；山林者，鸟兽之居也；国家者，士民之居也。川渊枯则龙鱼去之，山林险则鸟兽去之，国家失政则士民去之。"

　　文中典故的意思是：高山树林，是鸟兽栖息的地方。

【典故解读】

　　荀况是先秦法家的杰出代表，《致士》是《荀子》中的一篇重要著作，阐述了君主如何尚贤任能、招揽人才。这段引文以川渊、山林比喻国家政治环境，龙鱼、鸟兽比喻君子士民，指出江河湖泊，是龙鱼居住的地方；高山树林，是鸟兽栖息的地方；国土家园，是士民居住的地方。江河湖泊干涸了，龙鱼就会离开；高山树林环境险恶，鸟兽就会远离；

国家政治混乱，士民就会抛弃它。

【场景应用】

公文写作中，"山林者，鸟兽之居也"这句典故用于生态环境保护时，可以体现山林作为动植物栖息地和食物来源，是生态系统的重要组成部分，教育人们要尊重自然环境，保护好自然生态系统，特别是森林和山区的生态环境，不仅需要通过制定相关法律和政策来保护，更需要每一个人参与到环保行动中，为动植物提供一个良好的生存环境，同时也为我们构建一个更健康、更美好的生活环境。

【范文赏析】

这篇网评大赛文章聚焦云南省绿色能源建设，倡导绿色低碳的生活方式，文中引用典故"山林者，鸟兽之居也"，强调低碳环保已经成为我们这个时代的共识，古人虽然没有低碳环保的表述，但自古以来我们就已经具有这方面的朴素意识，具有强烈的环保自觉。

12 草木荣华滋硕之时，则斧斤不入山林

【范文】

环保理念，古已有之。从 4000 年前的夏朝，到 3000 年前的周朝、2000 年前的秦朝，官府都有春天不准伐木、夏天禁止捕鱼，不准捕杀幼兽和获取鸟蛋的禁令。《荀子》里也曾说："草木荣华滋硕之时，则斧斤不入

山林，不夭其生，不绝其长也。"今天，环境污染积累的沉疴痼疾，生态保护面临的繁重任务更是催人警醒：生态环境没有替代品，决不能说起来重要、喊起来响亮、做起来挂空挡。让绿色发展这根"指挥棒"硬起来，以真问责推动真落实，让"绿色"深入骨髓、深入灵魂、刷新发展，是没有退路的选择。(选自 2016 年 3 月 24 日《湖北日报》评论员文章《让"绿色指挥棒"硬起来》)

【典故出处】

语出战国时期《荀子·王制》："草木荣华滋硕之时，则斧斤不入山林，不夭其生，不绝其长也；鼋鼍、鱼鳖、鳅鳝孕别之时，罔罟、毒药不入泽，不夭其生，不绝其长也。"

文中典故的意思是：草木开花生长的时候，就不能进入山林砍伐，鼋、鼍、鱼、鳖、泥鳅、鳝鱼在繁殖的时候，就不能将渔网、毒药投入湖泽，确保不会断绝它们的生长和发育。

【典故解读】

《荀子·王制》为统治阶层制定了一整套政治纲领和政治法令，主张"法后王"，反对"法先王"，提出"王者之制，道不过三代，法不贰后王"的口号，主张根据统治阶层的"法治"要求来制定法令制度。从这篇著作中，可以清楚地看到荀子的法家思想和政治主张。

这段引文体现了圣王之制下人与自然和谐共生的主张，提出人类向自然索取要有度，要按照动植物生长发育规律砍伐捕猎，强调人与自然万物和谐相处。

【场景应用】

公文写作中，"草木荣华滋硕之时，则斧斤不入山林"这句典故用于倡导生态环保时，强调不能简单地追求经济利益，而是要保护生态环境的稳定、健康和可持续性，避免出现过度开采资源、破坏生态平衡等行为，对生态环境造成不可逆的影响。

这句典故还可以用于强调在环境监测中，我们应该及时发现和报告环境问题，采取科学有效的方法和技术，最大限度地减少环境破坏和损害。

【范文赏析】

《湖北日报》这篇评论员文章聚焦走经济发展与生态保护双赢之路这个主题，指出生态环境保护是功在当代、利在千秋的事业，保护生态环境、治理环境污染任务紧迫而又艰巨，文中引用"草木荣华滋硕之时，则斧斤不入山林"这句典故，强调环保理念在我国古已有之，面对环境污染积累的沉疴痼疾，我们作为后人更应责无旁贷，让绿色发展这根"指挥棒"硬起来，让"绿色"深入骨髓、深入灵魂、刷新发展。

13

纤纤不绝林薄成，
涓涓不止江河生

【范文】

"纤纤不绝林薄成，涓涓不止江河生。"只有日积月累植树造林的潜功，才能造就青山叠翠、江山如画的显功。当前，我国生态欠账依然很大，缺林少绿、生态脆弱仍是一个需要下大气力解决的问题。全国动员、全民动手、全社会共同参与，用足植树造林、增绿护绿的功夫，我们就一定能不断创造更可持续的发展条件和更加宜居的生活环境，建设好天更蓝、山更绿、水更清的美丽中国。（选自 2020 年 3 月 16 日《人民日报》时评文章

《在春天植下绿色希望》）

【典故出处】

语出南北朝时期庾信《燕射歌辞·徵调曲（其五）》："纤纤不绝林薄成，涓涓不止江河生。事之毫发无谓轻，虑远防微乃不倾。"

诗中典故的意思是：纤细的树枝不断生长，最终长成一片密集的林木；细小的溪流源源不断，最终汇成宽广的江河。

【典故解读】

《燕射歌辞》（参见模块三词条10）用于宗庙祭祀，为南北朝时期庾信所作，"纤纤不绝林薄成，涓涓不止江河生"借用纤枝、小溪这些看似微不足道，但它们经过不断成长和聚合，最终会创造出具有惊人力量和壮观景象的事物，来告诉我们不要忽视微小的努力和贡献，因为它们可能会最终成为实现伟大目标的关键。

接着，诗人又从反面告诫我们，在任何事情上，我们都要警惕这些微小却不可忽视的力量，即使是一些微不足道的细节也不能轻视，防范微小之患，才能避免灾难和灭亡。

【场景应用】

公文写作中，"纤纤不绝林薄成，涓涓不止江河生"可以用来体现保护生态环境的重要性，强调自然生态系统是动态的，每一个微小的因素都会带来深远的影响，同时也在激励人们，不要忽视每个人微小的行动和努力，它们最终可以汇聚成保护生态环境的强大力量，只要人人呵护绿色，保护生态，这股力量汇集起来就是绿色海洋，久而久之就形成了社会风尚。

【范文赏析】

《人民日报》这篇时评写于植树节之际，号召全社会共同参与，建设一个天更蓝、山更绿、水更清的美丽中国。文章末段引用典故"纤纤不绝林薄成，涓涓不止江河生"，强调造就青山叠翠、江山如画的生态环境，需要代代努力，久久为功，需要每一个人倾力守护，植树造林就是在春天植下绿色希望。

14　乘风好去，长空万里，直下看山河

【范文】

"乘风好去，长空万里，直下看山河。"走过万水千山，我们自信满怀；继续跋山涉水，我们信心十足。正如《政府工作报告》中所宣示的那样，"展望未来，我们有信心有能力战胜前进道路上的艰难险阻，完成'十四五'规划目标任务，奋力谱写中国特色社会主义事业新篇章"。我们曾经创造辉煌的历史，我们也必将开创美好的未来。(选自 2021 年 3 月 6 日人民网网评文章《开好局、起好步，奋力谱写新篇章》)

【典故出处】

语出南宋辛弃疾《太常引·建康中秋夜为吕叔潜赋》："乘风好去，长空万里，直下看山河。斫去桂婆娑，人道是，清光更多。"

词中典故的意思是：我要乘风飞上万里长空，尽情俯瞰大好山河。

【典故解读】

辛弃疾，字幼安，别号稼轩，是南宋豪放派词人，抗金名将。他的词

充满了强烈的爱国主义思想和战斗精神。他是两宋存词最多的词人，独创"稼轩体"，有"词中之龙"之称。

这首词中，"太常引"为词牌名，吕叔潜为辛弃疾声气相应的抗金知己。全词以丰富的想象，借助古代神话传说，抒发自己的理想和情怀，表达出了立志收复中原失土的政治理想。

"乘风好去，长空万里，直下看山河"写出了中秋皓月之下，词人展翅飞翔，乘风直上万里长空，俯瞰身下大好山河的情怀和追求。

【场景应用】

公文写作中，"乘风好去，长空万里，直下看山河"这可以用于展现良好的生态意识和生态环境，唤醒人们对于自然环境的珍视与保护，激励大家成为自然环境保护的积极参与者和实践者，追求人与自然和谐共处，通过全社会的共同努力，让这个地球永葆生机和活力，实现生态环境可持续发展。

这几句词还可以用在领导讲话中，表达领导者的远见和决心，或者用以鼓舞士气和干劲，激发开拓进取、勇攀高峰的决心和勇气，创造卓越业绩。例如，领导在讲话中可以说，"我们要坚定不移地追寻梦想，乘风好去，长空万里，直下看山河，不断探索创新，努力打造更加美好的未来"。

【范文赏析】

人民网这篇网评文章写于全国两会期间，《政府工作报告》绘就发展蓝图，美好前景让人心生向往，文章末段引用词句"乘风好去，长空万里，直下看山河"，表达全国上下满怀信心，勇毅前行，有信心有能力开好局，起好步，接好这"历史的一棒"，奋力谱写新篇章，把愿景变成实景。

15

劝君莫打枝头鸟，
子在巢中望母归

【范文】

"劝君莫打三春鸟，子在巢中望母归。"良好生态环境是最公平的公共产品，是最普惠的民生福祉。绿色是生命的象征、大自然的底色，更是美好生活的基础、人民群众的期盼。随着社会发展和人民生活水平不断提高，人民群众对干净的水、清新的空气、优美的环境等方面的要求越来越高，生态环境在人民群众的幸福指数中的地位不断凸显。老百姓过去"盼温饱"，现在"盼环保"；过去"求生存"，现在"求生态"。因此，"良好生态环境是最普惠的民生福祉"并不是一句空话，因为良好的生态环境首先是满足人民群众基本生存的物质基础。（选自2018年第13期《当代党员》署名文章《劝君莫打三春鸟 子在巢中望母归——落实"良好生态环境是最普惠的民生福祉"要求》）

【典故出处】

语出唐朝白居易《鸟》："谁道群生性命微？一般骨肉一般皮。劝君莫打枝头鸟，子在巢中望母归。"

诗中典故的意思是：劝你不要打枝头上的鸟儿，幼鸟还在巢中盼望着母亲归来。

【典故解读】

白居易的《鸟》是一首劝诫诗，在诗人眼中，鸟儿和人类一样，都是一个个鲜活的生命。"劝君莫打枝头鸟，子在巢中望母归"这两句诗，截取了幼鸟在巢中"望母归"这最能打动人的画面，劝诫人类要有保护动物特别是保护雏鸟幼兽的观念。

【场景应用】

公文写作中,"劝君莫打枝头鸟,子在巢中望母归"可以用来教育引导社会大众认识到保护生态环境、保持生态平衡的重要性,呼吁全民参与生态文明建设,身体力行,以实际行动唤起全社会的环保意识,坚决抵制破坏生态环境的行为,共同营造一个人与自然和谐相处的生态环境。

【范文赏析】

这篇范文提出落实"良好生态环境是最普惠的民生福祉"要求,这不是一句空话,而是人民群众基本生存的物质基础。文章化用白居易的诗句"劝君莫打枝头鸟,子在巢中望母归",强调自古以来我们就十分重视生态环境保护,良好生态环境是人和社会持续发展的物质基础,必须动员全民参与生态文明建设,形成人人、事事、时时崇尚生态文明的社会氛围,唯有如此,才能不断凸显生态环境在人民群众的幸福指数中的地位。

16 川渊深而鱼鳖归之,山林茂而禽兽归之

【范文】

"川渊深而鱼鳖归之,山林茂而禽兽归之"——世园会山西园荀子塑像前雕刻的一句话,体现出古人对于天人合一、道法自然的生态文化的推崇,而这何尝不是今人着力生态保护的愿景?(选自 2019 年 6 月 11 日《工人日报》评论员文章《"锦绣山河一园收",中国绿色实践的一扇窗》)

【典故出处】

语出战国时期《荀子·致仕》："川渊深而鱼鳖归之，山林茂而禽兽归之，刑政平而百姓归之，礼义备而君子归之。"

文中典故的意思是：如果江河流深，那么鱼鳖就会成群归来；如果山林茂盛，那么飞禽走兽就会归向那里。

【典故解读】

《致仕》是《荀子》中的一篇重要著作，阐述了君主如何尚贤任能、招揽人才，文中"川渊深而鱼鳖归之，山林茂而禽兽归之"这句话表达了荀子的人才观，以川渊、山林比喻国家政治环境，鱼鳖、禽兽比喻君子士民，指出哪里的社会环境治理得好，这些士民就会归附哪里，因而，如果刑罚政令公平公正，礼制道义完善周备，那么百姓和君子自然就会汇聚到这里。

【场景应用】

公文写作中，"川渊深而鱼鳖归之，山林茂而禽兽归之"这句典故，可以用于强调中华民族向来尊重自然、热爱自然，丰富的古代先贤生态思想，为建设新时代生态文明提供了强大的精神支撑。

这句典故还可以用来比喻社会政治环境，如果政治清明，天下澄平，各方人才都会如鱼之临渊、鸟之投林一般群集而至了。

【范文赏析】

《工人日报》这篇评论员文章写于世园会中国国家馆日之际，文中引用"川渊深而鱼鳖归之，山林茂而禽兽归之"，体现了悠久的中华文明孕育着丰富的生态文化，古代先贤的生态思想十分注重天地人的和谐统一，强调把自然生态同人类文明联系起来，取之有时，用之有度，表达了我们先人对处理人与自然关系的重要认识，不仅让世界看到中国对绿色生活和环保的高度重视，而且表达了中国希望同各国一起共享美好生活、建设绿色家园的愿望。

17

天地与我并生，
而万物与我为一

【范文】

提升保护意识，践行绿水青山理念。正所谓"天地与我并生，而万物与我为一"。人与自然是生命共同体，没有生物，人类就无法独善其身。相关调查显示，目前42%的陆地无脊椎动物、34%的淡水无脊椎动物和25%的海洋无脊椎动物被认为濒临灭绝，遗传多样性正在衰退。面对如此严峻的现实，全球保护生物多样性的意识不断被唤醒，得以强化。我国目前将生物多样性保护作为生态文明建设的重要内容，作为推动高质量发展的重要抓手，开展生态科普教育、深化智慧研学，创建全国野生动物保护科普教育基地，人与自然和谐相处的理念深入人心。拨动了人们敬畏自然、善待自然、尊重生命的心弦，提升人们保护生物多样性的意识。（选自2021年5月22日泰州新闻网评论文章《同守生物多样之美，共绘"万物并育"画卷》）

【典故出处】

语出战国时期《庄子·齐物论》："天地与我并生，而万物与我为一。既已为一矣，且得有言乎？既已谓之一矣，且得无言乎？"

文中典故的意思是：天地与我同生并存，万物与我合而为一。

【典故解读】

庄子是战国时期道家学派代表人物，与老子并称"老庄"。《庄子》为庄子及其后学所著，是道家主要代表作，被道教尊奉为《南华真经》。《庄子》成书于战国中后期，原有52篇，但经晋朝郭象做注以后，仅剩33篇，分"内篇""外篇""杂篇"三个部分。

《庄子》包罗万象，书中所蕴含的深刻思想和高超文学水平给后世的思想家和艺术家以深刻巨大的影响，对中国后世哲学、文学、艺术、宗教都产生了深远的影响，历代君主人臣从中研修帝王之术、用兵之道、谋略之学，后人齐身修道也从中获得许多启发。

《齐物论》是《庄子》内篇的第二篇，其核心思想是"是非齐一"，一切事物归根到底都是相同的，没有是非、美丑、善恶、贵贱之分。

引文中"天地与我并生，而万物与我为一"这段话，充分体现了庄子的齐物观：天地与我同生，万物与我一体，既然天地人我已经一体了，还有什么好说的呢？

【场景应用】

公文写作中，"天地与我并生，而万物与我为一"这句典故常用于强调人类和自然不应该是对立的关系，而应该是相互依存的关系，我们生活在这个世界上，和所有的物种共同生存、共同繁荣，应该尊重自然、爱护自然，不断推动人与自然和谐共生。

【范文赏析】

泰州新闻网这篇评论文章写于国际生物多样性日之际，旨在提高全社会共同参与生物多样性保护的意识，共建美丽地球家园。文中引用"天地与我并生，而万物与我为一"，体现了中华文化中一直存在着深厚的生态意识和价值观，崇尚人与自然共生共荣，以此强调我们在新时期践行绿水青山理念的实践中，就要秉承传统文化中的生态文化理念，提升环保意识，动员全社会参与到保护生物多样性这项惠及子孙万代的宏伟大业中。

18

天不言而四时行，
地不语而百物生

【范文】

重宣传，强理念，打造"软文化"。天不言而四时行，地不语而百物生。生态环境没有替代品，用之不觉，失之难存。改善农村人居环境要以宣传为抓手，强化绿色理念，在基层群众中打造一种群众"听得懂、看得见、记得住"的"软文化"。要注重因地制宜，创新宣传方式。村村通大喇叭、"吆喝式"宣传车等，利用群众喜闻乐见的方式，讲群众听得懂的语言，在潜移默化中将"绿色理念"植入群众心中。（选自 2020 年 10 月 27 日共产党员网署名文章《改善乡村人居环境需"软硬"兼施》）

【典故出处】

语出唐朝李白《上安州裴长史书》："白闻天不言而四时行，地不语而百物生。白人焉，非天地，安得不言而知乎？敢剖心析肝，论举身之事，便当谈笑，以明其心。"

文中典故的意思是：天不会说话，可是四季仍然交替运行；地不会说话，可是万物依旧蓬勃生长。

【典故解读】

李白是唐代伟大的浪漫主义诗人，被后人誉为"诗仙"，与杜甫并称"李杜"。《上安州裴长史书》是李白写给安州长史裴宽的一封书信，信中申述自己轻财好施、存交重义、富有才情等种种品行，为自己遭受的诋毁诽谤和不白之冤进行辩解，并希望得到裴长史的提携重用。

文章开篇就是"白闻天不言而四时行，地不语而百物生"这段话，说起天地虽然不说话，但是四季还是按时运行，万物仍然生长茂盛，可是我李白不是天也不是地，只是一个人而已，如果自己不说话，别人又怎么能了解我的想法呢？所以，我就在这里呕心沥胆，向大人讲述自己的平生事，阐述自己的立身大志，就当一次言笑畅谈，以此表明我的心志。

　　后人用"天不言而四时行，地不语而百物生"这句话来比喻天地万物各有其发展规律，它们按照自身规律运作发展，人类无法逆转，也无法阻止，只能顺应自然的客观规律，按自然规律办事。

【场景应用】

　　公文写作中，"天不言而四时行，地不语而百物生"这句典故，体现了自然万物的运行具有自我调节、自我平衡的能力，强调人类要充分重视生态环境的保护和修复，尊重自然，顺应自然，与自然和谐相处，确保生态环境可持续发展。

【范文赏析】

　　共产党员网这篇文章提出从"软硬"两个方面改善乡村人居环境，其中"软"的方面是指"重宣传、强理念"这样的"软文化"。为此，文中引用典故"天不言而四时行，地不语而百物生"，旨在强调天地自然运行的规律和万物生长的过程是自然而然的，我们应该尊重自然，与自然和平共处，因而改善农村人居环境要以群众"听得懂、看得见、记得住"的"软文化"宣传，强化这样的绿色理念，在潜移默化中使之植入群众心中。

19

民吾同胞，物吾与也

【范文】

婺源人坚守"民吾同胞，物吾与也"思想，尊重自然、善待生命的生态文化理念，才是野鸟精灵们选择与人相邻而居，趋利避害的自然天性所在。（选自 2020 年 4 月 6 日《江西日报》署名文章《这方水土这方人》）

【典故出处】

语出北宋张载《正蒙·乾称篇》："乾称父，坤称母；予兹藐焉，乃混然中处。故天地之塞，吾其体；天地之帅，吾其性。民吾同胞，物吾与也。"

文中典故的意思是：人民百姓都是我的同胞兄弟姐妹，自然万物与我也皆为亲人朋友。

【典故解读】

北宋大儒张载是关学的创始人，也是理学奠基人之一，与周敦颐、邵雍、程颐、程颢合称"北宋五子"，早年随父迁居陕西郿县（今眉县）横渠镇，辞官后又在横渠讲学，故世人又称"横渠先生"。

《正蒙》又名《张子正蒙》，是张载所著的一部重要的哲学著作，旨在用儒家学说建立气一元论的哲学体系。《蒙》是《周易》的一个卦名，象辞中有"蒙以养正"语，书名由此而来。

《正蒙》一书后来由其门人分为《太和》《参两》《天道》《神化》《乾称》等篇目。"民吾同胞，物吾与也"这段话就出自《乾称篇》开篇一段文字，张载曾将这段文字抄录于书房双牖上，取名《订顽》，又称《西铭》。

在这段话中，张载认为，乾道代表天，象征父亲，坤道代表地，象征母亲，我们每一个个体都是微小的物体，处于天地之间。这样看来，充塞于天地之间的气，就是我们的形色之体；天地之中统帅万物以成其变化的，就是我们的自然本性。因而人民百姓都是我的同胞，自然万物与我都是亲人朋友。

"民吾同胞，物吾与也"这句话，将百姓视为同胞、万物视为朋友，我们可以感受到蕴含其中的一种心系苍生、胸怀天下的责任意识和精神追求。

【场景应用】

公文写作中，"民吾同胞，物吾与也"这句典故，体现了中华民族自古以来一直存在着崇尚自然和谐、人与自然共生的生态思想，表达了人与自然是亲密的兄弟姐妹关系，人应该与自然界彼此尊重和关爱。这种生态思想倡导人类文明与自然生态相互依存、相互促进，实现人与自然的可持续发展，这对于我们今天的生态环境建设仍具有很高的现实意义和指导价值。

【范文赏析】

发表在《江西日报》上的这篇文章，阐述的是中国最美乡村婺源打造绿色惠民、绿色共享品牌，树立生态文明建设的标杆样板，示范引领全国生态文明建设。文中引用"民吾同胞，物吾与也"这句典故，旨在体现自古以来追求天然合一的生态文化理念，一直在婺源深入人心，历代婺源先民始终恪守这一古训，尊重自然，善待生命，锐意创新，依托生态文化资源优势，续写新时代生态文明建设新篇章。

20

亲亲而仁民，
仁民而爱物

【范文】

　　在中华优秀传统文化中生态思想的挖掘阐发方面，枣庄市委党校孙宝华提出，中华优秀传统文化所蕴含的生态理念，为建设生态文明提供了很多有价值的思想，成为当代生态文明的文化基因，"亲亲而仁民，仁民而爱物"的生态道德的情怀，把人类道德和生态道德有机统一起来。（选自2017年12月13日《光明日报》署名文章《环境治理留住青山绿水 绿色发展赢得金山银山》）

【典故出处】

　　语出战国时期《孟子·尽心上》："君子之于物也，爱之而弗仁；于民也，仁之而弗亲。亲亲而仁民，仁民而爱物。"

　　文中典故的意思是：因为亲爱亲人，进而仁爱百姓；因为仁爱百姓，进而爱惜万物。

【典故解读】

　　《尽心》是《孟子》第七篇，也是最后一篇，探讨的是儒家重要学说"修心"，《尽心上》共四十六章，"亲亲而仁民，仁民而爱物"这段话出自第四十五章，告诉我们，"仁民"是从"亲亲"开始的，而"爱物"又源于"仁民"。

　　孟子在这段话中提出，君子对于天下万物，爱惜它们，但是不会施以仁爱，因而可以利用它们，为我所用；对于百姓，以仁爱对待他们，但是不会施以亲情，因而可以对每个人展现仁爱。因为对亲人施以亲情，进而仁爱百姓；因为仁爱百姓，进而爱惜万物。

【场景应用】

公文写作中，"亲亲而仁民，仁民而爱物"这句典故常用来强调人类要与自然和谐共生，既要关爱他人，也要将自然视为亲人一样珍惜和保护，亲近自然，尊重自然，珍爱生命，人与自然相互依存、相互关爱，实现人与自然、人与人之间可持续发展。

【范文赏析】

《光明日报》这篇文章的主题是推进环境治理供给侧改革，以环境治理留住青山绿水，以绿色发展赢得金山银山。文中引用典故"亲亲而仁民，仁民而爱物"，一方面体现了古人所具有的生态道德的情怀，另一方面则强调了中华优秀传统文化中蕴含着丰富的生态理念，不仅对于当前和未来的环境治理和生态文明建设具有重要的价值和指导意义，而且还有助于提高社会环保意识，这些需要我们深入挖掘、传承和弘扬。

第二单元

行业篇

模块六
工作推动

01

万人操弓，共射一招，招无不中

【范文】

　　万人操弓，共射一招，招无不中。从各描前景到共绘一张蓝图，从各自为政到携手并进，这都需要河西五市未来不仅能在区域经济发展上打破界限，更能在公共资源共享、社会事务管理等方面互通有无。当然，保有个性仍是每位团员"组团出道"的底气和辨识度。（选自 2022 年 1 月 23 日每日甘肃文章《河西走廊"组团出道"：万人操弓，共射一招，招无不中》）

【典故出处】

　　语出战国时期吕不韦《吕氏春秋·本生》："万人操弓，共射一招，招无不中。万物彰彰，以害一生，生无不伤；以便一生，生无不长。故圣人之制万物也，以全其天也。"

　　文中典故的原意是：众人拿着弓箭，齐齐射向同一个靶子，那么这个靶子没有射不中的。后来这个典故用来比喻只要万众一心，没有克服不了的困难。

【典故解读】

　　吕不韦是战国时期著名的政治家、思想家，官至秦国丞相，主持编纂的《吕氏春秋》（又名《吕览》），是古代一部百科全书式的传世巨著，囊括了天地万物、古往今来的事理，有八览、六论、十二纪，一百六十篇，共二十多万字。

　　原文中，"万人操弓，共射一招，招无不中"的后面，紧接着"万物彰彰，以害一生，生无不伤；以便一生，生无不长"。这句话的意思是，世间万物芸芸，如果用来伤害一个生命，那么，这个生命不可能不被伤害；如果世间万物用于便利一个生命，那么，这个生命不可能不兴旺成长。

这句话从正反两面表达了"善假于物"这个道理，任何事物都具有两面性，每个特点既是优点，也是缺点，只是在不同方面展示出优劣性而已。

这句话正是以这样的道理，揭示了**"万人操弓，共射一招，招无不中"**这句典故的另一层深意，如果大家众口一词，诋毁一个人，那么，这个人必然在劫难逃。所以，决定事物特性是优势还是劣势，其关键点在于我们的注意力在哪里，我们的关注点在哪里，哪里就是我们借用事物的那一面特性。

【场景应用】

"万人操弓，共射一招，招无不中"这句典故用来表达推动工作时，更多是从"团结"的角度来解读，只要大家目标一致，勠力同心，任何工作都能够达成所愿。

当然，我们还可以把这个典故解读成"专注"的力量，大家只要把精力专注在一个目标上，哪怕经过数万次的尝试也不放弃，那么，这个工作必然会取得成功。

我们还可以用这个典故来体现"量变"的力量，在工作推动中，一个单一的行为可能难以成功，但是如果大家都能够参与进来，以指数级形式复制这一行为，那么成功就变得容易多了。

【范文赏析】

这篇范文直接以**"万人操弓，共射一招，招无不中"**这句典故作题目，末段又以这个典故收拢全文，鲜明地突出了甘肃在推进区域"组团打包"发展规划中，牢牢把握凝心聚力这一"利箭"，凝聚各方力量，开足马力，协同、互补、差异化地推进"河西走廊经济区"建设。

02   无所不备，则无所不寡

【范文】

"棱镜门"再次表明，个别国家正利用网络空间的"规则空白"和自己独享的网络秘笈，横行无忌，谋求对他国的政治、经济和军事优势，寻求自身绝对安全。无所不备，则无所不寡。网络空间互联互通的特性决定了，任何国家都难以在网络空间独善其身。搞双重标准、无端抹黑施压、刻意回避规则为所欲为，最终只会损人不利己。唯有各国都本着和平利用网络空间的诚意，加强沟通协调，开展有效务实合作，推动国际规则的不断完善，才能真正破解网络安全难题，实现普遍安全。（选自 2013 年 7 月 9 日《人民日报》文章《填补网络空间"规则空白"》）

【典故出处】

语出春秋时期《孙子兵法·虚实篇》："故备前则后寡，备后则前寡，备左则右寡，备右则左寡，无所不备，则无所不寡。"

这段话的意思是：防备了前面，后面的兵力就薄弱；防备了后面，前面的兵力就薄弱；防备了左边，右边的兵力就薄弱；防备了右边，左边的兵力就薄弱。所以，处处加以防备，就处处薄弱。

【典故解读】

这个典故原来是指军事上如果处处设防，必然会造成兵力分散，看上去兵力防备众多，但是却处处显兵力薄弱。所以，军事设防要集中兵力，突出重点，而不能面面俱到。

【场景应用】

这个典故包含了丰富的辩证思想，告诉我们在工作推进过程中，如果问题牵涉方方面面，就要善于抓住主要矛盾，集中力量解决关键问题，切忌胡子眉毛一把抓。

【范文赏析】

这篇范文针对当今世界各国共同面临的网络安全问题，表达了中国积极参与国际合作、致力于维护网络和平与安全的态度。

文中引用"无所不备，则无所不寡"这个典故，十分精妙地指出了网络空间互联互通，任何国家都难以在网络空间独善其身，必须抓住网络安全"规则空白"这个主要矛盾，开展有效务实合作，不搞双重标准、不无端抹黑施压、不刻意回避规则，推动国际规则的不断完善，从而真正破解网络安全难题，实现普遍安全。

03 坐而论道，谓之王公；作而行之，谓之士大夫

【范文】

"坐而论道，不如起而行之"，古人先贤留下的智慧弥足珍贵。年轻干部作为党和国家事业发展的生力军，要把担当作为当作成事之基，在实操实干中担负起民族复兴的时代重任。（选自 2022 年 2 月 23 日光明网署名文章《年轻干部成事在于"起而行之"》）

【典故出处】

语出《周礼・冬官考工记》："坐而论道，谓之王公；作而行之，谓之士大夫。"

文中典故的原意是：能够坐而陪侍帝王谋虑治国之道的，是王公；能够起身执行治国之道的，是士大夫。后来，"坐而论道"形容光说不练的口头功夫，"起（作）而行之"则形容付诸行动的实践能力，以此来阐明与其坐下来空谈大道理，不如行动起来亲身实践。

【典故解读】

"冬官"是《周礼》六官之一。《周礼》原名《周官》，分设天、地、春、夏、秋、冬六官，司空称为冬官，掌管工程制作。后世就以冬官为工部的通称。

《考工记》记述了春秋战国时期齐国关于手工业工种的设计规范和制造工艺，是我国年代最早的记载手工业技术的文献。《考工记》开宗明义就说"国有六职，百工与居一焉"。意思是说，国家有六类职事，百工是其中之一。这不仅体现了"百工"的重要性，而且也说明"百工"属于官府手工业。

接着就说到了王公、士大夫、百工、商旅、农夫、妇功六种职事，"坐而论道，谓之王公；作而行之，谓之士大夫；审曲面执，以饬五材，以辨民器，谓之百工；通四方之珍异以资之，谓之商旅；饬力以长地财，谓之农夫；治丝麻以成之，谓之妇功"。

【场景应用】

公文写作中，常常将原典化用为"与其坐而论道，不如起而行之"，用来表达"行胜于言"，再美好的愿望，再宏大的设想，再科学的决策，如果不付诸实践、不付诸行动，都只是空想、幻想。

【范文赏析】

这篇范文在文章结尾化用典故，用于警醒年轻干部切莫"假把式"地坐而论道，而要"起而行之"，放下架子、扑下身子、丢掉面子、迈开步子，走到群众身边，想方设法解决群众"急难愁盼"的问题，激励年轻干部勇于担当、善于作为，在实操实干中担负起民族复兴的时代重任。

04 万山旁薄，必有主峰，龙衮九章，但挈一领

【范文】

万山磅礴必有主峰，龙衮九章但挈一领。"万人助万企"本身就是一个大项目，抓好这个大项目，带来的不仅仅是帮助企业解决困难，更是优化营商环境、转变干部作风的生动体现。各级各部门要进一步提高政治站位、强化责任担当，强化"项目为王"硬要求，把开展好"万人助万企"活动作为一项重要政治任务。（选自 2021 年 9 月 23 日南阳网评论员文章《服务企业就是服务大局》）

【典故出处】

语出晚清曾国藩《复陈右铭太守书》："一篇之内，端绪不宜繁多，譬如万山旁薄，必有主峰；龙衮九章，但挈一领。否则首尾衡决，陈义芜杂，滋足戒也。"

文中典故的意思是：尽管群山连绵不绝，广阔无垠，但是一定有一座最高的主峰；皇帝的龙袍虽然构造复杂，但是只要抓住衣领，就可以轻轻提起。

【典故解读】

《复陈右铭太守书》是曾国藩给挚友陈右铭的回信，信中对挚友的文著进行了评价，同时阐述了自己的文学观点，提出了五条为文准则，其中"万山旁薄，必有主峰；龙衮九章，但挈一领"这句典故，强调的是为文须重心突出，文理脉络贯连。

后来这句典故用来指做事要有重点，应该抓住能够贯穿全体的关键部分，就好比画山须画出主峰，穿衣须提起领袖，否则容易造成前后脱节。

【场景应用】

公文写作中，常常将原典化用为"万山磅礴必有主峰，龙衮九章但挈一领"，强调在工作推动中抓重点、抓关键，集中力量解决主要矛盾，重点工作抓住了，就如同画出了"主山峰"、提起了"衣领子"、牵住了"牛鼻子"，就能以重点工作的解决带动全面工作上台阶、上层次。

【范文赏析】

这篇范文写于南阳市致力于"打造最优营商环境，助力企业做大做强做优做久做多做活"的发展时期，文中化用典故，强调了"万人助万企"这个大项目的关键性地位，表明抓住了这个大项目，就是牵住了"牛鼻子"、提起了"衣领子"、画出了"主山峰"，不仅能帮助企业解决困难，更能全面优化营商环境，转变全市干部良好作风，推动南阳在打造营商新环境之路上大跨步发展。

05

善弈者谋势，
不善弈者谋子

【范文】

　　下棋打牌的人都明白一个道理，大凡高手都会着眼去做局做牌，正所谓"善弈者谋势，不善弈者谋子"。做局做牌就是在谋势，是一种主动塑造态势的能力。面对艰巨复杂又瞬息万变的新形势新任务，不断提升塑造态势的能力应当成为各级干部特别是领导干部能力建设的重大课题。（选自2022年2月21日《学习时报》署名文章《提升塑造态势的能力》）

【典故出处】

　　此语化用春秋时期孙武《孙子兵法·势篇》："故善战者，求之于势，不责于人，故能择人而任势。"

　　文中典故的意思是：善于指挥作战的人，追求的是有利于自己的"势"，而不会苛责自己的士兵，因此，他能够选择合适的人，充分利用已有的"势"取得胜利。

【典故解读】

　　由原典化用而来的"善弈者谋势，不善弈者谋子"是对弈棋之道进行的经验性总结，善于谋局的人，追求的是有利于自己的"势"，这样即使一个棋子失利了，全盘的"势"可以弥补；而只能谋子的人，眼中只有棋子而没有棋盘的"势"，这样只能顾此失彼，一着不慎，就会满盘皆输。

　　这句话和孙子的观点如出一辙，强调了善于从整体局势谋虑问题的人，一定会成就一番大事业。

【场景应用】

公文写作中，"善弈者谋势，不善弈者谋子"常常用来要求领导干部在推动工作中，要有大局意识和全局观念，不谋全局者不足以谋一域，不谋万世者不足以谋一时，要把长远利益和全局利益放在第一位，当前的和局部的行为必须服从于长远的和全局的利益。

【范文赏析】

这篇范文的主题是如何提高领导干部塑造态势的能力，作者以"善弈者谋势，不善弈者谋子"这句话，借用棋道中的做局做牌，来阐明谋势和造势的能力对于各级领导干部来说具有十分重大的意义。

06　　　　　　　　　　　　　　　　　　**计熟事定，举必有功**

【范文】

二要打主动仗。计熟事定，举必有功。做好核心报道政治要求高，必须提前谋划、超前规划，谋定而后动、谋定而快动。（选自 2022 年第 7 期《党建》署名文章《坚定"两个确立"政治自觉 唱响"两个维护"时代强音》）

【典故出处】

语出唐朝刘禹锡《为淮南杜相公论西戎表》："计熟事定，举必有功；苟未可图，岂宜容易。"

文中典故的意思是：如果计划周密成熟，事情安排妥当，那么再采取行动，必然能够获得成功。

【典故解读】

刘禹锡进士及第后，得到淮南节度使杜佑的器重，在幕府中任记室，当时杜佑请刘禹锡起草了这篇奏文《为淮南杜相公论西戎表》，刘禹锡以此争得文名。

【场景应用】

公文写作中，"计熟事定，举必有功"这句典故，常用于工作推动中，强调做事在于谋而成于密，只有计划先行，部署周密，行动才能取得成功。

【范文赏析】

这篇文章是新华社社长、党组书记傅华所写，文中提出全力打造与"两个确立"相匹配的精品力作，是新华社作为国家通讯社的首要政治责任，文中引用"计熟事定，举必有功"这句典故，强调打好主动仗必须运用科学方法，提升履职本领，提前谋划、超前规划，谋定而后动、谋定而快动。

07

操其要于上，
而分其详于下

【范文】

"操其要于上"，就要从大处着眼，从全局、长远、大势上作决策，既要有"任凭风浪起，稳坐钓鱼船"的自信从容，又要有"千磨万击还坚劲，任尔东西南北风"的坚韧意志。

"分其详于下"，就要"致广大而尽精微"，从小处入手，出实招、办实事，把过程的各环节、各方面做扎实，既谋划长远又干在当下，既胸怀大局又落细落实，时时葆有"千里之行，始于足下"的踏实稳健，积跬步至千里，积小胜为大胜。（选自 2022 年 9 月 15 日《钦州日报》署名文章《操其要于上 分其详于下》）

【典故出处】

语出南宋陈亮《中兴五论·论执要之道》："今朝廷有一政事，而多出于御批；有一委任，而多出于特旨。使政事而皆善，委任而皆当，固足以彰陛下之圣德，而犹不免好详之名。万一不然，而徒使宰辅之避事者得用以借口，此臣爱君之心所不能以自已也。臣愿陛下操其要于上，而分其详于下。"

文中典故的意思是：上位者要抓大事和要事，具体繁杂的事务让下位者来执行。

【典故解读】

陈亮是南宋思想家、文学家，曾以布衣身份向宋孝宗连上五书，提出自己的抗金方略，这就是《中兴五论》，即《中兴论》《论开诚之道》《论执要之道》

《论励臣之道》《论正体之道》。

"操其要于上，而分其详于下"这句典故出自第三论《论执要之道》，原意是希望皇上作为上位者要抓大事和要事，具体繁杂的事务让下位者来执行。文中这样解释说：现在朝廷有政事，大多是皇帝亲自批阅；有地方官员委任，也是皇帝亲自批示。如果政事都能够妥当处置，官员委任都正确得当，那么当然足以彰显皇上的圣德，但是依然不免有独断揽权的不好名声。万一没有处置好，那么就给大臣的不作为提供了借口。这些是因为我忠爱皇上而不得不说的话。

【场景应用】

公文写作中，这句典故常用于强调领导干部在工作谋划和落实中，要讲究思路和方法，善于抓大放小，不必事必躬亲，既要观照全局，抓住要领，解决好重点难点问题，又要善于分解任务，精细得当，落实到位。

【范文赏析】

《钦州日报》这篇文章的标题运用典故"操其要于上，而分其详于下"，突出了文章的主旨，强调贯彻新发展理念、构建新发展格局，既要加强战略谋划和顶层设计，也要把握工作着力点。全文围绕这样的主旨，又基于这句典故，分别阐述了两种不同的工作思路和方法，从而指出贯彻新发展理念、构建新发展格局，最根本的是要把我们自己的事情做好。

08　当断不断，反受其乱

【范文】

实践证明，面对瞬息万变的局势，迅速作出反应、果断决策、付诸行动，才能避免"当断不断、反受其乱"的窘境。关键时刻看得准、该拍板时敢拍板，才能抓住时机、攻坚克难，使问题得以及时解决。（选自2020年11月13日《解放军报》署名文章《不断提高应急处突能力》）

【典故出处】

语出西汉司马迁《史记·春申君列传》："语曰：'当断不断，反受其乱'。春申君失朱英之谓邪？"

文中典故的意思是：应该作出决断的时候，却不作出决断，就会贻误时机，招致祸患。

【典故解读】

战国时期，春申君黄歇担任楚国令尹，门客朱英劝说春申君除掉他的舍人李园，但是春申君犹豫不决，拿不定主意，迟迟没有接受劝告，后来反被李园派来的刺客杀死。

文中典故"当断不断，反受其乱"，就是司马迁用来指出春申君拒绝朱英劝告的错误，告诫后人做事应当机立断，否则后患无穷。

【场景应用】

公文写作中，典故"当断不断，反受其乱"常用来强调工作决策的重要性和及时性，当遇到需要立即做出决策的时候，我们要果断做出决断，不要犹豫，牢牢把握工作主动权，如果一直拖延，反而会让事情变得更复杂，最终可能会使事情不如预期。当然，决断前也要多方考虑，评估各个因素的影响，以避免做出错误的决策。

【范文赏析】

《解放军报》这篇文章聚焦领导干部提升应急处突能力，提出了具体的努力方向和要求，文中引用典故"当断不断，反受其乱"，表达面对瞬息万变的局势，只有具备敢于决断的见识和胆识，才能抓住时机、攻坚克难，使问题得以及时解决。

举网以纲，千目皆张；振裘持领，万毛自整

【范文】

"举网以纲，千目皆张；振裘持领，万毛自整。"善于抓重点，是我们党治国理政的重要方法论，也是我们党不断从胜利走向胜利的关键。（选自2022年6月24日《沧州日报》评论员文章《扭住重点发力 抓实五项工作》）

【典故出处】

语出东汉桓谭《新论·离事》："举网以纲，千目皆张；振裘持领，万毛自整。治大国者亦当如此。"

文中典故的意思是：只要提起渔网的纲绳，成千上万的网眼就会全部张开；只要握紧衣领抖动皮袄，所有的皮毛自然就整整齐齐了。

【典故解读】

《新论》又称《桓子新论》，由东汉哲学家、经学家、琴师桓谭所著，《新论·离事》体现了桓谭的社会政治思想，它所阐发的唯物论和无神论观点，在我国思想史上具有重大意义。

引文中"举网以纲，千目皆张；振裘持领，万毛自整"这句话，是桓谭借用来阐明治理国家的道理，比喻凡事只要抓住主要问题，那么其他问题也会跟着得以解决。

【场景应用】

公文写作中，这句典故可以用来强调推动工作时要善于抓住主要矛盾，集中资源和力量解决好大事要事，其他问题也就可以迎刃而解。

【范文赏析】

《沧州日报》这篇评论员文章的主题是围绕学习贯彻市委十届五次全会精神，提出要扭住重点发力，抓实五项工作。文中引用"举网以纲，千目皆张；振裘持领，万毛自整"这句典故，强调扭住重点、抓主要矛盾，这是自古以来治国理政的重要方法论，当前抓实五项工作重点发力，就是准确抓住了提升民生福祉，增强人民群众获得感、幸福感、安全感的关键所在。

10

以勇为主，以气为决

【范文】

不惧强敌的英勇气概，"以勇为主，以气为决"。军队战斗力的构成，包括人、武器以及人和武器的结合方式三个基本要素，其中武器是重要因素，人是决定因素。人的因素，不仅仅是人的数量，更重要的是人的素质和精神状态。高新技术条件下的现代战争也是如此，不仅是科学技术、经济实力、武器装备的较量，也是官兵综合素质、战斗精神的比拼。（选自2020年7月30日《解放军报》署名文章《要有不惧强敌的英勇气概》）

【典故出处】

语出北宋苏轼《策别·训兵旅·倡勇敢》："臣闻战以勇为主，以气为决。天子无皆勇之将，而将军无皆勇之士，是故致勇有术。"

文中典故的意思是：作战靠的是勇敢，决定战争胜负的是气势。

【典故解读】

《策别》是苏轼应制科考试而作的进策之文，对当时吏治、边患、财政、教育等方面作出思考与建议。《策别》共十七篇，分为四部分，"一曰课百官，二曰安万民，三曰厚货财，四曰训兵旅"。《倡勇敢》出自其中的第四部分"训兵旅"。

"以勇为主，以气为决"这段话，提出作战主要依靠将士的勇敢，战争胜负却是由将士的士气决定的，但是天子麾下不可能每个将领个个勇敢，将领手下也不可能每个战士个个勇敢，因此激发将士的勇气是需要好的训练方法的。

【场景应用】

公文写作中，"以勇为主，以气为决"这句典故，可以用来体现落实和推动工作时的精神状态，表现领导抓工作的信心和决心，同时鼓舞团队士气，激发大家敢于挑战困难、迎接挑战的勇气和力量。

【范文赏析】

《解放军报》这篇文章提出无论什么时候、什么情况下，都不能忽视战斗精神的培育，不能忽视英勇气概的弘扬。文章引用"以勇为主，以气为决"这句典故，强调自古以来人们就十分重视人的因素对于战争的决定作用，而人的因素体现在精神状态的比拼，这就是"勇"与"气"，也就是战斗精神的培育、英勇气概的弘扬。

11 初仕以勤政为首务，政不勤则百事殆

【范文】

"初仕以勤政为首务，政不勤则百事殆。"作为年轻干部，要把"勤"字视为工作准则，遇事不避，才能在新时代新征程把握战略主动，切实干出一番成绩。（选自 2022 年 9 月 16 日共产党员网署名文章《年轻干部"把握战略主动"要做到"三个勤"》）

【典故出处】

语出明朝佚名《初仕要览・勤政》："初仕以勤政为首务，政不勤则百

事殆。"

文中典故的意思是：为官伊始，就应该把"勤政"作为首要任务，如果为政不勤，那么就会怠于政事，陷入险境。

【典故解读】

《初仕要览》的编著者不明，内容多为从政之道和为官谏言，《勤政》是其中第三篇。

【场景应用】

公文写作中，"初仕以勤政为首务，政不勤则百事殆"这句典故，常用于工作落实和推动中，要求领导干部勤政有为，深入一线解决问题，推动工作，真正把措施落到实处。

【范文赏析】

共产党员网这篇文章提出年轻干部面对新时代新征程，要做到勤学善思、勤干务实、勤政为民，切实干出一番事业。文章引用典故"初仕以勤政为首务，政不勤则百事殆"，强调年轻干部为官伊始，就要守住"勤"字，永葆担当进取的责任心，去更多的岗位上勇挑重担，在更多的工作中建功立业，以务实勤干创造更大的辉煌。

12

知之真切笃实处即是行，
行之明觉精察处即是知

【范文】

关于知与行，王守仁有句话说得好，"知之真切笃实处即是行，行之明觉精察处即是知"。起而行之、用力于实处是态度，也是本事；是站稳立场，更是努力方向。虽然清谈容易实干难，但在知行合一的具体实践中，多些决而有行、行而有果，多些起而行之，少点坐而论道，就一定能够取得突破、收获精彩。（选自 2019 年 3 月 21 日求是网文章《知行合一 行而有果》）

【典故出处】

语出明朝王阳明《传习录》："知之真切笃实处即是行，行之明觉精察处即是知。知行功夫，本不可离。"

文中典故的意思是：对事物的真知灼见，那一定是身体力行地实践的结果；实践到思想精粹明觉的时候，也就出现了真知灼见。

【典故解读】

王阳明是阳明心学创始人，明朝文学家、哲学家、军事家。《传习录》是由王阳明的弟子根据他的语录和信件整理编撰而成，是研究王阳明思想的主要著作，堪称王门之圣书，心学之经典。

"知之真切笃实处即是行，行之明觉精察处即是知"这句典故，体现了王阳明的重要思想"知行合一"，知和行是一体两面，当你对事物有所认知的时候，那一定是身体力行地去做了；在你开展切实的行动和实践的时候，你对事物的认知也已经出现了，也就是只要亲身实践了，便是已知了。

【场景应用】

公文写作中，"知之真切笃实处即是行，行之明觉精察处即是知"这句典故，可以用来教育引导党员干部要在知行合一中主动担当作为，增强真抓实干的能力本领，多些起而行之，少点坐而论道，笃志躬行，在实际实干实践实效中创造实绩，使各项工作经得起历史和人民的检验。

【范文赏析】

这篇范文的主题是倡导知行合一，在干事创业中做到起而行之、用力于实处，文章引用"知之真切笃实处即是行，行之明觉精察处即是知"，精辟地阐述了知与行之间相伴相生的关系，强调理论学习武装头脑、指导实践，落脚点还是在推动工作上；学懂弄通，落脚点也在于做实，理论学习掌握得如何，最终还是要在实践中接受检验，在担当作为中得到体现。

13　壹引其纲，万目皆张

【范文】

打造新时代"枫桥经验"城市版的仙林街道，更是成为我省城市基层党建的先进典型。"仙林工作法"的奥秘之处，就在于以"一面旗"为引领，干部群众共织"一张网"、拧成"一条心"、团结"一家亲"。"壹引其纲，万目皆张"。抓住抓好基层党的建设这个"纲"，汇聚起各方力量，一定能形成共建共治共享的基层治理新格局。（选自 2022 年 7 月 6 日《南京日报》署名文章《坚持大抓基层的鲜明导向——"强化党建引领推进基层治理创新"系列谈⑤》）

【典故出处】

语出战国时期吕不韦《吕氏春秋 · 离俗览 · 用民》："用民有纪有纲。壹引其纪，万目皆起；壹引其纲，万目皆张。"

文中典故的意思是：只要把渔网上的总绳提起来，那么所有的网眼就会全部张开。

【典故解读】

《离俗览 · 用民》篇具体阐述了君王管理民众的方法。指出民众能够被调遣使用，这是有原因的，懂得了其中的原因，就没有什么人不可以调用了。

"用民有纪有纲。壹引其纪，万目皆起；壹引其纲，万目皆张"这段话，指出使用民众要善于抓关键环节和节点，这就像一张渔网，只要把渔网上的总绳提起来，那么所有的网眼自然就会全部张开。这句典故后来用于比喻只要抓住事物的关键环节，就可以顺利带动其他环节问题的解决。

【场景应用】

公文写作中，"壹引其纲，万目皆张"这句典故常用来强调工作推动中，要树立"纲举目张"的意识，善于抓重点、抓关键，厘清工作思路，以重点突破带动全局；同时在处理事情、解决问题上，也要善于抓住问题的关键，提纲挈领，统领工作。

【范文赏析】

《南京日报》这篇文章围绕推进全市基层治理创新这样一项工作部署，强调党建引领在基层治理中的关键作用。文中引用典故"壹引其纲，万目皆张"，凸显了基层党建所起的"纲举目张"作用，只有抓住抓好基层党建这个"纲"，才能汇聚各方力量，形成共建共治共享的基层治理新格局。

14 日计之而不足，岁计之而有余

【范文】

与"日计有余，岁计不足"相对应，还有一句成语："日计不足，岁计有余"。意思是每天算下来没有多少，一年累积起来就很多了。事物的发展变化都有一个由量的积累到质的飞跃的过程。"岁计有余"，需要日积月累。学习工作只要目标明确，重点突出，持之以恒，积少成多，就能有很大收获。不要学猴子掰苞米，掰一个丢一个。(选自 2018 年 11 月 7 日《解放军报》署名文章《不要"日计有余，岁计不足"》)

【典故出处】

语出战国时期《庄子·杂篇·庚桑楚》："庚桑之子始来，吾洒然异之。今吾日计之而不足，岁计之而有余。庶几其圣人乎！"

文中典故的意思是：虽然现在每天算下来没有多少收入，但是一年算下来收益就很多了。

【典故解读】

《庚桑楚》是《庄子》杂篇中的一篇，庚桑楚即庚桑子，是老子的弟子，因是楚国人，所以叫庚桑楚。"今吾日计之而不足，岁计之而有余"这段引文出自《庚桑楚》首段，说的是庚桑楚独得老聃真传，居住在畏垒山，所用仆从都是些敦厚朴实、性情散淡的人。三年之后，畏垒山一带大丰收，当地百姓就用"今吾日计之而不足，岁计之而有余"这句话来评价庚桑楚的功绩，认为庚桑楚是圣人。后世就用这个典故来比喻凡事只要持之以恒，积少成多，就能有很大收获。

【场景应用】

公文写作中，常常将原典化用为"日计不足，岁计有余"，常用来要求领导干部要认真系统地谋划工作，做到精准发力，避免疲于应付，不求实效，或者搞形式主义，人浮于事，一直处于被工作推着走的被动状态，造成年底工作盘点时，存在"日计有余，岁计不足"的现象，暴露出工作亮点不够、成绩不多等问题。

【范文赏析】

《解放军报》这篇文章结尾处化用典故，不仅照应了文章标题，与"日计有余，岁计不足"进行了对比阐述，同时回答了文章开头提出来的问题，即怎样才能避免发生"日计有余，岁计不足"的现象，令人印象深刻，发人深省。

15   行有不得者，皆反求诸己

【范文】

"行有不得，反求诸己。"这句话出自《孟子·离娄上》，意是如果行动没有达到预期的效果，就应当首先反观自身，积极反省，从自己身上找出问题的根源和症结，并努力加以改正。年轻干部担子重、任务多，难免在忙碌中迷失方向，难免在工作上犯错误、走弯路，也难免在挫折困境中意志消沉，因此，"反求诸己"就变得格外重要。（选自 2021 年 5 月 27 日共产党员网署名文章《年轻干部"行有不得"应多"反求诸己"》）

【典故出处】

语出战国时期《孟子·离娄上》："爱人不亲，反其仁；治人不治，反其智；礼人不答，反其敬。行有不得者，皆反求诸己，其身正而天下归之。"

文中典故的意思是：如果行动没有达到预期效果，那么就应该反省，从自己身上找原因。

【典故解读】

《离娄》是《孟子》第四篇，主要是围绕"仁"，提出自己的政治观点和为人处世的道理。《离娄上》有二十八章，"行有不得者，皆反求诸己"这句话出自第四章，这是孟子提出来的与人相处的一条基本原则，当自己与人相处出现问题时，要多反省自己的言行，多从自己身上找原因，多做自我批评。

孟子在这一章中提出，如果爱护他人，却得不到他人的亲近，那么就应该反省自己在仁爱方面做得够不够；如果管理别人，却不能够管理好，那么就应该反省自己的管理方法存在哪些问题；如果对别人以礼相待，却得不到别人相应的回应，那么就应反省自己的礼节有没有到位。因此，如果一个人的行为得不到预期的效果，那么就应该反过来检查自己的言行，只有自身的行为端正了，天下的人才能归服。

【场景应用】

我们在工作中遇到困难或者阻碍时，可以引用"行有不得者，皆反求诸己"这句典故，强调遇到困难不要一味地责怪外部环境或者他人，而是要自我反省，反思自己存在的问题和不足，勇于承担责任，寻找解决问题的方法，持续改进提升，推动工作顺利进行。

【范文赏析】

共产党员网这篇文章的标题化用典故"行有不得者，皆反求诸己"，提出年轻干部"行有不得"应多"反求诸己"，文章开篇又以此典故开门见山，明确要求年轻干部在工作中要学会"反求诸己"，"行有不得"时应多一些"自我审视"，多一些"灵魂拷问"，在勤学善思中成长，在学思践悟中成熟。

16 谋及下者无失策，举及众者无顿功

【范文】

个人的才智有限，群众的智慧无穷。"谋及下者无失策，举及众者无顿功。"各级领导干部要有虚怀若谷的胸襟、善纳群言的气度、不耻下问的诚意，多深入一线，多听听基层官兵的意见建议。只有不断用集体的智慧丰富自己的头脑，用基层的实践开阔自己的思路，才能不断提高领导能力和决策水平，从而推动部队建设全面进步、全面过硬。（选自2021年3月4日《解放军报》署名文章《着力提高"善谋"本领》）

【典故出处】

语出西汉桓宽《盐铁论·刺议》："故多见者博，多闻者知，距谏者塞，专己者孤。故谋及下者无失策，举及众者无顿功。"

文中典故的意思是：谋事能够与下属商议的，就不会在策略上失误；举事能够发挥众人作用的，就不会不成功。

【典故解读】

《盐铁论》(参见模块二词条05)为西汉桓宽所著,全书分10卷60篇,前41篇是关于会议上的正式辩论,第42篇至59篇是会后的余谈,最后一篇杂论是作者所作后序。《刺议》是第26篇,"故谋及下者无失策,举及众者无顿功"这句话出自丞相史的一段辩论,贤良文学一方则是反唇相讥,讥刺丞相之议,故名曰"刺议"。

"故谋及下者无失策,举及众者无顿功"这段话体现了虚心纳谏、广开言路的重要性,它告诉我们,看得多的人知识渊博,听得多的人聪明睿智,不接受别人规劝的人耳目闭塞,独断专行的人必然孤立。所以,遇事多同下面商议就不会失策,做事调动起众人的积极性就不会不成功。

【场景应用】

公文写作中,"谋及下者无失策,举及众者无顿功"这句典故,常用来要求领导干部在决策谋划时,进行充分调研和分析,充分了解各方利益和影响,做到谋定而后动,避免盲目行动和决策;在实施决策和推动工作时,需要善于沟通和协调,充分听取各方意见和建议,形成共识和合力,确保工作的顺利进行和取得成果。

【范文赏析】

《解放军报》这篇文章阐述的是领导之道,提出领导干部要着力提高"善谋"的本领,善于观大势、谋大局、抓大事。文中引用典故"谋及下者无失策,举及众者无顿功",用以强调"善谋"需要汇聚众智,群众是智慧和力量的源泉,是成功之本,体现了自古以来从政者无论是在决策谋划上还是执行落实中,都需要具备全局思维和长远眼光,不仅要考虑眼前的问题和利益,还要考虑未来的发展和长远的目标,因而对于部队的领导干部来说,需要虚怀若谷,善纳群言,多深入一线,多听听基层官兵的意见建议,这样就可以站在全局的高度,做出符合整体利益和长远发展的决策和行动。

模块七

组织管理

01 一沐三捉发，一饭三吐哺

【范文】

　　永葆"一沐三捉发，一饭三吐哺"的爱才之心。德不广不能使人来，诚不足不能使人留。爱才的诚意，是吸引人才的强磁铁，是凝聚人才的金钥匙。要树立强烈的人才意识，坚持寻觅人才求贤若渴，发现人才如获至宝。打造后顾无忧的生活环境，建立公正平等、竞争择优的人才制度，营造尊重人才、求贤若渴的社会氛围，让人才感受到敬才爱才的拳拳之心，感受到重才尊才的真心实意，不断增强各类人才的认同感、归属感、向心力。（选自2021年11月19日《中国组织人事报》文章《爱才用才是大智慧》）

【典故出处】

　　语出西汉司马迁《史记·鲁周公世家》："周公戒伯禽曰：'我文王之子，武王之弟，成王之叔父，我于天下亦不贱矣。然我一沐三捉发，一饭三吐哺，起以待士，犹恐失天下之贤人。'"

　　伯禽是周公的儿子，代替周公到鲁国受封。这段话是周公对伯禽临行前的告诫："我是文王之子，武王之弟，成王之叔父，在全天下人中我的地位不算低了。但我却洗一次头要多次握起头发，吃一顿饭多次吐出正在咀嚼的食物，起来接待贤士，这样还怕错失天下的贤人。"

　　文中典故常用来形容为招揽人才而操心忙碌，渴求贤才，谦恭下士。

【典故解读】

　　周公辅佐周成王时，已经是一人之下，万人之上，可谓权倾一时，但是他却毫无骄惰懈怠之态，仍然求贤若渴，为了广纳贤才，甚至洗一次头发都要打断多次，吃一顿饭也要多次放下筷子，留下了"一沐三捉发，一饭三吐哺"这种礼贤下士、尊重人才的美谈，被尊为一代圣人。

后世一些志向远大的政治家，常以周公的精神勉励自己。曹操《短歌行》中就有"周公吐哺，天下归心"的诗句，抒发自己思贤若渴的心情。

【场景应用】

这句典故主要用于强调在新时代的人才工作中，人才引进要具备"一沐三捉发，一饭三吐哺"的爱才之心、惜才之情，拓宽选人用人视野，放眼各条战线、各个领域，放眼基层和工作一线，千方百计发现人才，出以公心举荐人才，使各类优秀人才充分涌现，人尽其才、各尽其能。

【范文赏析】

这篇范文引用周公"一沐三捉发，一饭三吐哺"的典故，让我们感受到，识才爱才是中华民族的优良传统，在任何时候，我们都要把人才作为发展的第一资源，拿出"周公吐哺"的引才诚意，持续推进政策引人、待遇引人、环境引人政策落地见效，不断增强各类人才的认同感、归属感、向心力。

艺精则胆壮，胆壮则兵强

【范文】

"艺精则胆壮，胆壮则兵强。"敢于横刀立马、赴汤蹈火的血性，需要过硬的军事素质打底。锤炼血性无捷径可走，须积极投入实战化训练，贴近战场环境锤炼强大的心理素质，练就精湛的军事技能；须在从难从严的训练中不断挑战极限、突破极限，锻造顽强不屈、奋勇争先的斗争精神。在日常训练中，多经受苦难的洗礼、多经历困难的考验，不断磨砺不怕苦难、不惧牺牲的坚强意志，日积月累、久久为功，就能在关键时刻迸发出敢打敢拼的血性。（选自 2021 年 2 月 25 日《解放军报》文章《血性：革命军人的战斗基因》）

【典故出处】

语出明代俞大猷《正气堂文集·兵略对》："教兵之法，练胆为先；练胆之法，习艺为先。艺精则胆壮，胆壮则兵强。"

文中典故的意思是：武艺练精了，士兵就会有勇气；士兵有勇气了，军队就会变得强大。

【典故解读】

俞大猷为明朝抗倭名将，善于练兵治军，主张"训练精兵"。他说教兵的方法，练胆是首要的；练胆的方法，传授武艺是首要的。武艺练精了，士兵就会有勇气；士兵有勇气，军队就会变得强大。

俞大猷的练兵治军思想，不但提出了练兵的主要内容是"练胆"和"习艺"，而且阐明了"胆"和"艺"相互依存，以及与部队战斗力之间的辩证关系，对于后世的军事训练具有重要的指导价值。

【场景应用】

这个典故源于练兵治军，通常用于部队管理，但是其治军理念完全可以用于职场的组织管理中。在组织管理中，我们可以通过"练胆"，磨炼员工的坚强意志、练就过人胆识；通过"习艺"，展示员工的精湛技能、练就过硬本领，从而打造一支能够攻城略地、能打胜仗的队伍。

【范文赏析】

这篇范文聚焦的是军人的血性，把血性视为革命军人的战斗基因，是战场制胜的精神利刃。范文引用典故"艺精则胆壮，胆壮则兵强"，一针见血地指明，自古以来，我们的军人都是在艰苦训练和执行任务中砥砺血性，在近似实战环境的生死考验中摔打磨炼、砺胆激气。锤炼血性无捷径可走，须积极投入实战化训练。

○3 世上岂无千里马，人中难得九方皋

【范文】

当有明于识才的慧眼。"世上岂无千里马，人中难得九方皋。"古往今来，许多人才在显露之前就像深埋在杂草里的幼松，识才者如果缺乏拨开杂草、慧眼识才的洞察力往往难以识别。……各级领导干部要努力炼就识才的慧眼，不让真才埋没、不受伪才蒙蔽。识人既窥一斑，更观全貌；既观其才，更重其德；既看声誉，更看实绩，防止以偏概全错选庸才、挂一漏万埋没真才，真正让"凌云木"脱颖而出、"千里马"竞相奔腾。（选自2021年11月19日《解放军报》署名文章《莫待凌云始道高》）

【典故出处】

语出北宋黄庭坚《过平舆怀李子先时在并州》："前日幽人佐吏曹，我行堤草认青袍。心随汝水春波动，兴与并门夜月高。世上岂无千里马，人中难得九方皋。酒船鱼网归来是，花落故溪深一篙。"

诗中典故的意思是：世上哪里会没有千里马呢？只是因为茫茫人海中遇不到善于相马的九方皋。

九方皋是春秋时期善于相马的人，曾受伯乐推荐，为秦穆公求得千里马，后来"九方皋"用来代指善于发现人才的人。

【典故解读】

诗中的李子先是黄庭坚的同乡好友，当时在并州（今山西太原）担任一个无名小官。这首诗写于熙宁四年（1071）春天，黄庭坚辞去了叶县（今属河南省）县尉职务，诗中表达了诗人怀才不遇而欲纵情山水之间的心情。

"世上岂无千里马，人中难得九方皋"这两句诗，用以说明世上有的是人才，但是能够识别人才、举荐人才的人不多见。

【场景应用】

公文写作中，"世上岂无千里马，人中难得九方皋"常用于强调在组织管理中，各级领导机关和领导干部必须把人才培养摆在突出位置，以识才的慧眼、爱才的诚意、用才的胆识、容才的雅量、聚才的良方，早做谋划、超前储备、积极培养，投入更大精力，集中更多资源，拓宽更广渠道，完善激励机制，构建一个可持续发展的人才培养新格局。

【范文赏析】

这篇范文引用"世上岂无千里马，人中难得九方皋"，借以说明古往今来，我们缺少的不是人才，而是慧眼识才的"九方皋"，只有做到慧眼识才，才能做到广聚贤才、科学用才。因此，各级领导干部要努力练就识才的慧眼，不让真才埋没、不受伪才蒙蔽。

04

军无习练，百不当一；
习而用之，一可当百

【范文】

在实战实训中强能促建。军无习练，百不当一；习而用之，一可当百。实战化军事训练是提升战斗力的有效途径，但若被动参与，满足于做"提线木偶"，能打胜仗就是一句空话。（选自 2022 年 8 月 16 日《解放军报》署名文章《让战场成为部队发展"导航仪"》）

【典故出处】

语出三国时期诸葛亮《将苑 · 卷一 · 习练》："军无习练，百不当一；习而用之，一可当百！故仲尼曰：'不教而战，是谓弃之。'"

文中典故的意思是：如果军队士兵得不到教育和训练，那么一百名士兵也抵不上敌人的一个士兵；如果军队士兵受到了应有的教育和训练，那么一名士兵就可以抵得上百名敌人。

【典故解读】

《将苑》是一部专门讨论为将之道的军事著作，它系统地论证了将领在军队中的地位、作用、品格和领兵作战时应该注意的问题。

"军无习练，百不当一；习而用之，一可当百"这句典故，体现了古人对于军队技术训练的高度重视，即重习练。文中还引用了孔子的话来强调，军事训练就是军队的生命线，用没有经过军事训练的老百姓去打仗，这是有意让他们去送死。

【场景应用】

在当代，"军无习练，百不当一；习而用之，一可当百"这句典故，常常用于强调国不能一日无兵，兵不能一日无练，要让士兵来之能战，战之能胜，就离不开平时的实战实训。

【范文赏析】

这篇范文引用典故"军无习练，百不当一；习而用之，一可当百"，突出了实战化军事训练自古以来就是提升军队战斗力的唯一途径，军队是用来打仗的，一切训练都必须坚持实战标准，向能打仗、打胜仗聚焦。

05 用兵之害，犹豫最大；三军之灾，生于狐疑

【范文】

现代战争进入信息化、智能化时代，作战节奏加快，战场上的不确定性、突然性、危险性和残酷性急剧上升。"用兵之害，犹豫最大；三军之灾，生于狐疑。"面对稍纵即逝的战机和无处不在的风险，指挥员只有善于把握战机、敢于承担风险，才能稳操胜券。相反，如果因为怕担责任而犹豫不决，面对复杂情况无所适从，就容易与胜利失之交臂。（选自2022年6月21日《解放军报》署名文章《指挥打仗要敢于合理冒险》）

【典故出处】

语出战国时期吴起《吴子·治兵》："凡兵战之场，立尸之地，必死

则生，幸生则死。其善将者，如坐漏船之中，伏烧屋之下，使智者不及谋，勇者不及怒，受敌可也。故曰：'用兵之害，犹豫最大；三军之灾，生于狐疑。'"

文中典故的意思是：用兵最大的危害，是拿不定主意；给三军带来灾难的，是多疑不决。

【典故解读】

战国时期的吴起是继孙武之后，又一位既善于用兵同时又具有高深军事理论的军事家，他的《吴子》一书与《孙子》齐名，并称为"孙吴兵法"，为历代兵家重视。

在《治兵》篇中，吴起认为，两兵相接的战场尸横遍野，如果抱着必死的决心，或许会有生路；如果存有求生的侥幸，可能就难免一死。善于带兵的人，犹如坐在漏水的船中，伏卧在燃烧的房屋下面，这个时候即使是智者也来不及出谋划策，勇者也来不及振奋军威，只能当机立断，果敢行动，奋起迎敌。

吴起这段话表达了战场形势瞬息万变，带兵作战者如果不能抓住战机，果断行动，势必会贻误战机，陷入被动。

【场景应用】

公文写作中，"用兵之害，犹豫最大；三军之灾，生于狐疑"这句典故，常用来阐明在组织管理中，无论做什么事，坚决和果敢十分重要，战机、商机和时机常常会在多疑不决中消失。

【范文赏析】

这篇范文讲的是指挥打仗，指出许多胜利的背后，都离不开指挥员合理的冒险精神和高人一筹的指挥艺术。文中引用"用兵之害，犹豫最大；三军之灾，生于狐疑"这句典故，强调面对稍纵即逝的战机和无处不在的风险，指挥员如果不能把握战机、不敢承担风险，那么在指挥中就会无所适从，与胜利失之交臂。

06 为治之要，莫先于用人

【范文】

"为政之要，莫先于用人。"选什么样的人、用什么样的干部，怎么激励干部、如何能上能下，始终是保持干部队伍战斗力、关乎兴衰成败的大事。（选自 2018 年 5 月 29 日《人民日报》评论员文章《把好"方向盘"，用好"指挥棒"——让干部想为会为敢为》）

【典故出处】

语出北宋司马光《资治通鉴·魏纪五》："为治之要，莫先于用人，而知人之道，圣贤所难也。……其本在于至公至明而已矣。为人上者至公至明，则群下之能否焯然形于目中，无所复逃矣。苟为不公不明，则考课之法，适足为曲私欺罔之资也。"

文中典故的意思是：治理国家的关键，没有比用人更重要的了。

【典故解读】

《资治通鉴》（参见模块二词条 17）为北宋司马光所著，"为治之要，莫先于用人"道出了为政用人的重要性，但是在司马光看来，识别人才的方法，就连圣贤也深感困难，这是因为识人用人的根本在于为政者能不能做到公平透明。如果为政者公平透明，那么下属能力如何便会一目了然，无所遁形；如果为政者做不到公平透明，那么考核机制一定会成为徇私枉法、欺君罔上的手段。

【场景应用】

公文写作中，常常将原典化用为"为政之要，莫先于用人"，用于强调识人选人用人是治国理政的头等大事，如果知人不深、识人不准，往往会选人不当、用人失误，最终损害的是党和人民的事业。

【范文赏析】

《人民日报》这篇社论的中心论题集中体现在"为政之要，莫先于用人"上，把好"方向盘"，就是选什么样的人、用什么样的干部；用好"指挥棒"，就是怎么激励干部、如何能上能下。这句典故很好地表达出我国历代的兴盛衰亡，无不与用人相关，在当前，这也始终是保持干部队伍战斗力、关乎兴衰成败的大事。

07　　　　　　　　　人材者，求之则愈出，置之则愈匮

【范文】

"人材者，求之则愈出，置之则愈匮。"在人才问题上，各级领导干部都要有大境界、大胸怀，始终树立强烈的人才意识，善于包容、吸纳、凝聚各方面的人才，真正做到政治上关怀、工作上支持、生活上关心，为他

们施展才华创造有利条件和良好环境。（选自 2019 年 3 月 22 日骆惠宁《在山西省"三晋英才"支持计划启动大会上的讲话》）

【典故出处】

语出清代魏源《默觚（下）·治篇（九）》："国家之有人材，犹山川之有草木，蔚然羽仪，而非山麓高大深厚之气不能生也。夫惟人君不以高危自处，而以谦卑育物为心，人人得而亲近之，亦人人得而取给之。……故人材者，求之则愈出，置之则愈匮。"

文中典故的意思是：对于人才，越是求贤若渴，就会越来越多；越是弃之不用，就会越来越少。

【典故解读】

在《治篇（九）》中，魏源提出了自己的人才思想和人才观念，强调要营造一个适合人才发展的宽松环境。他说，国家有人才，就像山川上生长的草木，茂密葱茏、秀美挺拔，如果没有这些高大的山麓，深厚的云气是难以产生的。作为君主，如果不以高位自居，能谦逊待人，培育人才，那么，人人都有亲近君王的机会，人人也都可以得到国家的选拔任用。

【场景应用】

公文写作中，"人材者，求之则愈出，置之则愈匮"这句典故，常用于强调要为人才成长培植沃土、提供环境、搭建平台，优化人才配置，浓厚识才爱才敬才用才之风，形成人尽其才、人尽其用、人才辈出的良好态势。

【范文赏析】

范文选自山西省"三晋英才"支持计划启动大会上的一篇领导讲话稿，礼敬为山西各项事业发展作出突出贡献的英才们。稿件中引用典故"人材者，求之则愈出，置之则愈匮"，意在强调人才问题重在培养和使用，要营造有利于人才成长的良好环境，创优人才机制，聚天下英才而用之，形成人人渴望成才、人人努力成才、人人皆可成才、人人尽展其才的良好局面。

08　智者顺时而谋，愚者逆理而动

【范文】

古人云："智者顺势而谋，愚者逆理而动。"机遇和挑战在变，任务和要求在变，思路和举措也应当变，既要总结运用长期管用的经验，又要善于创新应对危机的方式方法。处变不惊、临危制变勇者胜。要勇于破阵开局，勇于第一个吃螃蟹，勇于逆风逆水开顶风船，勇于半山路陡滚石前行。（选自 2021 年 3 月《求是》文章《胸怀大局 开创新局》）

【典故出处】

语出东汉朱浮《为幽州牧与彭宠书一首》："智者顺时而谋，愚者逆理而动。常窃悲京城太叔，以不知足而无贤辅，卒自弃于郑也。"

文中典故的意思是：聪明的人顺应时势谋事，愚蠢的人违背常理行事。

【典故解读】

朱浮为东汉开国功臣，封为大将军，担任幽州牧，驻守蓟城（今河北蓟县），后因功高自满，作威作福，为汉明帝所杀。

《为幽州牧与彭宠书一首》是一篇告诫书，文中的彭宠为渔阳郡太守，与朱浮积怨颇深，多次遭到朱浮的构陷，于是起兵攻打，造成蓟城失守。

朱浮这封告诫书斥责了彭宠的反叛行为，很大程度是在利用朝廷的声威，向彭宠施压，但是这也进一步激怒了彭宠，促成其反叛决心。

文中的"京城太叔"，是指春秋时期郑庄公的胞弟共叔段，因受封于京，故称京城太叔，后因不满足于自己的封邑，在其母暗中支持下，阴谋夺权，事败出亡。文中引用共叔段作乱这段历史，劝诫彭宠要顺应时势谋事，不要做愚蠢的人，这为彭宠指出了一条应该选择的正确道路。

【场景应用】

公文写作中，"智者顺时而谋，愚者逆理而动"这句典故，常用于强调谋事行事要看清时局，顺应大势，把握规律，明确未来方向。

【范文赏析】

《求是》这篇文章提出领导干部谋划工作，要胸怀"两个大局"，善于在危机中育先机、于变局中开新局，文中化用"智者顺时而谋，愚者逆理而动"这句典故，强调育先机、开新局的关键，是要有识变之智、应变之方、求变之勇，任务和要求变化了，我们的应对思路和举措也要创新，唯有如此，才能处变不惊，临危制变，成为第一个吃螃蟹的勇者。

 百职如是，各举其业

【范文】

　　随着技术进步带来产业结构的进一步优化升级，各行业的劳动者都在与时俱进，更好地适应时代发展趋势。百职如是，各举其业。只要踏踏实实努力，不断创新、勤于学习、善于实践，提升自身能力，每个人定能在各自职业的舞台上放飞梦想，为社会进步注入新动力，为国家发展汇聚强大正能量。（选自 2022 年 11 月 12 日《经济日报》署名文章《职业"上新"焕发活力》）

【典故出处】

　　语出清朝毕沅《续资治通鉴·宋纪·宋纪十二》："百职如是，各举其业；千官如是，各得其人，则何忧事不允釐，何虑民不受赐！"

　　文中典故的意思是：各行各业都是如此，为各自的事业发展而努力。

【典故解读】

　　《续资治通鉴》仿司马光《资治通鉴》体例，与之衔接，是一部相当完备的宋辽金元编年史。

　　该书由清朝学者毕沅历时二十余年编撰而成，毕沅官至湖广总督，对经学、史学、小学、金石学等，皆有研究。

【场景应用】

　　公文写作中，"百职如是，各举其业"这句典故，常常用来强调爱岗敬业是做好任何工作的前提，也是一个人应有的职业操守，只有干一行、爱

一行、钻一行，一步一个脚印，一点一滴努力，才能立足岗位成长成才，在劳动中体现价值、展现风采、感受快乐。

【范文赏析】

《经济日报》这篇文章写于 2022 年版《中华人民共和国职业分类大典》发布之际，新版大典净增了 158 个新职业。职业"上新"，丰富了就业平台，为人们提供了更多就业种类。文末引用"百职如是，各举其业"这句典故，进一步强调了无论就业形态如何变化，职场人都应该干一行、爱一行、钻一行，怀抱梦想，但更要脚踏实地，唯有如此，才能在各自的舞台上放飞梦想，为社会进步注入新动力。

10　守不忘战，将之任也；
训练有备，兵之事也

【范文】

守不忘战，将之任也；训练有备，兵之事也。我军的核心职能是打仗，一切建设和工作的根本指向是战斗力，每名官兵的主责主业是练兵备战。任何时候、任何情况下都不能偏离这个职能、背离这个指向、游离这个主业。（选自 2020 年 5 月 27 日《解放军报》评论员文章《全面加强练兵备战工作》）

【典故出处】

语出明代戚继光《练兵议》："守不忘战，将之任也；训练有备，兵之事也。乃今军书警报，将士忧惶，徒将流寄杂兵应敌。"

文中典故的意思是：和平的时候不忘战斗，这是将领的责任；平时训练备战，这是士兵的分内之事。

【典故解读】

戚继光的《练兵议》是军事史上一部重要的军事著作，被誉为"以一家之言，触及一国之要"，其核心是以实战为训练目标，把战斗力作为军队的根本，通过日常练兵、战时备战，确保军队快速反应能力、战斗力发挥以及指挥系统高效运转。

《练兵议》对于训练、编制、教育以及指导思想有很多论述，提出了许多细致实用的训练方法，为部队实战化训练提供了重要的理论依据。同时，这部著作还将军事思想上升到了整个国家的安全利益，不仅体现了戚继光作为一名优秀将领的军事才能，更体现了他深刻的国家意识和民族情感。

"守不忘战，将之任也；训练有备，兵之事也"这句话，阐述了将领和士兵不同的职责要求，以及训练备战对于提升部队战斗力的重要意义，否则一旦遇到军书警报频繁，将士们就会心怀忧虑，只能依靠闲散军队匆忙应对。

【场景应用】

公文写作中，典故"守不忘战，将之任也；训练有备，兵之事也"指的是组织管理者既要保持守不忘战的高度警惕，时刻准备应对各种异常情况的挑战，同时也要坚持训练有备，重视团队实战实训实效，确保团队竞争力。

【范文赏析】

《解放军报》这篇文章的主题是如何加强练兵备战工作，文中引用典故"守不忘战，将之任也；训练有备，兵之事也"，进一步强调了练兵备战自古以来就是部队的主责主业，对于提升部队战斗力具有关键的重要意义，也是为了更好地服务部队"打仗"这一核心职能。

11   师克在和，不在众

【范文】

集体有温度，部队才有战斗力。"师克在和，不在众。"回顾历史不难发现，我军之所以能历经艰难困苦而战斗力不减、凝聚力更强，除了有坚定的信仰支撑，战友间甘苦与共、生死与共的革命情谊也是重要原因。长征途中，为节省粮食衣物，把生的希望留给战友，炊事班长活活饿死、军需处长被冻死……战友是战场上要把后背交给对方的人，平时亲如兄弟，战时才能生死相依。（选自 2020 年 6 月 24 日《解放军报》署名文章《建设有温度的战斗集体》）

【典故出处】

语出春秋时期左丘明《左传·桓公十一年》："师克在和，不在众。商周之不敌，君之所闻也。成师以出，又何济焉？"

文中典故的意思是：军队能克敌制胜，在于精诚团结，不在于兵力众多。

【典故解读】

根据《左传》记载，楚国将领屈瑕打算与贰、轸两个小国结盟，但是郧国与随、绞、州、蓼等小国趁机进攻楚军，屈瑕非常担忧，提出向楚王求援。

然而，楚大夫斗廉却反对求援，他劝说屈瑕，认为战胜敌人的关键在于内部团结而不是兵力人数，商纣兵力远甚周武王，但是仍然战败，这是众所周知的，这说明兵力再多，如果内部不团结，还是无济于事的。

斗廉强调战争制胜的重要条件是官兵上下团结一致，这样的思想受到古代兵家的普遍重视和赞同。

【场景应用】

公文写作中，"师克在和，不在众"这句典故常用于强调领导决策和团队合作。作为领导者应该认识到一个有序和谐的团队比一个庞大却松散的团队更具有战斗力，一个在数量上并不占据优势，但却是团结和谐、有着强大凝聚力的团队，完全可以创造奇迹；在人力资源管理方面，应该根据团队成员的能力和特长，合理分配人力资源，让每个成员都能发挥自己的最大价值，聚合成整体战斗力。

【范文赏析】

《解放军报》这篇文章的主题是打造一个有温度、有实感、凝聚力强的战斗集体。文中引用典故"师克在和，不在众"，强调一个有温度的部队才会有凝聚力和战斗力，我军官兵之所以能够在战场上互相保护、互相支持，做出"为战友挡子弹""你退后让我来"等英勇壮举，是因为他们彼此之间存在着同志般的情谊，这种情谊凝聚了所有人的力量，让我们的部队无所不能，战无不胜。

12

国之强弱，不在甲兵，
不在金谷，独在人才之多少

【范文】

倾心引才，优化体制机制，实现人才雁阵集聚。"国之强弱，不在甲兵，不在金谷，独在人才之多少。"今天我们比历史上任何时期都更接近实现中华民族伟大复兴的宏伟目标，也比历史上任何时期都更渴求人才。为此，要坚持创新人才引进方式。（选自2022年10月31日《光明日报》文章《把各方面优秀人才集聚到党和人民事业中来》）

【典故出处】

语出南宋张孝祥《论用才之路欲广札子》："国之强弱，不在甲兵，不在金谷，独在人才之多少。"

文中典故的意思是：国家的强弱盛衰，不在于军队多寡，也不在于钱粮是否充足，仅仅取决于人才多少。

【典故解读】

张孝祥，字安国，别号于湖居士，南宋著名爱国词人、书法家，诗词继承苏东坡豪放风格，常怀忧国之思。《论用才之路欲广札子》是张孝祥所写的一篇策论，针对培养、选用人才等问题，提出了自己的见解和措施。

【场景应用】

公文写作中，"国之强弱，不在甲兵，不在金谷，独在人才之多少"这句典故，可以用来强调人才是国家发展的重要支撑和竞争力来源，应该在各个方面加强人才资源的引进、培养和留用，为社会经济发展提供强有力的智力支撑。

【范文赏析】

　　《光明日报》这篇文章提出全社会树立"真心爱才、悉心育才、倾心引才、精心用才"的人才工作理念，壮大人才队伍，提升人才整体素质，把各方面优秀人才集聚到党和人民事业中来。文中引用典故"国之强弱，不在甲兵，不在金谷，独在人才之多少"，从国家发展和社会进步的战略高度，强调人才培养关系国家和民族长远发展，当前我们正接近实现中华民族伟大复兴这一宏伟目标，比历史上任何时期都更渴求人才，因此，全社会要以爱才的诚意、引才的慧眼、育才的良方、用才的胆识，优化人才体制机制，实现人才雁阵集聚。

13　　　　　　　　　　路遥知马力，日久见人心

【范文】

　　"路遥知马力，日久见人心。"识别干部，平时考察尤为重要，要近距离考察干部在乡村振兴等各项日常工作中的实绩，采取多渠道、多角度的方式，如建立干部考察管理信息系统、实行"周记实、月考绩、季评鉴"等制度，通过时间看变化，透过现象看本质，精准判别其政治素质、能力高低，选出能挑重担、敢扛重活的"精兵强将"。（选自 2022 年 3 月 29 日河北新闻网署名文章《以高质量考评保证精准化知事识人》）

【典故出处】

语出南宋陈元靓《事林广记》："路遥知马力，日久见人心。"

文中典故的意思是：路途遥远才能知道马的脚力强弱，日子长了才能看出人心的好歹。

【典故解读】

《事林广记》为南宋学者陈元靓编著，是宋元时期流传较广的一部日用百科类著作，内容多与民间生活有关，包括天文地理、历史文化、人事礼仪、宗教占卜、饮食农艺等，对于今人研究当时的社会历史具有重要价值。

【场景应用】

公文写作中，"路遥知马力，日久见人心"这句典故，在组织管理中常用于干部选用考察，强调树立正确的选人用人导向，特别是组织部门要善于在日常工作和生活中，收集干部的勤能情况，了解干部的德才表现，闲时备来急时用，为干部选拔任用掌握第一手材料。

【范文赏析】

河北新闻网这篇署名文章的主题是如何考准考实干部实绩，以高质量考评保证精准化知事识人。文章中引用典故"路遥知马力，日久见人心"，强调识别和考察干部知事识人不是雾里看花，必须重在平时，唯有近距离考察，透过时间和现象看变化、看本质，在细微中见真实，才能把干部考准考实。

14　治本在得人，得人在审举，审举在核真

【范文】

　　治本在得人，得人在审举，审举在核真。把握干部业绩在实践，干部声名在民间的这一考核要点，把人民群众的获得感、幸福感、安全感作为评判领导干部推动高质量发展政绩的重要标准。倾听群众声音，让领导干部"沉"得下，更要"浮"得上，进一步延伸考察触角，采取蹲点调研、深入谈话、工作一线走访、服务对象访谈等灵活多样的方式，多在乡语口碑中、在急难险重任务前，全方位、多角度深化对班子和干部的了解，对于用心用情用力解决群众实际关切的领导干部予以时刻关注，对于"双面人"、搞"面子工程"、一味贪多求大的应及时纳入考核黑名单。（选自2020年11月9日人民论坛网评文章《以政绩考核激励干部更大作为》）

【典故出处】

　　语出北宋司马光《资治通鉴·晋纪》："治本在得人，得人在审举，审举在核真，未有官得其人而国家不治者也。"

　　文中典故的意思是：治国的根本在于得到人才，得到人才的关键在于审慎举荐，审慎举荐重在考察核实真实情况。

【典故解读】

　　"治本在得人，得人在审举，审举在核真"这句话出自十六国时期前秦大臣高泰，国君苻坚召见他询问治国之本时，高泰就用这番话提出了国家获取人才的两个关键问题，即审举与核真，只有把好这两关，才能确保所得到的人才货真价实，并说只要官府中的每个位置都能够得到合适的人

选，那么这样的国家没有治理不好的。

【场景应用】

公文写作中，"治本在得人，得人在审举，审举在核真"这句典故常用于强调精准考察是我们做好选人用人工作的基础，必须健全考察机制和办法，多渠道、多层次、多侧面深入了解干部，把干部的一时表现与一贯表现联系起来，并注意干部在重大关头、关键时刻的表现，做到精准科学评价干部。

【范文赏析】

人民论坛这篇网评文章针对中组部印发的《关于改进推动高质量发展的政绩考核的通知》，结合当前国内外形势，提出做好贯彻落实工作的要求和措施。文中引用典故"治本在得人，得人在审举，审举在核真"，旨在阐明自古以来古人就十分重视治国人才的推举和考察工作，当前我们正处于开创社会主义现代化建设新局面的新时代，迫切需要大批的优秀中青年干部，通过选拔进入各条战线、各级领导班子，这个时候重温古人的这番古训，或许会给我们带来一些警醒和启示。

15 闻道有先后，术业有专攻

【范文】

"专业"与"职位"两个要素相结合。"闻道有先后，术业有专攻"，突出人岗相适、人事相宜、人尽其才，让专业的人干专业的事，才能更好地发挥领导干部的潜力，更好服务当地经济社会发展。要着力加强领导干部的思想淬炼、政治历练、实践锻炼、专业训练，推动干部才能与岗位职能匹配、与高质量跨越式发展同频共振。（选自 2020 年 12 月 23 日云南网署名文章《"四个结合"树立正确选人用人导向》）

【典故出处】

语出唐朝韩愈《师说》："是故弟子不必不如师，师不必贤于弟子，闻道有先后，术业有专攻，如是而已。"

文中典故的意思是：每个人领会道理各有先后，学问技艺各有所长。

【典故解读】

韩愈为唐代文学家、思想家、教育家，也是唐代古文运动的倡导者，被尊为"唐宋八大家"之首，与柳宗元、欧阳修和苏轼合称"千古文章四大家"。

《师说》是韩愈散文中一篇重要的论说文，论述了从师学习的必要性和原则，批判了当时社会上"耻学于师"的陋习，表现出韩愈非凡的勇气和不顾世俗独抒己见的精神。

文中"闻道有先后，术业有专攻"这句话，道明了学生不一定不及老师、老师不一定比学生高明，这是因为每个人懂得道理有先有后、技能也各有钻研与擅长，就是这么简单。

【场景应用】

公文写作中，"闻道有先后，术业有专攻"这句典故可以用来强调科学合理的选人用人理念，坚持人岗相适、人事相宜、用人所长，通过精细"画像"，精确定位，形成科学客观的用人决策，实现人尽其才，营造人才各司其职、专业优势充分发挥、工作效率事半功倍的干事创业氛围。

【范文赏析】

云南网这篇署名文章提出要树立正确的选人用人导向，着重把握好"四个结合"，切实把需要的人才选出来、用起来。文中引用"闻道有先后，术业有专攻"这个典故，旨在阐述和强调第四个"结合"，即"专业"与"职位"两个要素相结合，体现"人岗相适、人事相宜、人尽其才"这样的选人用人要求，科学配置领导干部资源，让专业的人干专业的事，相互促进、相得益彰，让领导干部的专业优势能得到最大限度发挥，创造出最大的社会价值。

16 任贤使能，天下之公义

【范文】

知人善任用才留才。"任贤使能，天下之公义。"党委政府除了要完善党政领导干部联系人才制度，为高层次人才的就业、落户、签证办理、社保服务等提供全方位服务，开辟就医、入学等绿色服务通道，更要善当"伯乐"，善用"慧眼"，秉承爱才惜才之心于庙堂之高、江湖之远发现人才、用好人才。（选自 2021 年 12 月 7 日人民网文章《以人才为本 为发展赋能》）

【典故出处】

语出北宋苏轼《赐吕大防上第二表辞免恩命不允断来章批答》："任贤使能，天下之公义，而辞大就小，君子之自守也。"

文中典故的意思是：任用贤能之士，这是治国安邦的公理，天经地义。

【典故解读】

苏轼是北宋文学家和政治家，宋哲宗时期，担任翰林学士知制诰，专掌内制，承命撰写朝廷各种文书，以及与周边国家往来的国书等，其中对大臣章奏的批答也在职责范围内。

《赐吕大防上第二表辞免恩命不允断来章批答》是苏轼代皇帝对吕大防奏议写的一篇批答，写明了答复的结果"不允"及原因。这类文书都是四六文写成，文中的吕大防为宋哲宗元祐年间的宰相。

【场景应用】

公文写作中，"任贤使能，天下之公义"这句典故用于组织管理时，强调要全方位引进培养用好人才，实施更加积极、更加包容、更加有效的人才政策，建立完善人才考核评价机制，让优秀人才在重要岗位上挑大梁、唱主角，推动形成尊重人才的良好环境和风尚。

【范文赏析】

人民网这篇文章提出经济欠发达地区在改革创新实践中要坚持以人才为本，为发展赋能，实现弯道超车。文中引用典故"任贤使能，天下之公义"，强调自古以来治国理政就离不开知人善任和用才留才，在改革开放的今天，我们更要树立强烈的人才意识，全方位培养、引进、用好人才，让事业激励人才，让人才成就事业。

17

人各有能，因艺授任

【范文】

"人各有能，因艺授任"，才能人尽其才、百事俱举。全面推进乡村振兴，需要创造一个开放包容的大环境，激励各类人才"想干事""想创业"；也需要搭建一组大有可为的好平台，让各类人才"干成事""创成业"。唯有如此，才能让人才引得来、留得住，育得出、带不走，从而实现"一花引得百花开，百花捧出盛景来"。（选自 2021 年 3 月 19 日《人民日报》文章《打造"带不走"的人才队伍》）

【典故出处】

语出南北朝范晔《后汉书·列传·张衡列传》："人各有能，因艺授任。鸟师别名，四叔三正，官无二业，事不并济。"

文中典故的意思是：人有不同的才能，要按照每个人的才能授予一定的职位。后来用以表明执政者应善于选贤授任。

【典故解读】

范晔是南朝宋时期史学家、文学家，所著《后汉书》属"二十四史"之一，与《史记》《汉书》《三国志》合称"前四史"。《后汉书》分十纪、八十列传和八志，主要记述了上起东汉光武帝建武元年、下至汉献帝建安二十五年间共 195 年的史事。

《张衡列传》出自《后汉书·列传》。张衡是东汉时期天文学家、数学家、地理学家、文学家，为中国天文、机械技术、地震学发展作出了杰出贡献，发明了浑天仪、地动仪，是东汉时期"浑天说"的代表人物；在文学方面，张衡与司马相如、扬雄、班固并称"汉赋四大家"。

《张衡列传》中"人各有能，因艺授任"这段话的意思是，每个人都有自己的才能，应该依照各自的才能授予职位；远古时期的少昊氏以鸟名命名官职，四位叔叔分掌三种官职，每一种官职不能再从事别的工作，职事之间也不能相互干涉。

【场景应用】

公文写作中，"人各有能，因艺授任"这句典故强调组织管理中，要尊重人才成长的客观规律，搭建让人才大有作为的"大舞台"，充分发挥各行各业人才的专长，让精兵强将都能有适才之所。

【范文赏析】

《人民日报》这篇文章针对贫困乡村实现发展大跨越，提出人才是关键钥匙，而且还是一把金钥匙，文中引用典故"人各有能，因艺授任"，强调了人才振兴不仅需要重视引才和育才两项工作，还需要重视用才，为人才创造一个开放包容的大环境，搭建一组大有可为的好平台，让各类人才干成事、创成业。

18　　　　　　　　　　　人事有代谢，往来成古今

【范文】

人事有代谢，往来成古今。现在，改革开放前入党和参加工作的干部

已经或将要退出岗位，70后、80后以至90后的年轻干部成为干部队伍的主体。……一些地方和单位对年轻干部工作重视不够，还存在重选拔轻培养和论资排辈、平衡照顾等现象。我们要切实增强责任感和紧迫感，以更长远的眼光、更有效的举措，及时发现培养、源源不断选拔使用适应新时代要求的优秀年轻干部，把各方面各领域优秀领导人才聚集到执政骨干队伍中来，为实现党在新时代的历史使命提供干部和人才保证。（选自2018年7月9日《人民日报》评论员文章《大力发现培养选拔优秀年轻干部——四论贯彻落实全国组织工作会议精神》）

【典故出处】

语出唐朝孟浩然《与诸子登岘山》："人事有代谢，往来成古今。江山留胜迹，我辈复登临。"

诗中典故的意思是：世间的人和事更替变化，来来往往，形成了从古到今的历史。

【典故解读】

孟浩然为唐代著名的山水田园派诗人，与盛唐另一位山水诗人王维并称为"王孟"。

《与诸子登岘山》是孟浩然创作的一首五言律诗，这首诗是孟浩然与好友游览湖北襄阳的岘山时所作，表露出一种人生无常、流转不息的情感。"人事有代谢，往来成古今"是这首诗的首联，诗人登上岘山，面对山中景色，以及留在大好河山中的名胜古迹，不由得触发了思古幽情，顿感时间流逝，人事更替，在古往今来的历史变迁中，流露出人生短暂、功业未就的伤感。

【场景应用】

公文写作中，"人事有代谢，往来成古今"常用来表达管理者要不断适应和应对组织管理中的各种变化和变革，及时调整组织结构、人员配置和管理方式，以适应不断变化的外部环境和内部需求。同时，也要求管理者具备预见性和战略眼光，能够提前预测和应对可能出现的变化，以保持组织的竞争力，推动组织持续发展。

【范文赏析】

《人民日报》这篇评论员文章旨在贯彻落实全国组织会议精神，要求各级组织要大力发现、培养和选拔优秀年轻干部。文中引用典故"人事有代谢，往来成古今"，强调新老更替是历史的常态，人事变动是不可避免的，培养选拔优秀年轻干部是组织发展的重要任务，因而各级组织需要立足长远，建立健全人才培养机制，加强干部选拔工作，培养一批优秀的年轻干部，为组织的长远发展打下坚实的基础。

19   天下不患无臣，患无君以使之

【范文】

天下不患无臣，患无君以使之。古往今来，从来都不缺少千里马，关键是缺少善于发现千里马的伯乐，更缺少与千里马为友的伯乐。把人才当回事，把人才当良师益友，做到知人善任，人尽其才，才尽其用，把人才朋友当作人生永远的牵挂，这就是一种带着情感的人才观，一个鼓舞人、

温暖人的人才观，更能推动一项事业，造福一方百姓。(选自 2021 年 10 月 29 日云南网署名文章《功以成才，业由才广》)

【典故出处】

语出春秋时期《管子·牧民·六亲五法》:"天下不患无臣，患无君以使之。天下不患无财，患无人以分之。"

文中典故的意思是:天下不怕没有良臣，只怕没有君主能够去使用他们。

【典故解读】

《牧民》共有五节，"六亲五法"是其中的第五节，揭示了治国理政的一般规律，指出君主的行为对于治国安民起到的导向和表率作用。

"天下不患无臣，患无君以使之"这段话告诫君主治国理政离不开良臣辅佐，但是天下良臣有得是，只是君主不能够识别和使用好他们;同样的道理，天下不怕没有财货，只怕没有人能够好好地管理它们。

【场景应用】

公文写作中，"天下不患无臣，患无君以使之"这句典故，体现了古人十分重视君主在人才培养和使用中的作用和影响力，强调国家管理不在于没有合适的人才，而在于没有合适的君主来发挥和引导他们。因而对于组织管理来说，领导者的作用至关重要，领导者是组织的核心，只有通过正确的领导和管理，才能引导和发挥成员的能力，组织才能获得持续发展。

【范文赏析】

云南网这篇文章的主题是领导干部要善于察人用人，为各类人才提供最能充分施展才能的机会和平台，使用人才各尽其能。文章引用典故"天下不患无臣，患无君以使之"，旨在体现古往今来察人用人一直是深受为政者重视的大学问，从古至今从来都不缺少千里马，关键是缺少善于发现千里马的伯乐，以此警醒领导干部应站在为党和国家培养储备干部的战略高度，牢固树立"大人才观"，不拘一格培养选拔人才，让人尽其才，才尽其用，让优秀人才脱颖而出。

模块八
精神风貌

01 士不可以不弘毅，任重而道远

【范文】

"士不可以不弘毅，任重而道远。"攀登知识和创新的高峰，离不开吃苦不言苦、知难不畏难的进取精神，既要志向远大，也要意志坚强。今天，围绕经济竞争力的核心关键、社会发展的瓶颈制约、国家安全的重大挑战等方面的创新实践，只会比以往难度更大。如果缺乏坚韧的意志、勇毅的精神，没有一股"于满是荆棘的荒野里踏出一条路"的闯劲，就难以取得新突破、开辟新天地。（选自2018年8月15日《人民日报》文章《士不可以不弘毅——砥砺当代知识分子精气神》）

【典故出处】

语出春秋时期孔子《论语·泰伯章》："士不可以不弘毅，任重而道远。仁以为己任，不亦重乎？死而后已，不亦远乎？"

文中典故的意思是：作为一个君子，不可以没有宽广坚韧的毅力，因为自己责任重大，道路遥远。

【典故解读】

这是曾子受到孔子的教诲之后，对人生使命作出的感悟。"士不可以不弘毅，任重而道远"，这是因为："把实现仁德于天下，作为自己的使命，这难道还不重大吗？为此奋斗终身，到死方休，路程难道还不遥远吗？"

【场景应用】

士，原是中国古代一个独特的阶层，他们是社会的中坚力量，辅佐君主成就功业。在当代社会,"士"是指一切有抱负、有作为,以天下为公的人。这句典故常常用于勉励青年人要肩负起时代赋予的使命,胸怀祖国和人民,有所作为,用青春践行责任与担当。

【范文赏析】

这篇范文直接以"士不可以不弘毅"这一典故为标题,副标题"砥砺当代知识分子精气神"也道明,文章中的"士"就是当代知识分子。所以,全文表达的就是我们这个时代需要知识分子的进取精神,怀抱"士以弘道"的精神状态,立时代之潮头、通古今之变化、发思想之先声,凝聚起向上向善的正气,为祖国和人民立德、立功、立言。

 一言不实,百事皆虚

【范文】

一言不实,百事皆虚。对领导干部而言,做实干家是本分,做宣传家是本领。提升讲话本领,并不是"竹筒倒豆子",不分话语轻重与说话场合,想到哪儿说哪儿,有什么就说什么,而是要把握时度效,分清主流和支流,把握主题和场合,注重分寸和效果,才能更好地把共识凝聚起来、士气鼓舞起来、精神振奋起来。(选自 2020 年 4 月 3 日《人民日报》文章《干好也要讲好》)

【典故出处】

语出清代邱心如《笔生花》："常言道：'一言不实，百事皆虚。'只看成氏这一副粗笨形容，岂是那风月女子？望父台详察。"

文中典故的意思是：只要一句话说得不真实，那么，许多事情在别人看来都是虚假的。

【典故解读】

《笔生花》中引用的"一言不实，百事皆虚"这个典故，来自民间俗语，旧时常用在官司诉讼中，指的是证人的证词露出了破绽，便会让当事人落入下风，处于不利地位。

【场景应用】

这个典故现在常用于表现人的诚实守信，表达一种说实话、干实事的精神状态。

【范文赏析】

这篇范文的标题是"干好也要讲好"，这个"讲好"最基本的标准就是客观、真实。因此，文中引用"一言不实，百事皆虚"这个典故，就是在告诫领导干部，说话不能想到哪儿说到哪儿，有什么就说什么，而是要把握好时度效，分清主流和支流，把握主题和场合，注重分寸和效果，把话讲好，可以更好地振奋精神，鼓舞士气。

03

繁霜尽是心头血，
洒向千峰秋叶丹

【范文】

繁霜尽是心头血，洒向千峰秋叶丹。周永开同志来自人民、植根人民，是立足本职、默默奉献的平凡英雄。他的事迹可学可做，他的精神可追可及。征途漫漫，唯有奋斗。全市广大党员干部要向周永开同志学习，学习他坚定信念、践行宗旨、拼搏奉献、廉洁奉公的高尚品质，继承发扬伟大的建党精神，平常时候看得出来、关键时刻站得出来、危难关头豁得出来，为推动达州经济社会高质量发展作出新的更大贡献！（选自 2021 年 7 月 4 日 "达州观察" 评论文章《致敬周永开建功新时代》）

【典故出处】

语出明朝戚继光《望阙台》："十年驱驰海色寒，孤臣于此望宸銮。繁霜尽是心头血，洒向千峰秋叶丹。"

诗中典故的意思是：我的心血如同浓霜洒向千山万岭，染红了漫山的秋叶。这里表达了诗人一片爱国和忠君的赤诚之情。

【典故解读】

"望阙台" 是戚继光在守卫福建时命名的一座山峰，表明自己虽身在远方，但始终不忘国家的重托。

戚继光在诗中回顾了自己十年来驰骋在大海的寒波中，与倭寇周旋厮杀；此时此刻，遥望着京城宫阙，感觉自己的心血如同浓霜洒向千山万岭，染红了漫山的秋叶。

诗作借用 "繁霜" "秋叶"，表达了自己忠贞不渝的报国之心。

【场景应用】

公文写作中，我们常用"繁霜尽是心头血，洒向千峰秋叶丹"把国人的爱国之情、报国之志，融入祖国改革发展的伟大事业之中，成为每个中国人追求的人生境界。

在当代，这句典故还常用来赞美科学工作者几十年如一日地奋战在科研一线，呕心沥血，实现了科技的重大突破，为祖国和人民作出了重大贡献。

【范文赏析】

这篇范文是四川达州电视台发布于"七一勋章"获得者、93岁的"草鞋书记"周永开载誉归来之时，文中引用"繁霜尽是心头血，洒向千峰秋叶丹"，以此体现周永开同志来自人民、植根人民，是立足本职、默默奉献的平凡英雄，他以实际行动书写了"桑榆晚"的深沉之美，绘就了"霞满天"的壮丽之观。

04 朝食不免胄，夕息常负戈

【范文】

天下并不太平，和平需要守卫。当前，我国维护国家主权、安全和发展利益面临复杂环境，在中国由大向强关键一跃的重要关口，斗争形势更加复杂。军队要立足最困难最复杂情况，把备战与止战、威慑与实战、战争行动与和平时期军事力量运用等重大军事斗争问题作为一个整体来考量，始终保持"朝食不免胄，夕息常负戈"的进取精神，保持"箭在弦上、引而待发"的高度戒备态势，确保一声令下，做到召之即来、来之能战、战之必胜，担当起党和人民赋予的新时代使命任务，不负党和人民的重托和期望。（选自 2019 年 10 月 1 日《解放军报》署名文章《扭住强军之要 锻造胜战之师》）

【典故出处】

语出西晋陆机《从军行》："朝食不免胄，夕息常负戈。苦哉远征人，抚心悲如何。"

诗中典故的意思是：早晨用餐不脱戎装，夜晚睡觉武器不离身。

【典故解读】

陆机为西晋时期的文学家和书法家，被誉为"太康之英"，与其弟陆云合称"二陆"。《从军行》是一首五言古诗，极力描写和再现远征战士所经历的艰辛和悲苦。

"朝食不免胄，夕息常负戈"出自全诗最后两节，写出了战士枕戈待旦、紧张备战的艰苦环境，充满了悲苦之情。

【场景应用】

公文写作中，"朝食不免胄，夕息常负戈"已经没有了原诗中悲苦反战的情绪，更多用于体现一种激扬意志、激励担当的精神状态，在非常之时，尽非常之责，建非常之功。

【范文赏析】

这篇范文围绕能打仗、打胜仗这个强军之要，指出军队是一个战斗队，必须时刻绷紧备战打仗这根弦。文末引用"朝食不免胄，夕息常负戈"，强调了只有始终保持这种"箭在弦上、引而待发"的精神状态和高度戒备态势，才能做到召之即来、来之能战、战之必胜。

05　天下之事，因循则无一事可为；奋然为之，亦未必难

【范文】

　　"天下之事，因循则无一事可为；奋然为之，亦未必难。"唯有拿出拼劲，知难而进，迎难而上；逢山开路、遇水架桥；毫不松懈、一鼓作气，才能踏平崎岖，攻破险阻，闯出一片新天地，干出一番大事业。作为党员干部，特别是遇到困难时，不能先讲条件、怕担责任，而应该有首战用我、用我必胜的决心。（选自 2020 年 5 月 29 日《中国国防报》文章《临难更需奋力前行》）

【典故出处】

　　语出明代归有光《奉熊分司水利集并论今年水灾事宜书》："天下之事，因循则无一事可为；奋然为之，亦未必难。"

　　文中典故的意思是：世上的事情，如果因循守旧，就没有什么事可以做成了；但是，如果大胆努力地去做，那么，做起来也未必十分困难。

【典故解读】

　　归有光为明代散文家，后世学者多称他为"震川先生"。《奉熊分司水利集并论今年水灾事宜书》收于《震川先生集·卷之八》，归有光在文中提出了自己兴修水利的见解。

　　文中"天下之事，因循则无一事可为；奋然为之，亦未必难"这句典故，原意是用来表达兴修水利不能因循守旧，面对困境，迎难而上，大胆尝试，努力去做，反而能够取得成功。

【场景应用】

公文写作中，"天下之事，因循则无一事可为；奋然为之，亦未必难"这句典故，常用于工作、学习、生活中，我们在面临旧习、困境、坎坷时，不能因循守旧，退缩不前，而是要迎难而上，越挫越勇，敢于破旧立新，敢为天下先，这样，任何困难都会变得越来越容易了。

【范文赏析】

这篇范文的主题是当年《政府工作报告》中提出的"广大干部应临难不避、实干为要，凝心聚力抓发展、保民生"的要求，文中引用"天下之事，因循则无一事可为；奋然为之，亦未必难"这句典故，强调了遇到困难和挑战不可怕，可怕的是丧失迎战困难的斗志，唯有拿出拼劲，知难而进，迎难而上，才能闯出一片新天地，干出一番大事业。

以戒为固，以怠为败

【范文】

今年是脱贫攻坚作风建设年，时间不等人。当前，我省已进入脱贫攻坚"倒计时"阶段。"以戒为固，以怠为败"，越往后，就越要直面深贫、返贫问题。（选自 2018 年 4 月 10 日华声在线署名文章《打好三大攻坚战为高质量发展开良方》）

【典故出处】

语出西周姜尚《六韬·虎韬·金鼓》："太公曰：'凡三军以戒为固，以怠为败。令我垒上，谁何不绝，人执旌旗，外内相望，以号相命，勿令乏音，而皆外向。'"

文中典故的意思是：保持高度戒备是固守阵地的根本，放松懈怠是导致失败的根源。

【典故解读】

《六韬》（参见模块一词条16）有古代军事百科全书之誉，其中《虎韬》篇讲的是武器装备及战法，《金鼓》论述了防敌夜袭、防御反击以及追敌中防范遭遇伏击的方法。其中"以戒为固，以怠为败"就是防敌夜袭的策略方法。

对此，姜太公说：命令我军营垒之上，口令问答之声不绝，哨兵手持旗帜，与营垒内外联络，相互传递号令，不要让金鼓之声断绝，士兵面向敌方，随时做好战斗准备。

【场景应用】

公文写作中，"以戒为固，以怠为败"这句典故，可以用来体现工作状态和精神面貌，特别是在长期而艰巨的任务中，更要避免滋生懈怠思想，坚持以问题为导向，保持一种引而待发的戒备状态，宁可备而不战，也不可战而无备，要始终表现出永不懈怠的精神状态。

这句典故还可以用于作风建设中，作风问题具有复杂性、反复性和顽固性等特点，整治作风问题不可能毕其功于一役，必须严防懈怠情绪，坚持不懈，持之以恒，一抓到底。

【范文赏析】

这篇评论文章分析了湖南省高质量打好三大攻坚战的目标任务和部署

要求，文中引用典故"以成为固，以怠为败"，更加突出了脱贫攻坚作为三大攻坚战中的硬仗，已进入"倒计时"阶段，这个时候，切不可掉以轻心，越往后，就越要直面深贫、返贫问题，只有坚持不懈，严防死守，才能取得最后的胜利。

07　入之愈深，其进愈难

【范文】

"入之愈深，其进愈难。"攻坚战面临的硬骨头一块比一块难啃，要"硬啃"，更要"巧啃"；要有底线思维，更要有"穷则变、变则通"的创新意识，为供给侧寻求全新的动能转换。加强党对经济工作、金融工作的领导，无畏以坚的挑战，抓住攻坚的机遇，拿出时不我待、只争朝夕的精神，我们定能扎实有效补上短板，把全面小康的决胜句号画圆、写满。（选自2017年12月11日《人民日报》评论员文章《高质量打好三大攻坚战》）

【典故出处】

语出北宋王安石《游褒禅山记》："余与四人拥火以入，入之愈深，其进愈难，而其见愈奇。"

文中典故的意思是：进入洞中越深，前进的道路越困难。

【典故解读】

王安石是北宋时期政治家和文学家，名列"唐宋八大家"。他的散文以议论性居多，雄健简练，奇崛峭拔，具有很强的说服力，充分发挥了古文的实际功用。

《游褒禅山记》是一篇说理性的游记，描写了作者一行五人游褒禅山的见闻，借物言志，蕴含着深刻的道理和哲理。王安石一行五人举着火把进入后洞，进去越深，前进就越困难，可是所见到的景象也越奇妙，但是终因有人懈怠，心存疑虑，不愿进入后洞深处，于是众人就从洞中退了出来。

这段描写，告诉世人，平坦大道好走，人人皆可为之，但是无限风光尽在险峰和绝境，却不是人人可以为之，只能属于有无比坚强意志的人。

【场景应用】

公文写作中，"入之愈深，其进愈难"这句典故，可以用来体现抓落实促工作的精神状态，特别是一些重大项目和任务在深入推进的过程中，面临的困难和挑战必然会随之增多，这个时候，唯有坚定信念和意志，咬定青山不放松，拿出状态，真抓实干，才能取得最后的成功。

【范文赏析】

《人民日报》这篇评论员文章的中心论题就是"高质量打好三大攻坚战"，文章结尾引用典故"入之愈深，其进愈难"，强调了攻坚战面临的挑战和压力会越来越大，硬骨头会一块比一块难啃，如果想始终保持前进的动力和奋发进取的精神状态，不仅要"硬啃"，更要学会"巧啃"，坚守"穷则变、变则通"的创新意识，迎难而上，抓住攻坚的机遇，拿出时不我待、只争朝夕的精神，取得三大攻坚战的全面胜利。

08 人生天地间，长路有险夷

【范文】

"人生天地间，长路有险夷。"在我们这样一个拥有 13 亿多人口的大国实现"两个一百年"奋斗目标，绝不会一帆风顺。什么时候都不要想象可以敲锣打鼓、欢天喜地进入现代化。在前进的道路上，越是面对诸多矛盾叠加、各种风险隐患交汇的挑战，就越是要保持战略定力，坚持中国特色社会主义道路不动摇，坚持解放和发展社会生产力不动摇，坚持以人民为中心的发展思想不动摇，坚持实现共享发展不动摇，在推动发展中不断提高人民生活水平，努力扩大中等收入群体，让人民群众有更多获得感，更好体现和发挥我们的制度优势。（选自 2016 年 12 月 21 日《人民日报》评论员文章《坚定信心 真抓实干 知难而进》）

【典故出处】

语出金末元初元好问《临汾李氏任运堂二首（其一）》："人生天地间，长路有险夷。遇险即欲避，安得皆通逵。"

诗中典故的意思是：人生于天地之间，漫漫长路并非处处坦途，而是充满艰难险阻。

【典故解读】

元好问是金元之际北方文学的主要代表，号遗山，世称"遗山先生"，被尊为"北方文雄""一代文宗"。

诗中"李氏"是元好问的朋友李彦仁，"任运堂"是指朋友的居处。诗首"序"介绍，"彦仁从军，久厌于事物之累，念欲脱去之，而不可得也。

故尝郁郁不自聊，求予发药之"。因此，元好问写了这首诗来劝慰朋友。

　　元好问用"人生天地间，长路有险夷。遇险即欲避，安得皆通途"来劝慰朋友，人生在世，漫漫长路并非处处坦途，也有艰难险阻，如果因为遭遇险境和困难，就选择逃避和退缩，那么还有什么路能够走得通呢？

【场景应用】

　　公文写作中，"人生天地间，长路有险夷"从时代高度来说，可以展现一个民族或者一个优秀政党历经磨难、不屈不挠的品质和风骨；从工作精气神来说，可以用来表现我们面对工作中各种挑战和矛盾，敢于斗争，勇于在危机中育先机、于变局中开新局，展现出不惧风险、勇于胜利的大无畏精神；从个人成长来说，温室里长不出参天大树，只有经受风雨历练，在内心埋下奋斗的种子，才能成长为顶天立地的栋梁之材。

【范文赏析】

　　《人民日报》这篇评论员文章的主题是，如何围绕中央经济工作会议精神，坚定信心、真抓实干、知难而进，把会议精神转化为务实行动，推动经济工作迈上新台阶。文中引用"人生天地间，长路有险夷"，充分展现了中国经济从来都是在战胜挑战中发展、在风雨洗礼中成长、在历经考验中壮大。在前进的道路上，面对诸多矛盾、各种风险隐患，我们要始终保持战略定力，以知难而进、真抓实干的精气神，依靠顽强斗争打开一片新天地。

09

政如农功，日夜思之，
思其始而成其终

【范文】

加快开放创新、绿色崛起，需要凝聚力量、攻坚克难。毫无疑问，凝聚起这种力量的源泉，正是崇尚实干、狠抓落实的务实精神，正是广大党员干部的良好精神状态。古人说："政如农功，日夜思之，思其始而成其终。"这是良好精神状态和优良作风的最好体现。承德为什么发展慢，综合分析，除了开放开发较晚、基础投入不足的因素外，部分党员干部的精神状态存在一定问题也是重要原因。突出的表现为自满、自卑、自闭等心态。"自满"，就是盲目乐观，固步自封。"自卑"，就是自甘平庸、自甘落后。"自闭"，就是不敢干、不愿干。虽然我们的经济发展与发达地区不在同一水平，但我们干部的精神状态完全可以提升到更高更好的水平上。（选自 2019 年 8 月 10 日《承德日报》评论员文章《以良好精神状态凝聚发展力量》）

【典故出处】

语出春秋时期左丘明《左传·襄公二十五年》："政如农功，日夜思之，思其始而成其终。朝夕而行之，行无越思，如农之有畔，其过鲜矣。"

文中典故的意思是：治理政事就像农民种地，日夜操心思虑，既要想着它的开始，也要想到它的收成。

【典故解读】

语出春秋时期郑国大夫子产，他的继任者子太叔询问政事，子产就用了这个浅显的比喻，来说明执政者如同农民种地，始终要思虑周全，无论早晚，都要按照想好的计划去做，就像田地有边界一样，只要行事不逾越所想，那么就很少会有过错了。

【场景应用】

公文写作中，"政如农功，日夜思之，思其始而成其终"这句典故，常用来体现领导干部为政从政的一种忧患意识和责任担当，表达一种为民情怀和奉献精神，强调领导干部要忠于职守，夙夜在公，朝夕而行，殚精竭虑，唯有如此才能干出业绩，造福一方。

【范文赏析】

《承德日报》这篇评论员文章写于城市加快开放创新、实现绿色崛起的新时代，文中引用典故"政如农功，日夜思之，思其始而成其终"，强调了广大党员干部的精神状态对于上下凝心聚力、攻坚克难，能否打胜这场硬仗起着决定性的作用。

10   胜非其难也，持之者其难也

【范文】

"胜非其难也，持之者其难也。"确保脱贫攻坚圆满收官，持续巩固拓展脱贫攻坚成果，就要坚持把防止返贫致贫摆在突出位置，严格落实"四个不摘"要求，继续保持脱贫攻坚政策稳定，夯实脱贫地区和脱贫人口发展基础，增强脱贫成果的可持续性。（选自 2020 年 12 月 15 日《河南日报》文章

《让脱贫的质量更高成色更足——一论奋力夺取脱贫攻坚全面胜利》)

【典故出处】

语出西汉刘安《淮南子·道应训》："夫忧，所以为昌也；而喜，所以为亡也。胜非其难也，持之者其难也。贤主以此持胜，故其福及后世。"

文中典故的意思是：取得胜利并不困难，保持胜利却很艰难。

【典故解读】

《道应训》出自《淮南子》（参见模块一词条 10），主要是讲述道、天人关系和人类发展规律等哲学性质的思想内容，强调道是宇宙规律，人们要尊重这种规律并将其融入自己的行为中，才能使生活有意义。这些思想对中国古代哲学有着深远的影响，也在一定程度上塑造了中国传统文化中的道德观念和价值观念。

"胜非其难也，持之者其难也"这句典故，出自春秋时期赵襄子派兵攻打翟国的历史。攻打翟国获胜，连夺两座城邑，赵襄子听到报告后，却面露忧虑，说赵氏的德行并没有积累多少，现在却轻易夺取城邑，衰败大概也会随之而来。孔子听到此事后，就预言赵氏将要昌盛了。

这句引语告诫我们，如果取得胜利后，还能常存忧患意识，那么就能长盛不衰，反之，沾沾自喜，不可一世，那么就可能前功尽弃。所以，取得胜利并不困难，难的是如何保持胜利，贤明的君主深谙持胜之道，因而可以让胜利的果实代代相传，福泽后人。

【场景应用】

公文写作中，"胜非其难也，持之者其难也"这句典故，可以用来体现一种永不懈怠、坚决守住胜利成果的精神状态，胜利固然令人喜悦，但绝不能满足于此，如果不善于守住胜利，那么胜利很快就会溜走，我们唯有谦虚谨慎、兢兢业业、慎终如始，才能一如既往地拥抱胜利，不断从胜利走向新的胜利。

【范文赏析】

《河南日报》这篇评论员文章的主题是再接再厉夺取脱贫攻坚全面胜利，文中引用典故"胜非其难也，持之者其难也"，强调脱贫攻坚战取得阶段性成果并不难，难在如何圆满收官，持续巩固胜利成果，让脱贫基础更加稳固、成效更可持续，因而必须乘势而上、再接再厉、接续奋斗，夯实脱贫地区和脱贫人口发展基础，增强脱贫成果的可持续性。

11　　　　　　　　　　　胜负之征，精神先见

【范文】

古人云："胜负之征，精神先见。"无论是革命、建设还是改革，都要有那么一股子气、一股子劲、一种精神。致力非凡之事业，定有非凡之精神、非凡之担当。全民族抗战所创造的伟大抗战精神，在一代代革命军人身上不断传承、拓展和升华。（选自 2020 年 8 月 7 日《中国国防报》署名文章《胜负之征，精神先见》）

【典故出处】

语出西周姜尚《六韬·龙韬·兵征》："胜负之征，精神先见，明将察之，其效在人。"

文中典故的意思是：胜败的征兆，首先在敌人的精神上表现出来。

【典故解读】

《龙韬》论述了军事指挥和兵力部署的艺术，其中《兵征》篇重点讲述了战前如何通过士气盛衰、阵势治乱、军纪严弛来判断敌军的强弱胜败。

武王在《兵征》篇中询问太公，如果想在交战之前就知道敌人的强弱、预见战争的胜负，那么该怎么做？太公就阐明了"胜负之征，精神先见"的道理，胜败的征兆，首先从敌人的精神上表现出来，唯有精明的将帅能够察觉，但能否利用这些征兆打败敌人，还在于人的能力。

【场景应用】

公文写作中，"胜负之征，精神先见"这句典故常用来体现工作中的精气神，特别是当前面对宏伟蓝图、百年梦想，我们更要具备一种敢于拼搏、勇于开拓的革命精神，唯有精神上站得住、站得稳，才能不惧任何艰难困苦，在伟大斗争中尽显英雄本色。

【范文赏析】

《中国国防报》这篇文章的标题引用了"胜负之征，精神先见"这句典故，非常好地点题了这篇文章的主题，这就是"伟大的抗战精神"，永远激励中国人民克服一切艰难险阻、为实现中华民族伟大复兴而奋斗的强大精神动力。文中再次引用这句典故时，这种抗战精神就借用典故表达出在一代代革命军人身上得到传承、拓展和升华的不朽伟力。

12

千人同心，则得千人力；
万人异心，则无一人之用

【范文】

　　"千人同心，则得千人之力；万人异心，则无一人之用。"一个民族，人口再多，如果拧不成一股绳，都无法称其为"强大"；一个国家，疆域再大，如果是一盘散沙，都难以被视为"大国"。历史从正反两个方面反复证明一个道理，团结才有力量，内讧必然衰败。（选自 2018 年 3 月 29 日《人民日报》评论员文章《守望相助的力量无坚不摧》）

【典故出处】

　　语出西汉刘安《淮南子·兵略训》："故纣之卒，百万之心；武王之卒，三千人皆专而一。故千人同心，则得千人力；万人异心，则无一人之用。将卒吏民，动静如身，乃可以应敌合战。"

　　文中典故的意思是：如果千人同一条心，那么就能发挥千人的力量；如果万人各怀异心，那么连一个人的力量也发挥不出来。

【典故解读】

　　《兵略训》出自《淮南子》（参见模块一词条 10），作为一篇军事论文，它是后人研究汉代战争思想和理论的重要文献，特别是提出了人民战争的思想，认为战争胜败的根本取决于政治和民心向背，善战者能够让民众为他们的利益而战。

　　"千人同心，则得千人力；万人异心，则无一人之用"这句话强调了将士同心协力、上下同欲对于战争成败的决定性意义，这段引文还对比了纣王与武王双方将士的精神状态，阐述了纣王虽有百万兵卒，但各不同心，离心离德，最后招致失败；而武王虽然只有三千兵卒，但上下同欲，齐心协力，只要将帅和士兵、官吏和百姓情同手足，密切配合，与敌军决战时，就可以发挥出千人的力量，当然可以无往不胜。

【场景应用】

公文写作中，"千人同心，则得千人力；万人异心，则无一人之用"这句典故，可以用来体现团队的精神力量和精神状态，强调只有同心同德，最大限度地调动团队各方积极性，聚合力量，激发士气，方能成事，反之就如一盘散沙，乌合之众，难以成事。

【范文赏析】

《人民日报》这篇评论员文章阐述的是民族团结精神，文章中引用典故"千人同心，则得千人力；万人异心，则无一人之用"，从文化和民族发展的历史高度，强调了团结精神作为中华民族的精神伟力，绵延数千年，塑造着中华民族共同的价值基础，形成了同心同德、守望相助、齐心协力的凝聚力和向心力，这才让我们这样一个大国，能够始终拧成一股绳，无坚不摧，创造属于新时代的光辉业绩。

13 黄沙百战穿金甲，不破楼兰终不还

【范文】

坚持干事担事，就要践行"黄沙百战穿金甲，不破楼兰终不还"的勇

于担当精神。自力更生、艰苦奋斗、担当作为是我们党的宝贵财富和优良传统，也是我们党战胜重重困难，克敌制胜的重要法宝。（选自 2021 年 9 月 14 日陕西法制网署名文章《践行"三种精神"激励干事担事》）

【典故出处】

语出唐朝王昌龄《从军行七首》："青海长云暗雪山，孤城遥望玉门关。黄沙百战穿金甲，不破楼兰终不还。"

诗中典故的意思是：黄沙万里，身经百战，磨穿了身上的铠甲，但壮志不灭，不打败进犯之敌，誓不返回家乡。

【典故解读】

王昌龄是盛唐时期著名的边塞诗人，有"七绝圣手"之誉。"从军行"为乐府古题，内容多为军队战争之事。

《从军行》七首组诗写于唐朝国力强盛时期，当时，唐朝西北边境常有吐蕃、突厥等游牧民族侵扰，将士们希望守卫疆土，平定外族侵略，守护天下太平，这组七绝诗表现了戍边将士的报国壮志，也表达了诗人的崇敬与赞赏之情。

"黄沙百战穿金甲，不破楼兰终不还"出自组诗第四首。在这首诗中，前两句借用青海湖、玉门关，凸显了整个西北边境广袤无垠的地域特征，以及将士戍边生活的艰苦和孤寂，这些为后面两句的抒情作了铺垫，再现了将士们矢志不渝保家卫国的崇高精神。

【场景应用】

公文写作中，"黄沙百战穿金甲，不破楼兰终不还"这两句诗可以用来表现在工作中，面对困难和挑战时表现出来的坚韧不拔、不屈不挠和勇往直前的精神状态。

【范文赏析】

陕西法制网这篇署名文章指出新时代党员干部要坚持践行勇于担当、真抓实干、反省自躬"三种精神"，抓工作，抓落实，努力创造经得起实践、人民、历史检验的实绩。文章中引用王昌龄的诗句"黄沙百战穿金甲，不破楼兰终不还"，强调的是党员干部要具有勇于担当的精神，把干事担事作为时代使命和人生价值，身先士卒，敢于同一切艰难险阻作斗争，主动作为，切实担负起一名党员干部应有的政治责任和历史使命。

14

忧劳可以兴国，逸豫可以亡身

【范文】

忧劳可以兴国，逸豫可以亡身。回首走过的路，我们从不缺少困难和挫折的砥砺考验，每一次困难和挑战，我们都能众志成城，百炼成钢。怕的是小富即安、少进即止，条件一好就进入精神"舒适区"，习惯敲锣打鼓、轻轻松松获得成功。这样的疏懒，将是继续前进的障碍，甚至成为新的困难。（选自2019年12月20日《经济日报》署名文章《"四千四万"精神丢不得》）

【典故出处】

语出北宋欧阳修《新五代史·伶官传序》："忧劳可以兴国，逸豫可以亡身，自然之理也。"

文中典故的意思是：常怀忧患不辞劳苦，可以使国家兴盛强大；只知安逸贪图享乐，就会导致国破身亡，这是自然的道理。

【典故解读】

欧阳修是北宋文学家、史学家，担任翰林学士期间，修撰多部史书，不仅与宋祁同修《新唐书》，而且自撰《新五代史》。

《伶官传序》是《新五代史》中的一篇史论，这篇文章通过总结五代时期唐庄宗既得天下、后又失天下的原因，分析了五代后唐的盛衰过程，推论出"忧劳可以兴国，逸豫可以亡身"这样一个国家兴亡的大道理，指出唐庄宗因为他的艰苦奋斗、发愤图强而成功，但又由于他的居功自傲、享乐放纵而招致失败。

可见，常怀忧患不辞劳苦，对于一个人乃至一个国家和社稷是多么重要，借以告诫北宋执政者要吸取历史教训，居安思危，防微杜渐，始终励精图治，力戒骄侈纵欲，从而保持国家繁荣昌盛。

【场景应用】

公文写作中，"忧劳可以兴国，逸豫可以亡身"这句典故常用来要求领导干部时刻心怀忧患意识，面对困难和挑战，提振攻坚克难、奋斗到底的精气神，切不可承平日久、精神懈怠，遇到困难绕着走、碰到难题往上交，庸政懒政混日子。

【范文赏析】

《经济日报》这篇文章中倡导的"四千四万"精神，是改革开放之初以江浙乡镇企业家群体为代表的创业者身上体现出来的奋斗精神。文中引用典故"忧劳可以兴国，逸豫可以亡身"，强调了自古以来我们就从不缺少困难和挫折的砥砺考验，任何时候我们都要保持一种忧患意识，这是中华民族历经磨难后传承下来的优秀文化品质。面对困难和挫折，以古映今，发扬"四千四万"精神，只要我们众志成城，就一定能百炼成钢，走出困境，渡过难关，变无数不可能为可能。

15

百舸争流，奋楫者先

【范文】

逆水行舟，不进则退；百舸争流，奋楫者先。解放思想，奏响"干就赣好"最强音，既是形势使然、现实所需，也是赣州实现高质量跨越式发展的根本保障。（选自 2021 年 12 月 28 日《赣南日报》评论员文章《奏响"干就赣好"最强音》）

【典故出处】

语出春秋时期子思《中庸》："百舸争流，奋楫者先；千帆竞发，勇进者胜。"

文中典故的意思是：上百条船在激流的江水中争先恐后，只有全力以赴的人才能冲在最前面；上千艘船在海上扬帆竞发，只有敢于劈波斩浪前行的人才能取得最后的胜利。

【典故解读】

子思名孔伋，字子思，孔子的嫡孙、孔鲤的儿子，师从孔子的高足曾参，孔子的思想学说由曾参传子思，子思再传孟子，后世称为"思孟学派"，因而子思上承曾参，下启孟子，在孔孟"道统"的传承中占有重要地位。

子思所作的《中庸》是一部阐述儒家人生境界和修养的论著，原是《礼记》第三十一篇，后经北宋程颢、程颐极力尊崇，南宋朱熹作《中庸集注》，最终和《大学》《论语》《孟子》并称为"儒家四书"。

"百舸争流，奋楫者先"这句典故充分体现了儒家倡导的在顺势而为中奋发努力、勇于进取、敢于担当的独特的儒家精神文化。

【场景应用】

公文写作中，"百舸争流，奋楫者先"这句典故可以用来展现抢抓机遇、乘势而上的大无畏的精气神，以一种拼搏的劲头、争先的胆识、敢闯敢冒的气概，勇立潮头，先行先试，当仁不让，走在前列。

这句典故还可以用来要求党员干部面对前进道路上种种挫折、曲折、周折时，要始终不懈前行，奋力登攀，以锲而不舍的恒心、久久为功的韧劲，百折不挠，坚忍不拔，提振比学赶超的意识和精气神，在新征程中建功新时代。

【范文赏析】

《赣南日报》这篇评论员文章号召全市上下贯彻落实好市第六次党代会和市两会擘画的发展蓝图，奏响"干就赣好"最强音。文中引用了"百舸争流，奋楫者先"这句典故，旨在强调当前赣州经济社会发展面对诸多不确定因素带来的挑战和考验，需要全市上下深入解放思想、大胆创新思维，撸起袖子、甩开膀子，奏响"干就赣好"最强音，这既是形势使然、现实所需，也是赣州实现高质量跨越式发展的根本保障。

16 受命之日，寝不安席，食不甘味

【范文】

古人曰："受命之日，寝不安席，食不甘味。"海口要在推进自贸港建设中当好排头兵、体现省会担当，每个人都应该有这样的境界，保持"解决问题不过夜"的精神状态和"人人争先、事事出彩"的内动力，为聚力打造海南自贸港核心区、全面建设现代化国际化新海口作出更大贡献，坚决扛起"走在前列、当好表率"的省会担当。（选自 2022 年 4 月 13 日《海口日报》评论员文章《坚持雷厉风行 全力当好表率》）

【典故出处】

语出三国时期诸葛亮《后出师表》："臣受命之日，寝不安席，食不甘味。思惟北征，宜先入南。故五月渡泸，深入不毛，并日而食。"

文中典故的意思是：我接受任命以来，睡觉也不安稳，吃饭也没有滋味。

【典故解读】

《后出师表》收录于三国时期吴国学者张俨编纂的文集《默记》，一般认为是诸葛亮的作品。这篇文章是诸葛亮第一次北伐中原失利以后，为消除内部阻碍，在第二次北伐临行之际，写给蜀汉后主刘禅的表文。文章重点阐述了这次北伐的军事方略和对朝廷反对派意见的驳难，以审时度势来表明北伐关系到蜀汉的生死存亡，以及自己出师北伐的决心。

"臣受命之日，寝不安席，食不甘味"这句话，既表达诸葛亮感激先帝刘备的知遇之恩，也流露出唯恐自己能力不足而不能担负重托的不安。因此，诸葛亮不辞劳病地贡献心力，想到要去北伐，就必须先南征，所以五月里渡过了泸水，深入寸草不生的荒凉之地，两天才能吃上一餐。

【场景应用】

公文写作中，"受命之日，寝不安席，食不甘味"这句典故，可以用来表达领导干部对事业的高度忠诚、责任担当和使命感，以及对人民的深厚情感，体现了谦虚谨慎、勤勉努力、勇往直前的精神状态。

【范文赏析】

《海口日报》这篇评论员文章围绕推进海口自贸港建设，提出必须雷厉风行抓落实，增强发展的紧迫感和危机感，以一流的工作效率支撑高质量发展。文章最后一段引用《后出师表》中的典故"受命之日，寝不安席，食不甘味"作结，旨在强调海口要全力当好表率，做好排头兵，每个人都要以高度负责、敢于担当、不畏艰险的精神状态，满腔热忱地投入海口自贸港建设中。

17　百尺竿头立不难，
　　　一勤天下无难事

【范文】

清朝钱德苍在《勤懒歌》中提出："百尺竿头立不难，一勤天下无难事。"意思是，只要勤奋，天下就没有难做的事情，即使百尺竿头也能昂然挺立。"勤"是中华民族的传统美德，对各行各业的人都非常重要，党员干部同样如此。对党员干部而言，德能勤绩廉这五个方面是缺一不可的，尤其在全面从严治党的政治生态下，我们更加需要鼓励和倡导"勤"这个要

素。（选自 2017 年 3 月 10 日人民网署名文章《一勤天下无难事》）

【典故出处】

语出清朝钱德苍《解人颐·勤懒歌》："丈夫志气掀天地，拟上百尺竿头立。百尺竿头立不难，一勤天下无难事。"

文中典故的意思是：只要勤奋，天下就没有难做的事情，即使百尺竿头也能昂然挺立。

【典故解读】

钱德苍为清代乾隆年间文人，号慎斋，又号镜心居士、古泉居士，所编《解人颐》共八卷二十四集，书名有令人会心一笑的意思，是根据坊间流传的《解人颐》初集、二集及《新订解人颐》三部书辑录而成，书中收录的箴言、格言、诗词、歌赋，以及戏谑、笑谈等，能够让人悟出一种豁达乐观的人生主张，起到喻人警世的作用。

这首《勤懒歌》是针对古时"士、农、工、商"阶层所作的劝勤戒懒。最后两句"百尺竿头立不难，一勤天下无难事"，鼓励社会大众辛勤劳动、诚实劳动、创造性劳动，依靠劳动创造幸福生活，体现了中华民族的传统美德。

【场景应用】

公文写作中，"百尺竿头立不难，一勤天下无难事"可以用来教育引导党员干部要以勤立身、以勤立业，始终保持积极向上、奋发有为的精神状态，唯有不负使命之重，不畏跋涉之苦，做到身勤、心勤、脚勤，方能行稳致远。

【范文赏析】

人民网这篇文章提出党员干部唯有以"勤"为先，以"勤"为本，把聪明才智发挥到本职工作中去，才能不负这个激情澎湃的时代。围绕"勤"字，文章开篇就引用了《勤懒歌》中的典故"百尺竿头立不难，一勤天下无难事"，开宗明义阐述了中华民族历来崇尚勤奋刻苦、笃行不辍、锐意进取的精神。新时代的党员干部，在全面从严治党的政治生态下，更应该"勤"字当头，做到"在岗一分钟，敬业六十秒"，不但勤于政事，还要精于本职，与群众的诉求紧密结合，体现时代性、廉洁性和实践性。

18　居其位，安其职，尽其诚而不逾其度

【范文】

"居其位，安其职，尽其诚而不逾其度。"尽多大的责任，才会有多大的成就。（选自 2021 年 3 月 23 日共产党员网署名文章《学榜样 做优秀的凡人》）

【典故出处】

语出清朝王夫之《读通鉴论》："居其位，安其职，尽其诚而不逾其度。"

文中典故的意思是：在岗位上做到全心全意，尽心尽力做好本职工作，对职业坚守忠诚本色，做到这些就不会随意逾越职责。

【典故解读】

王夫之，人称"船山先生"，与顾炎武、黄宗羲并称"明末清初三大启蒙思想家"。在思想上，他提出"天理即在人欲"，提倡不能离开人欲空谈天理，反对禁欲主义，对于后世的影响巨大。

《读通鉴论》是王夫之所著的一部古史评论，也是王夫之阅读司马光《资治通鉴》的笔记。全书依据司马光《资治通鉴》所载史实，将评史与政论结合起来，对历史上的治乱兴衰、成败兴亡进行总结分析，探求历史发展进化的规律，全书不仅贯穿着作者的史学思想，也渗透着作者的政治思想，集中体现了作者发展进化的历史观。

【场景应用】

公文写作中，"居其位，安其职，尽其诚而不逾其度"这句典故，常用来体现一种谦虚踏实、尽责守分、勤勉敬业的精神状态。"居其位"强调扎根岗位，不妄自菲薄，也不狂妄自大，始终保持一种谦逊的心态；"安其职"表示安心履行职责，守分知足；"尽其诚"体现了对工作的敬业精神和高度责任感；"不逾其度"警醒自己谨守规矩，不逾越权限，不越权行事。

【范文赏析】

共产党员网这篇文章提出党员干部要发现榜样身上的闪光点，在平凡的岗位上作出不平凡的业绩。文中引用了典故"居其位，安其职，尽其诚而不逾其度"，强调党员干部要以一种谦逊谨慎、尽职敬业和守分知足的精神状态，"咬定青山不放松"，学做尽职尽责的凡人。

19　天下之事，不难于立法，而难于法之必行

【范文】

天下之事，不难于立法，而难于法之必行；不难于听言，而难于言之必效。党员干部应把遵规守纪作为立身处世之本，作为一种责任、一种为人处世的基本准则，内化于心、外化于形，保持"只留清气满乾坤"的纯洁品质。（选自 2021 年 12 月 3 日《南方日报》评论文章《欲知平直，则必准绳；欲知方圆，则必规矩》）

【典故出处】

语出明朝张居正《请稽查章奏随事考成以修实政疏》："盖天下之事，不难于立法，而难于法之必行；不难于听言，而难于言之必效。"

文中典故的意思是：天下的事情，制定法律并不困难，难的是立了法就一定要执行；听取谏言也不困难，难的是纳谏后就必须有效果。

【典故解读】

张居正为明朝政治家、改革家，谥号"文忠"，担任内阁首辅期间，为了挽救明王朝，推行"一条鞭法"等一系列改革，史称"张居正改革"，被誉为"救时宰相"。

《请稽查章奏随事考成以修实政疏》是张居正于万历元年（1573）六月，上请明神宗制定考成法，以整肃吏治，推进法令执行。

"考成法"是一项考核官吏工作成效的制度，由各院部设置政务考成簿，规定各项事务的完成期限，明确权责，层层管理，层层检查，有效减少了部门间推诿，提高了办事效率，保证了政令畅通，为富国强兵打下了

经济基础。

"天下之事，不难于立法，而难于法之必行"这句话体现了执法之难，在张居正看来，当朝的法令法条已经足够多了，国家治理中的问题不在于法律制度不健全，而在于政令能否执行有力、法律能否落实落地，为此他提出了考核官吏政绩的"考成法"。

【场景应用】

公文写作中，"天下之事，不难于立法，而难于法之必行；不难于听言，而难于言之必效"这句典故，体现了一种实践导向的务实精神，强调了必行必效，制定法律和听取意见只是开始，真正的挑战在于付诸行动，我们只有坚持不懈地推动法律和言论在实际行动中产生成效，才能真正发挥作用，解决问题。

【范文赏析】

《南方日报》这篇评论文章的主题是告诫党员干部应牢固树立纪律和规矩意识，文中引用典故"天下之事，不难于立法，而难于法之必行；不难于听言，而难于言之必效"，从纪律规矩执行层面，告诫党员干部不仅要知道纪律规矩的重要性，更关键的是要将这些纪律规矩落实到实际行动中，这就需要党员干部具备坚定的意志品质，始终保持对党的忠诚，以身作则，将纪律规矩内化于心、外化于形，始终做到立法必行，听言必效。

模块九
改革创新

01

不日新者必日退

【范文】

新的一年，我们仍要不断实现全市人民对美好生活的向往，完整、准确、全面贯彻新发展理念，加快构建新发展格局，推动高质量发展，让市民群众拥有越来越多的获得感、幸福感、安全感。"不日新者必日退。"唯有始终保持奋斗的姿态，驰而不息、毫不懈怠，"一起向未来"，方能赢得未来。（选自2022年1月4日《南京日报》评论员文章《以奋斗的姿态"一起向未来"》）

【典故出处】

语出北宋程颢、程颐《二程集·河南程氏遗书·卷第二十五》："君子之学必日新，日新者日进也。不日新者必日退，未有不进而不退者。"

这段话的意思是：君子学习一定要做到日新，日新就是每一天都要有进步。如果做不到日新，必然是每天退步，从来没有既不进步又不退步的人。

【典故解读】

《二程集》的"二程"，即北宋程颢、程颐两兄弟，同为宋明理学的奠基者，《二程集》是两人全部著作的汇集。清代名臣张伯行编纂的《二程语录》，作为宋儒语录的经典之一，也收录了"二程"的这段话，并且作了这样的解释："君子之为学也，必刻励其功，濯旧见以来新机，使其所得有日新之益。……若不日新，便是心有间断，私欲相乘，非昏则倦，日退必矣。未有半上落下，能站得住，不进而不退者。"

张伯行这段话阐明了为学者的"日新"和"进步"，取决于两个方面：

第一个是为学的刻苦程度，"刻励其功"；第二个是为学的初心，远离"私欲"，不可"心有间断"。

【场景应用】

在当代，这句典故常用于改革创新中，面对层出不穷的新形势、新问题，各行各业都要主动适应新时代，把创新放在发展的核心位置，创新工作理念和方法，以革新的姿态，推动各项工作高质量发展。

【范文赏析】

这篇范文是新年伊始，击鼓催征，文中引用"不日新者必日退"这句典故，表明在新的一年，我们面对新使命、新任务和新要求，更要以不进则退的忧患意识、无私无畏的改革勇气，面向未来，永葆奋斗的姿态，从胜利走向胜利。

 **新故相推，日生不滞**

【范文】

"新故相推，日生不滞。"今年是全面建成小康社会收官之年，也是脱贫攻坚决战决胜之年，必须跑出减贫"加速度"，以更大决心、更强力度推进脱贫攻坚，不获全胜，决不收兵。（选自 2020 年 9 月 21 日《人民日报》文章《咬定目标不放松》）

【典故出处】

语出明末清初王夫之《尚书引义·太甲二》："形之恶也，倏而赘疣生焉；形之善也，俄而肌肤荣焉；非必初生之有成形也。气之恶也，倏而疢疾生焉；气质善也，俄而荣卫畅焉；非必初生之有成气也。……形气者，亦受于天者也，非人之能自有也，而新故相推、日生不滞如斯矣。"

文中典故的意思是：新旧事物交替更迭，就像太阳升落一样，不会随着时间的变化而停滞不前。

【典故解读】

"新故相推，日生不滞"是王夫之"性日生日成"学说的一个合理推论。原文对身体的"形"和"气"进行了描述，来说明我们的身体时刻处于新陈代谢之中：形气"善"，那么就是"肌肤荣""荣卫畅"；形气"恶"，那就是"赘疣生""疢疾生"。但是，"形气"乃天授予，无论我们用得如何，好也罢，不好也罢，它总是在不断循环前进，不会停滞。

【场景应用】

时代在发展，社会在发展，世道人心也在发生变化，我们唯有懂得变通，敢于革新，才能见时代见发展见人心，让过去的过去，让未来的到来，以新发展新思路顺应新时代的使命召唤。

【范文赏析】

这篇范文开篇就引用了"新故相推，日生不滞"这句典故，开宗明义，表明脱贫攻坚战必须以更大的力度持续推进，没有任何退路和弹性，表达了"不获全胜，决不收兵"的决心。

03

满眼生机转化钧，
天工人巧日争新

【范文】

　　"满眼生机转化钧，天工人巧日争新。"当前，新一轮科技革命和产业变革深入发展，科技创新成为国际战略博弈的主要战场，围绕科技制高点的竞争空前激烈。（选自 2021 年 12 月 14 日《人民日报》评论员文章《传承好、弘扬好新时代北斗精神》）

【典故出处】

　　语出清朝赵翼《论诗五首》："满眼生机转化钧，天工人巧日争新。预支五百年新意，到了千年又觉陈。"

　　诗中典故的意思是：世上万物生生不息，犹如转轮不滞；自然造化和人工巧匠，日日争相出新。

【典故解读】

　　这两句诗表达了世界万物在不断变化和运动发展，新事物、新思想层出不穷。因此，文学艺术也要与时俱进，不断创新，诗人感慨，"即使能够预支五百年的新创意，一千年后又会觉得陈旧了"。这首诗表达了世界万物欣欣向荣、江山代有人才出的大好景象，体现了世界是永恒发展的。

【场景应用】

　　当今我们处在一个深刻变革的时代，处处充满生机，人人都在创造，"满眼生机转化钧，天工人巧日争新"常用于各个领域的改革创新，特别是在推进全面深化改革的过程中，我们面临着许多新情况和新问题，解决这些问题必须树立革故鼎新的创新思维，不断推进理论创新、制度创新、科技创新、文化创新等各方面创新，让创新在全社会蔚然成风。

【范文赏析】

这篇范文写于我国新一轮科技革命和产业变革深入发展之际，文中借用"满眼生机转化钧，天工人巧日争新"，强调了科技创新比以往任何时候都形势逼人，已经成为国际战略博弈的主要战场，时不我待，因此，传承好、弘扬好"自主创新、开放融合、万众一心、追求卓越"的新时代北斗精神，是我们抢占科技制高点的支柱力量。

04 桐花万里丹山路，雏凤清于老凤声

【范文】

桐花万里丹山路，雏凤清于老凤声。广大青年要在党的领导下，不负时代、不负韶华，不负党和人民的殷切期望。要传承弘扬中国青年的光荣传统，努力发挥锐意进取、勇当先锋的青春特质，筑牢信仰之基，把稳思想之舵，坚定历史自信。要传承弘扬五四精神，勇于创新开拓，争做时代的弄潮儿、坚强的攀登者、勇敢的追梦人，奋力谱写实现中华民族伟大复兴的青春宣言。（选自2022年5月9日央视网央视快评《不负时代 不负韶华 不负党和人民殷切期望——写在中国共产主义青年团成立一百周年之际》）

【典故出处】

语出唐朝李商隐《韩冬郎即席为诗相送》："十岁裁诗走马成，冷灰残烛动离情。桐花万里丹山路，雏凤清于老凤声。"

诗中典故的意思是：在开满桐花的万里丹山路上，幼凤的鸣声不时传来，比老凤的声音还要清脆动听。

【典故解读】

诗中的韩冬郎，是指晚唐诗人韩偓，李商隐与其父亲是连襟。当年，友人设宴相送李商隐，十岁的韩偓即席赋诗，才华使在座的人无不惊叹。

"桐花万里丹山路，雏凤清于老凤声"这两句诗，将韩冬郎父子比作凤，以"雏凤清于老凤声"，巧妙地表达出青出于蓝而胜于蓝之意，将抽象的道理转化为具体的形象。

传说中凤凰产在丹山，栖息的是梧桐树，因此，又以"桐花万里丹山路"，勾画出一幅令人心驰神往的图景。

【场景应用】

在当代，"桐花万里丹山路，雏凤清于老凤声"体现了新老两代的传承与责任，常用于鼓励年轻一代创造创新，老一代要敢于放手和支持青年人才在时代发展中担当大任，建功立业。

【范文赏析】

这篇范文写于中国共产主义青年团成立一百周年之际，文中结束语引用"桐花万里丹山路，雏凤清于老凤声"旨在号召广大青年要传承好共青团的优良传统，把共青团昂扬的青春锐气和蓬勃的创新活力传承下去，眼往下看、心往下沉，勇于求实，争做时代的弄潮儿。

05

芳林新叶催陈叶，
流水前波让后波

【范文】

"芳林新叶催陈叶，流水前波让后波。"改革开放40年来，我们以敢闯敢干的勇气和自我革新的担当，闯出了一条新路、好路，实现了从"赶上时代"到"引领时代"的伟大跨越。今天，我们要不忘初心、牢记使命，继续以逢山开路、遇水架桥的开拓精神，开新局于伟大的社会革命，强体魄于伟大的自我革命，在我们广袤的国土上继续书写13亿多中国人民伟大奋斗的历史新篇章！(选自2018年2月14日习近平《在2018年春节团拜会上的讲话》)

【典故出处】

语出唐朝刘禹锡《乐天见示伤微之敦诗晦叔三君子皆有深分因成是诗以寄》："芳林新叶催陈叶，流水前波让后波。万古到今同此恨，闻琴泪尽欲如何。"

诗中典故的意思是：芳林中新叶不断地催落陈叶，流水里前波不停地避让后波。

【典故解读】

"春天里，茂盛的树木长出了新的嫩叶，催落着旧叶枯枝；江河中，流水奔腾而下，前波退让给后起的波浪。"这样的画面，通过"新""陈"两个意象，揭示出自然界新陈代谢的规律，比喻新事物代替旧事物的必然趋势，这些既给人以安慰又具有积极的意义。

【场景应用】

这两句诗用于自我革新的担当精神，通过自然界朴素的新陈代谢规律来说明，任何旧事物必然让位给新事物，老一辈必然让位给后继者。

"催"字表现出新生力量的进取精神，给人一种紧迫感，机不可失、时不再来；"让"字又表现出老一辈的让贤风范，还有你追我赶、百舸争流的气势，形象鲜活，寓意丰富，耐人寻味。

【范文赏析】

范文中引用这两句诗，道出了新老交替规律，寓意中国的改革开放如"新叶"与"后波"一样，突破一切阻力，以锐不可当的气势勇往直前。

我国经过40多年的改革开放，锐意进取，勇于开拓，社会活力竞相迸发，已经从追赶时代的"后进者"转变为引领时代的"先行者"，这样的形势发展，预示着唯有保持开拓进取的精神，坚定革故鼎新的意志，才能在前行路上继续乘风破浪，书写新的精彩。

非新无以为进，
非旧无以为守

【范文】

非新无以为进，非旧无以为守。抓住了科技创新，就抓住了牵动我国发展全局的"牛鼻子"。"嫦娥五号"飞天揽月，"奋斗者"号逐梦深蓝，拼搏创新的中国科技频传捷报，为我们带来了无数惊喜。科技创新大有可为，下一步应如何强化国家战略科技力量，加快科技自立自强，这是大会要深刻思考的问题。

（选自 2021 年 3 月 2 日光明网评论文章《这个春天，我们关注什么？》）

【典故出处】

语出清末严复《主客平议》："非新无以为进，非旧无以为守。且守且进，此其国之所以骏发而又治安也。"

文中典故的意思是：没有创新就无法发展进步，没有传承就无法守住当下。

【典故解读】

严复为近代启蒙思想家、翻译家，翻译的《天演论》唤醒和教育了一代知识分子，促使他们走上救亡图强的爱国道路。

《主客平议》是一篇对话体文章，严复在历经戊戌政变和庚子国难后，认识到新旧党争是"日下最切之问题"，这篇文章就是通过"新者""旧者"二客互相辩难，对新旧两党存在的合理性进行了论证，主张新旧平衡，实现社会的有序变革。

【场景应用】

公文写作中，"非新无以为进，非旧无以为守"这句典故，常用于强调改革创新的勇气和担当，但典故本身也体现了一种辩证的否定观，表明创新与继承殊途同归，变革是一份责任与担当，传承是一种坚守与品格，强调因时而变，莫忘坚守，鼎新革故求的是发展，坚守初心守的是根基。

【范文赏析】

这篇范文写于全国人民代表大会召开之际，提出了民众关心、期盼的问题，期待从这场春天的盛会中，听到民意的回声，找到问题的答案，看到向往的生活。

文中引用典故"非新无以为进，非旧无以为守"，用于体现民众对于未来科技创新的无比期盼，科技创新大有可为，未来如何在已有成绩的基础上，加快科技自立自强，这是民众关心的问题。

   物不因不生，不革不成

【范文】

物不因不生，不革不成。强军兴军动力在改革，出路在改革，前途也在改革。（选自 2022 年 9 月 22 日《解放军报》评论员文章《夺取深化国防和军队改革新胜利》）

【典故出处】

语出西汉扬雄《太玄·玄莹》："夫道有因有循，有革有化。因而循之，与道神之；革而化之，与时宜之。故因而能革，天道乃得；革而能因，天道乃驯。夫物不因不生，不革不成。"

文中典故的意思是：万物没有因循继承，是不会凭空生成的；没有变革发展，是不会顺利成长的。典故中，"不因不生"强调了继承传统的重要性，"不革不成"强调了创新变革的重要价值。

【典故解读】

扬雄为西汉辞赋家、思想家，《太玄》是其最重要的哲学著作之一，仿《周易》而作。

扬雄在《太玄·玄莹》篇中，倡导"因循革化"的理论，提出在事物的发展过程中，有传承也有延续，有变革也有发展。只有传承才能使这个过程连续不断，与"道"的精神高度融合；只有变革才能使这个过程不断演化，与时代偕行相宜。因此，传承中有发展，变革中有继承，这样才符合天道规律。

【场景应用】

公文写作中，"物不因不生，不革不成"这句典故，常用于改革创新、继承发展这样的话题中，有继承才能根深，有创新才能叶茂，任何一项伟大而久远的事业都必须处理好继承与创新的关系。

【范文赏析】

《解放军报》这篇评论员文章的主题是"夺取深化国防和军队改革新胜利"，提出强国必强军，强军必改革。文章开篇就引用了"物不因不生，不革不成"这句典故，虽然强调的是"不革不成"，指出强军兴军动力在改革，出路在改革，前途也在改革，但是"物不因不生"之意也在其中，唯有改革不忘传承，才能更好地激励全军凝心聚力、把握规律、创新突破，持续推动改革强军向纵深发展。

遇事无难易，而勇于敢为

【范文】

　　"遇事无难易，而勇于敢为。"改革创新是好事，也是难事，关键在于坚定意志、勇于行动，善于向改革要动力，向创新要活力。坚定不移深化改革，激发市场主体活力，深入实施创新驱动发展战略，我们一定能在推动发展的内生动力和活力上来一个根本性转变，让中国经济的航船劈波斩浪、行稳致远。（选自 2022 年 3 月 17 日《人民日报》文章《激发改革创新的活力和潜能》）

【典故出处】

　　语出北宋欧阳修《尹师鲁墓志铭》："师鲁为文章，简而有法。博学强记，通知今古，长于《春秋》。其与人言，是是非非，务穷尽道理乃已，不为苟止而妄随，而人亦罕能过也。遇事无难易，而勇于敢为。其所以见称于世者，亦所以取嫉于人，故其卒穷以死。"

　　文中典故的意思是：遇到事情无论难易，都能勇于面对，敢于尝试。

【典故解读】

　　《尹师鲁墓志铭》是北宋文学家欧阳修为好友尹师鲁写的悼念文章。尹师鲁就是北宋散文家尹洙，与欧阳修亦师亦友。尹洙英年早逝，欧阳修仿效尹洙的简洁文风，写了这篇言简情深的墓志铭。

　　欧阳修在文中称师鲁写文章，简洁而有章法；学识渊博，记忆超群，通古知今，在《春秋》上学有专长；他与人谈论，是非分明，一定要把道理讲透才罢休，绝不轻易放弃坚持的东西，也绝不会盲目地附和别人，很少有人能超过他；遇事无论难易，都能勇于面对，敢于尝试，这既是他受到世人称道的原因，也是其遭受嫉恨的原因，因此他才会因处境艰难而终。

【场景应用】

公文写作中，"遇事无难易，而勇于敢为"这句典故，可以用于教育引导领导干部面对困难和挑战，勇于担当，敢于作为，大胆创新，攻坚克难。

【范文赏析】

《人民日报》这篇文章写于全国两会期间，"改革""创新"成为代表、委员们使用的高频词，范文中引用典故"遇事无难易，而勇于敢为"，表明改革会激发活力和动能，也会遭遇困难和挫折，但是无论难易，成败在于我们能否砥砺担当，敢于行动，善于作为，向改革要动力，向创新要活力。

皆创新之是图，无他志焉，无他思焉

【范文】

当然，要在全社会营造"皆创新之是图，无他志焉，无他思焉"的良好氛围，首先要认可创新、尊重创新、支持创新，给人才创新增底气、添勇气。（选自 2020 年第 12 期《中国人才》时评文章《让创新活力充分涌流》）

【典故出处】

语出晚清康有为《大同书•奖智》："当是时，举全地之人，聪明隽秀之士，心思才力之用，日夜研究之事，行游采访之意，皆创新之是图，无他志焉，无他思焉。"

文中典故的意思是：整个社会都唯创新是图，一心一意，心无旁骛。

【典故解读】

康有为是清末维新变法的主要发起者，所著的《大同书》又称《人类公理》，成为维新变法失败后最为重要的一部著作。《大同书》提出了人类历史演变的三个阶段，即据乱世、升平世、太平世：大同之始基为"据乱世"，大同渐行为"升平世"，大同成就为"太平世"，即"大同世"，为人类理想社会的最高阶段。

康有为在《大同书》中构想了一个充满创新气质的社会，引用的这段话体现了创新可以推动人类思维方式的变革，让创新成为一种本能和习惯，成为须臾不可离的行为方式。

【场景应用】

公文写作中，"皆创新之是图，无他志焉，无他思焉"这句典故，常用于改革发展与创新，引导领导干部始终保持对新鲜事物的敏感度，以新方法来解决新问题，以新思路来谋求新发展，以新眼光把握新机遇，以创新引领未来。

【范文赏析】

这篇时评文章的中心论题是激发人才的创新活力，推动中国进入创新型国家前列，文中引用"皆创新之是图，无他志焉，无他思焉"这句典故，表达了人才创新的底气和勇气来自社会的认可和尊重，要在全社会营造创新的良好氛围，让人才想创新，让创新思维成为习惯和本能，主动识变、应变和求变。

10 事之当革，若畏惧而不为，则失时为害

【范文】

"事之当革，若畏惧而不为，则失时为害。"以时不我待的紧迫感锐意改革、大胆创新，坚持解放和发展社会生产力，坚持社会主义市场经济改革方向，坚持调动各方面积极性，中国经济必将培育新动能、焕发新活力，实现社会生产力的整体跃升。（选自 2015 年 12 月 26 日《人民日报》评论文章《改革创新 坚持解放和发展社会生产力——四论贯彻落实中央经济工作会议精神》）

【典故出处】

语出北宋程颐《伊川易传》："事之当革，若畏惧而不为，则失时为害。"

文中典故的意思是：事情到了必须改革的时候，如果我们畏惧、害怕而不去做，那么就会失去机会，带来危害。

【典故解读】

《伊川易传》为北宋理学家程颐注解《周易》所写的著作，因为程颐是洛阳伊川人，世称"伊川先生"，故得此书名，又称《周易程氏传》《程氏易传》。这段引文是针对周易六十四卦中"革"卦的九三爻所作的阐释，该爻的位置十分特殊，正处于上下卦的临界点，因而这个时候整个卦已经处于当革之时，如果此时畏首畏尾，不敢采取行动，那么就会因为失去革命的时机而招致危害。

【场景应用】

公文写作中，"事之当革，若畏惧而不为，则失时为害"这句典故，常用来表达改革机遇对于转机和发展的重大意义，稍纵即逝，抓住了是契机，抓不住就是危机。

【范文赏析】

《人民日报》这篇评论员文章的主题是贯彻落实中央经济工作会议精神，文章末段引用"事之当革，若畏惧而不为，则失时为害"这句典故，旨在号召各地要以贯彻落实中央经济工作会议精神为契机，锐意改革、大胆创新，调动各方面积极性，实现社会生产力的整体跃升。

11　天下之治，有因有革，期于趋时适治而已

【范文】

"天下之治，有因有革，期于趋时适治而已。"变革是时代的主要旋律，在大势之前，我们必须将变革作为我们不断前行的敲门砖和引路石，握紧变革带来的机遇，用好变革带来的力量，为基层这片土地种下以变求新、以变求进的种子，让基层群众在变革的福荫下不断成长。（选自 2020 年 7 月 22 日《大理日报》署名文章《基层干部要适应时与势的变化》）

【典故出处】

语出清朝毕沅《续资治通鉴 • 宋纪 • 宋纪七十一》："本因上疏曰：

'天下之治，有因有革，期于趋时适治而已。……'"

文中典故的意思是：治理天下，无论继承还是变革，都是顺应了时代的需要，达到治理的目的。

【典故解读】

引文中的"本"为北宋大臣熊本，当时，北宋朝廷中存在新旧两派斗争，熊本属于新党一派，支持王安石变法，因而上疏宋神宗劝谏坚持变法。

"天下之治，有因有革，期于趋时适治而已"这句话本身包含了变与不变两个方面的因素，但熊本的本意还是体现在力促变革这层含义上。

【场景应用】

公文写作中，"天下之治，有因有革，期于趋时适治而已"这句典故，常常用来表达治国需要适时地进行变革，唯有改革顺应了时代的发展，才能推动社会进步，实现国家富裕强大。

【范文赏析】

这篇署名文章针对基层干部，提出基层工作要适应时与势的变化，牢牢抓住变革的机遇，从中找出解决基层问题的出路。文中末段引用"天下之治，有因有革，期于趋时适治而已"这句典故，进一步强调了唯有握紧变革带来的机遇和力量，以变求新，以变求进，才能让基层群众享受到实实在在的福泽和成长。

12 长江后浪推前浪，世上新人赶旧人

【范文】

长江后浪推前浪，世上新人赶旧人。五四运动高举的精神旗帜，经一代又一代志士仁人的接力，已传递至当代青年的手里。鹦歌岭大学生的事迹启示我们：在建设中国特色社会主义的伟大事业中一切有理想有追求、有知识有本领的青年人，只要胸怀五四青年的报国之志，自觉地担负起历史重任，脚踏实地投身于经济社会建设的伟大实践，扎根基层，艰苦创业，就一定能够在广阔天地里大有作为，谱写出无愧于时代和人民的青春篇章。(选自 2012 年 5 月 2 日《光明日报》评论员文章《弘扬五四精神 担当历史重任——海南鹦歌岭大学书写青春篇章的深刻启示》)

【典故出处】

语出明朝《增广贤文》："长江后浪推前浪，世上新人赶旧人。"

文中典故的意思是：长江的后浪推着前浪一步一步前进，一浪胜过一浪；世上的今人踏着前人的脚步，一代胜过一代。

【典故解读】

《增广贤文》又名《昔时贤文》《古今贤文》，是一部成书于明朝万历年间的儿童启蒙读本。书中收录了大量的名言警句、故事寓言和成语典故等，成为我国古代启蒙教育的经典之作，在中国文学、历史、文化等领域均有着重要地位。

【场景应用】

公文写作中，"长江后浪推前浪，世上新人赶旧人"常用来鼓励不断涌现的新一代年轻人，勇于探索，敢于创新，为社会的发展和进步作出更大的贡献。应用场景可以是科技领域的创新和发展，也可以是社会制度的变革和进步。

【范文赏析】

《光明日报》这篇评论员文章是为了纪念五四运动、弘扬五四精神而作，文章末段引用"长江后浪推前浪，世上新人赶旧人"，描绘了新一代的年轻人正不断涌现，当代青年已经从上一代手里接过五四运动高举的精神旗帜，担负起历史重任，投身于经济社会建设的伟大实践，正在谱写无愧于时代和人民的青春篇章。

13　　　　　　　　　　革弊，须从源头理会

【范文】

宁夏政府购买服务工作处于起步阶段，财政作为牵头部门，肩负着从顶层设计、建章立制到健全机制，从资金预算、财务监管到完善体制等一系列工作。"革弊，须从源头理会。"财政部门唯有抓住"源头"，从一开始就做到科学设计、科学建制、科学实施，才能使政府购买服务这泉活水滋润民生、惠及社会，激发服务业发展活力、促进产业结构趋于合理，为自治区经济社会持续健康发展夯实基础。（选自 2021 年 1 月 5 日《中国财政》

署名文章《为有源头活水来》)

【典故出处】

语出南宋朱熹《朱子语类辑略》："革弊，须从源头理会。"

文中典故的意思是：变革弊端，必须从源头开端。

【典故解读】

《朱子语类》是朱熹与其弟子问答的语录汇编，全书一百四十卷，由南宋末年黎靖德编成，原名《朱子语类大全》。全书内容丰富，既全面体现了朱熹的理学思想和完整的学术体系，也集中体现了宋代儒学特别是理学发展的成果。清康熙年间理学家张伯行辑取《朱子语类》精要，编为八卷本《朱子语类辑略》。

【场景应用】

公文写作中，"革弊，须从源头理会"这句典故，常用于改革创新方面，强调创新需要找到源头，我们在制定政策、解决问题、优化管理过程中，需要从源头找到问题的本质和关键，让变革的措施和创新的方向更具有针对性和更有效。

【范文赏析】

《中国财政》这篇署名文章是针对宁夏政府购买服务这项改革所作的思考，文章中引用典故"革弊，须从源头理会"，强调宁夏财政部门这项改革抓住了问题的源头，从源头厘清改革的路径，而不是仅仅应对眼前的表面问题和乱象，因而从一开始就做到科学设计、科学建制、科学实施。

14

**凡事有经必有权，
有法必有化**

【范文】

"凡事有经必有权，有法必有化。"改革关键之年，各地区各部门尤其要摸准深化改革的规律特点，分清轻重缓急，扎扎实实推进改革。抓好改革任务统筹协调，就是要按照中央的部署，更加注重改革的系统性、整体性、协同性。改革突破的路径和方法，就是要重点提出一些起标志性、关联性作用的改革举措，把需要攻坚克难的硬骨头找出来，把需要闯的难关、需要蹚的险滩标出来，加强对跨区域跨部门重大改革事项协调，从而一鼓作气、势如破竹地把改革难点攻克下来。（选自 2015 年 1 月 4 日新华网署名特稿《深改关键之年要有关键之为》）

【典故出处】

语出明末清初石涛《画语录》："凡事有经必有权，有法必有化。一知其经，即变其权；一知其法，即功于化。"

文中典故的意思是：一切事情只要有常态和常规，就一定会有权宜和变通；有规则和制度，就一定会有变化和例外。

【典故解读】

石涛为明末清初画家，在中国绘画史上占有重要地位，他同时还是艺术理论家，在文学、诗词方面也有很高的造诣。石涛自幼出家为僧，对佛学和禅学有极高造诣，他对于禅的理解与领悟充分体现在《画语录》书中，文章充满了禅的内涵与玄机。

"凡事有经必有权，有法必有化"这段话充分体现了石涛的艺术主张，倡导绘画创新变革，批判泥古之风和门户之见，反对抄袭模仿，注重个性情感和个性风貌，强调在遵循创作规律的前提下，融会贯通，自成一家，开创出自己的创作道路。

【场景应用】

公文写作中，"凡事有经必有权，有法必有化"这句典故，用于改革创新方面时，强调创新变革是推动发展和进步的必然环节，领导干部在任何时候都需要将创新的理念融入工作实践中，主动求新求变，提高创新的意识和能力，创造性地开展工作。

【范文赏析】

新华网这篇特稿写于全面深化改革的开局之年，提出关键之年要拿出关键之为，苦干实干没有翻不过的高山，文章中引用典故"凡事有经必有权，有法必有化"，强调改革工作有其规律特点，"权"不离"经"，"化"不离"法"，注重改革的系统性、整体性、协同性，有节奏有章法地扎扎实实推进。

15　　　　　　　　　　　　　　终日乾乾，与时偕行

【范文】

终日乾乾，与时偕行。回首2019，吃改革饭、走开放路长大的义乌，

对标自贸区、干实试验区，风雨无阻、日夜兼程，在全面深化改革开放中迸发前进的力量。（选自 2020 年 1 月 16 日《浙江日报》评论员文章《风吹春水逐浪起——义乌市十大改革推进综述》）

【典故出处】

语出《周易·乾·文言》："终日乾乾，与时偕行。"

文中典故的意思是：君子终日孜孜以求，自强不息，唯有如此，才能做到顺势而为，与时俱进。

【典故解读】

《文言》是指《易传》中的《文言传》（参见模块一词条 11），因为乾、坤二卦在《易经》六十四卦中具有十分重要的地位，因而《文言》就用来专门解释乾、坤二卦的义理，其中解释乾卦的称为《乾文言》，解释坤卦的称为《坤文言》。

"终日乾乾，与时偕行"这句话是对乾卦中"君子终日乾乾，夕惕若"这句爻辞的解释，君子终日没有丝毫懈怠，心怀忧虑，不断进修，唯有如此，才能趋时变通，紧跟时代，永不落伍。

【场景应用】

公文写作中，"终日乾乾，与时偕行"这句典故常用来强调古往今来，创新包容的精神一直存在于中华民族的血脉之中，也一直是指引我们大步向前的风向标。在深化改革的今天，创新对于发展具有更为重大的意义，唯有创新思维方式，不断增强创新精神和创新意识，与时俱进，才能推动高质量发展，推动社会主义现代化国家建设。

【范文赏析】

《浙江日报》的这篇评论员文章基于义乌市十大改革推进，提出要全面落实新发展理念，用好改革开放"关键一招"，推动高质量发展。文章开篇引用典故"终日乾乾，与时偕行"，旨在体现改革创新的精神一直存在于上下五千年中华传统文化的传承和积淀中，义乌市的十大改革推进正是践行了这样的精神传承，吃改革饭、走开放路长大，在全面深化改革开放中进

16

不慕古，不留今，
与时变，与俗化

【范文】

　　"不慕古，不留今，与时变，与俗化。"变革是齐文化最为鲜明的特点之一，齐相管仲两千多年前的变革观影响深远。如今，以新发展理念为引领，淄博向着高质量发展迈出坚实步伐。（选自 2020 年第 23 期《半月谈》文章《淄博：营商土沃》）

【典故出处】

　　语出春秋时期《管子·正世》："故其位齐也，不慕古，不留今，与时变，与俗化。"

　　文中典故的意思是：不盲从古人，也不拘泥于今人，而是顺应时势作出改变，随着世俗风尚的变化而变化。

【典故解读】

　　《正世》篇出自《管子》（参见模块一词条 01），该篇提出整治世道，一定要了解国政，观察民俗，了解百姓疾苦，而后才可以立法行政，并提出

了"不慕古，不留今，与时变，与俗化"的通变思想，指出古时英明君主刑赏各不相同，但并非故意使之不同，而是随着时势的发展而变化，依据人们风气而行动。因此，圣人设立法令，从不盲从古人，也不拘泥于今人，而是随着时代的变化而变化，随着习俗的更移而更移。

管子强调的"不慕古，不留今，与时变，与俗化"的思想主张，体现了先秦法家的改革创新精神，也成为法家思想体系的核心部分，对我们当前的改革发展仍有重要的启示意义。

【场景应用】

公文写作中，"不慕古，不留今，与时变，与俗化"这句典故常用来强调每一个时代有每一个时代的担当和使命，必须战胜因循守旧、抱残守缺的思想，紧扣时代的脉搏，与时俱进，锐意革新，这样才能谋求更大的发展。

【范文赏析】

发表在《半月谈》的这篇文章诠释了淄博这座老工业城市为何会迸发出青春新活力，文中引用齐相管仲的典故"不慕古，不留今，与时变，与俗化"，旨在表达变革创新正是齐文化最为鲜明的特点，创新、开放、务实、包容的文化品格在这片有着几千年文化积淀的土地上正世代相承。如今这座千年古城紧跟时代节拍，敞开胸怀，吐故纳新，创新思维破解难题、打通堵点，激发起高质量发展的新能量，正迸发出青春新活力。

17

苟利于民，不必法古；
苟周于事，不必循旧

【范文】

　　"苟利于民，不必法古；苟周于事，不必循俗。"改革创新是推动人类社会向前发展的根本动力，也是我们党领导社会主义现代化建设的一条基本经验。正因为高扬改革创新精神，在戈壁深处的酒泉卫星发射中心，克服资源短缺、外部封锁等困难，紧盯科技前沿，开展技术攻关，将中华民族的飞天梦想变为现实。（选自 2021 年 7 月 13 日《甘肃日报》署名文章《传承红色精神 凝聚奋进力量》）

【典故出处】

　　语出西汉刘安《淮南子·氾论训》："苟利于民，不必法古；苟周于事，不必循旧。夫夏商之衰也，不变法而亡。三代之起也，不相袭而王。故圣人法与时变，礼与俗化。"

　　文中典故的意思是：如果能使百姓获益，就不必效法古人的规定；如果有助于事情的成功，就不必沿袭旧有的规矩。

【典故解读】

　　《氾论训》出自《淮南子》（参见模块一词条 10），主旨是反对法古守旧，主张执法要随着时代的变化而作出改变。"氾"通"泛"，"训"是一种文体，因此"氾论训"和"氾论"都可以。"氾论"就是广泛论说的意思，东汉经学家、训诂家高诱作了这样的题解，"博说世间古今得失，以道为化，大归于一，故曰氾论"。

　　《氾论训》中"苟利于民，不必法古；苟周于事，不必循旧"这段话，论述了天下古今得失之道，认为夏、商的衰微，是因为不变法而灭亡的；禹、汤、武王三代的兴起，是因为不因袭守旧而称王的。因此，圣人执政执法，会适应时代而变动，礼制会随着习俗一起变化。只要让百姓获益，就不必遵循古制；只要有助于事情的成功，就不必沿袭旧章。

【场景应用】

公文写作中，"苟利于民，不必法古；苟周于事，不必循旧"这句典故，可以用来强调改革创新不能拘泥于过去的做法和观念，而应该以民为本，以事为重，根据时代的需求和社会的发展，敢于创新，适应变化，及时调整和改进工作方式，勇于尝试新的理念、新的技术和新的方法，寻求更好的解决方案。

这句典故还可以用来体现领导干部在推动社会进步和发展中必不可少的改革创新品质，不会墨守成规、循规蹈矩，而是灵活应变、善于创新，与时俱进，始终保持竞争力和创新力，以适应不断变化的环境和任务。

【范文赏析】

发表在《甘肃日报》上的这篇文章阐述了红色精神在甘肃传承弘扬，凝聚成磅礴的奋进力量，文中化用典故"苟利于民，不必法古；苟周于事，不必循旧"，旨在体现改革创新一直都是中华民族传统文化中的精神力量，同时也是我们党领导社会主义现代化建设的一条基本经验，甘肃经济社会高质量发展也正是因为高扬锐意改革创新的精神，解放思想，转变观念，大胆探索，将中华民族的飞天梦想变为现实。

18

国弈不废旧谱，而不执旧谱；
国医不泥古方，而不离古方

【范文】

"国弈不废旧谱，而不执旧谱；国医不泥古方，而不离古方。"年轻干部是保持国家与人民血肉联系的中坚力量，"谋新篇"不是抛弃，而是扬弃，"后浪"们需正确处理好继承与创新的关系，既要继承与发展过去好的思路与办法、经验与举措、传统与作风，把以往符合实际的事情一件接着一件办、一年接着一年干，又要鼓足"路漫漫其修远兮，吾将上下而求索"的干劲，勇破传统的"闯劲"，摈弃陈规陋习，开拓创新，跳过一个高度看问题，换一种思维想办法，争做祖国和人民需要的创新型干部。（选自2020年11月9日共产党员网署名文章《"后浪"的"十四五"规划》）

【典故出处】

语出清朝纪昀《阅微草堂笔记·滦阳消夏录三·泥古者愚》："满腹皆书能害事，腹中竟无一卷书，亦能害事。国弈不废旧谱，而不执旧谱；国医不泥古方，而不离古方。"

文中典故的意思是：国内第一流棋手不会废弃旧的棋谱，但并不固执于旧谱；国内第一流医生不会拘泥于古方，但也不会背离古方。

【典故解读】

纪昀，字晓岚，清代文学家，学识渊博，31岁便成为翰林院大学士，深受乾隆皇帝赏识，担任《四库全书》总编纂官。

《阅微草堂笔记》是纪昀所作的一部文言笔记小说，以记述狐鬼故事、奇特见闻为主，同时还记述了一些人事异闻、名物典故等，内容相当广泛。

全书共 24 卷，包括《滦阳消夏录》《如是我闻》《槐西杂志》《姑妄听之》《滦阳续录》5 种。"阅微草堂"是纪昀为自己的书房题的名，"阅微"有阅尽天下藏书、细微末节也不漏过的志向。

《滦阳消夏录》篇名中的"滦阳"是河北承德的别称，"消夏"是指避暑，纪昀编纂《四库全书》时，曾多次到承德避暑山庄，撰写《阅微草堂笔记》正值夏天，故得此名。

"国弈不废旧谱，而不执旧谱；国医不泥古方，而不离古方"这段话，讲述了一个叫刘羽冲的人，伏案苦读古代兵书和古代水利书，但却拘泥于古人的成规成俗，因而屡次失败，最终郁郁而死。故事最后这段话告诉我们，一个人满肚子都是书本知识，很可能会败事；肚子里一点知识也没有，同样可能会败事。刘羽冲只会读死书，不能灵活运用所学知识，因而在实践中惨败。所以，我们对所学知识要活学活用，就像下棋高手既不会忽视旧棋谱，也不会照搬旧谱；名医不会迷信古方，但也不会背离古方。

【场景应用】

公文写作中，"国弈不废旧谱，而不执旧谱；国医不泥古方，而不离古方"这句典故可以用来强调，在改革创新过程中，我们要尊重传统和历史，但不能盲从、僵化、滞后，关键是在传承和创新中找到平衡点，锐意进取，积极创新，既要发挥传统的优势，又要充分利用现有的社会资源，推进社会的进步与发展。

【范文赏析】

共产党员网这篇文章发表于"十三五"收官、"十四五"即将启航之际，要求作为"后浪"的年轻干部更需趁势而上，绘制好个人的"十四五"蓝图。文中引用典故"国弈不废旧谱，而不执旧谱；国医不泥古方，而不离古方"，用以体现中华民族文化对于"古今并重、求变而存"的价值追求，既重视传统和经验，也注重创新和发展，这对于新时代的年轻干部来说，就需要处理好继承与创新的关系，争做一个祖国和人民需要的创新型干部。

19　物久则废，器久则坏，法久则弊

【范文】

自古以来，物久则废，器久则坏，法久则弊。改革是革故鼎新，也是创新发展。海口聚力打造海南自贸港核心区、全面建设现代化国际化新海口，如何做到在经济增长上扛稳大梁、谋求突破，在抓好早期政策落实、封关运作准备中扛起省会担当？改革创新是关键一招。（选自 2022 年 2 月 16 日《海口日报》评论员文章《提升改革创新能力推动高质量发展——二论深入开展能力提升建设年活动》）

【典故出处】

语出晚清康有为《上清帝第二书》："物久则废，器久则坏，法久则弊。"

文中典故的意思是：物品用久了就会废弃，器皿用久了就会损坏，国家的法律时间久了就会产生弊端。

【典故解读】

康有为是晚清时期资产阶级改良主义的代表人物。1895 年，日本逼签《马关条约》，康有为联合千名举人上万言书，提出拒和、迁都、练兵、变法的主张，这就是《上清帝第二书》，也就是著名的《公车上书》。"公车"

是赴京参加会试的举人的代称。

康有为曾七次上书光绪皇帝，《上清帝第二书》是其中的第二次，"物久则废，器久则坏，法久则弊"这句话是康有为为了说服光绪帝接受变法而提出的观点，表达历朝历代有变法而兴，无变法而亡，变才是唯一不变的真理。

【场景应用】

公文写作中，"物久则废，器久则坏，法久则弊"这句典故，体现了自古以来我们对于事物发展变化的认识，强调推陈出新，与时俱进，只有不断进行改革创新，才能保持事物的活力和生命力，推动社会不断向前发展。

【范文赏析】

《海口日报》这篇评论员文章要求广大干部在能力提升建设年活动中，主动求新求变，提升改革创新能力，推动海口高质量发展。文章引用典故"物久则废，器久则坏，法久则弊"，体现了改革创新精神已经融入中华民族的血脉，这种精神一直激励后代革故鼎新，历经磨难，不断适应时代变化，谋求发展进步，正因如此，海口才从一个边陲小城发展成为一座现代化都市。如今在全面建设现代化国际化新海口的进程中，唯有敢于创新、勇于变革，才能把发展的主动权牢牢掌握在自己手中，推动海口高质量发展。

20　　　　　　　　　　　尊新必威，守旧必亡

【范文】

要弘扬浦东敢为人先的创新精神。"尊新必威，守旧必亡。"30 年来，面对改革、开放、发展等一系列问题，正是一代代浦东人敢于突破固有观念、程式和体系，敢为人先，敢闯敢试，才有了一系列"全国第一"的荣耀，才有了一系列战略新兴产业，才有了伟大的"浦东奇迹"。（选自 2020 年 11 月 17 日《中国青年报》署名文章《弘扬浦东精神，再写时代新篇》）

【典故出处】

语出清朝唐才常《各国种类考》："尊新必威，守旧必亡。"

文中典故的意思是：只有崇尚新法，才会兴旺发达；如果一味守旧，只能走向灭亡。

【典故解读】

唐才常是清末维新派领袖，近代史上著名的政治活动家，倡导"心力决定论"，以宣传变法维新。戊戌政变失败后，组织自立会，建立自立军，并领导自立军起义，后被捕就义。

【场景应用】

公文写作中，"尊新必威，守旧必亡"这句典故体现了一种积极进取、勇于创新的精神，可以用于经济、科技、教育、政府等各个领域和层面，强调无论是国家治理还是企业管理、个人发展，都需要在不断变化的环境中保持开放的态度，时刻保持对新事物的敏锐洞察力，尊重创新和创造，

敢于尝试新的思路和方法，唯有如此才能赢得发展的优势和竞争力，否则抱残守缺，固守陈旧的观念，拒绝改革，最终面临的只能是衰败和消亡。

【范文赏析】

《中国青年报》这篇文章写于浦东开发开放 30 周年之际。30 年来浦东以"浦东精神"创造了"浦东奇迹"，启迪引领人们发扬"浦东精神"，在新时代再创新辉煌。文中引用典故"尊新必威，守旧必亡"，强调"浦东奇迹"来自浦东人敢为人先的"浦东精神"。这种精神正是一代代浦东人敢于突破固有观念，敢于走前人没走过的路，敢于做前人没做过的事，从而不断发现新问题、提出新思路、强化新举措、开创新业绩，书写了改革发展史上的"浦东奇迹"。

模块十
廉政建设

01

士非俭无以养廉，
非廉无以养德

【范文】

反浪费、重节约，为何被如此看重？勤俭节约是一个人最基础的良好道德品质之一，可以"孕育"众多其他优秀品质。《元史》里有句名言："士非俭无以养廉，非廉无以养德。"徐特立同志说过："俭朴的生活，不但可以使精神愉快，而且可以培养革命品质。"从反面看，"浇风易渐，淳化难归"，浪费不加约束便会滋长奢靡腐化之风。正所谓，"奢靡之始，危亡之渐"。从各方面厉行节约，才能打开净化社会风气、培育健康风尚的突破口。(选自 2021 年 6 月 22 日《人民日报》文章《以俭修身 以俭兴业》)

【典故出处】

语出明朝宋濂《元史 • 乌古孙泽传》："常曰：'士非俭无以养廉，非廉无以养德。'身一布袍数年，妻子朴素无华，人皆言之，泽不以为意也。"

文中典故的意思是：做官的如果不俭朴，就不能保持廉洁；如果不能保持廉洁，就不能修养品德。

【典故解读】

这句典故出自元朝名臣乌古孙泽之口，他本人也是这样做的。他的一件布袍穿了数年，妻子儿女衣着简朴，人们都在说他，但乌古孙泽全不在意。成语"朴素无华"也是出自这段引文。

据《元史》记载，乌古孙泽性情刚毅，才干过人。踏入仕途后，能兵善战，有勇有谋，屡立战功，先后得到丞相阿术、元帅唆都等人的赏识。乌古孙泽极具政治远见，政绩突出，同时生活节俭、爱民如子，是一个正直清廉、勤政为民的官员。

【场景应用】

"士非俭无以养廉，非廉无以养德"这句典故常用于论述"俭"对于"廉"和"德"的重要性，它告诉我们，"俭"与"廉"本是一对不可分离的孪生体，"俭"不仅可以养"廉"，还可以养"德"，用来净性修心。因此，若要为官清正廉明，施政厚德载物，"俭"为不二法门。奉行节俭，这不仅仅是为官处世的法宝利器，更是从政为民的道德根基，有着重大的政治意义。

【范文赏析】

范文中引用这句典故，表明"俭"一直是中华民族的传统美德，也是一个人优秀的道德品质，可以"孕育"众多其他美好的品质。对于党员干部而言，清廉是为官之本，也是为官之德，为官要清廉，要涵养官德，就必须从"俭"做起。

 02   **物必先腐也，而后虫生之**

【范文】

物必先腐，而后虫生。腐败之所以滋生蔓延，必有其土壤和温床。山西目前的腐败情势，客观上是由于特殊的地理条件造成的长期资源依赖型产业结构，提供了各种各样权力寻租的可能。加之一些制度上的漏洞和选

人用人上的不正之风，造成了政治生态上的枝枝蔓蔓、拉拉扯扯，模糊暧昧。其实，山西污痕政治生态的形成，更重要的主观原因，还是一些领导干部的"总开关"出了问题，丢掉了信仰，忘记了宗旨，淡漠了人民。是一些党员干部极端个人主义和极度的私欲膨胀，酿成了如此沉痛和深刻的教训。（选自2014年9月12日《山西日报》社论《优化政治生态的关键是反腐》）

【典故出处】

语出北宋苏轼《范增论》："物必先腐也，而后虫生之；人必先疑也，而后谗入之。陈平虽智，安能间无疑之主哉？"

文中典故的意思是：物品总是自己先开始腐烂，然后虫子才会寄生在上面。比喻事物总是自己先出现了弱点，然后才有外物侵入。

【典故解读】

这句典故源于楚汉相争，范增为项羽设计鸿门宴，欲借机杀掉刘邦，但是项羽妇人之仁，让刘邦逃脱。于是，刘邦采用了陈平的计策，离间项羽和范增的关系。项羽中计，最终被刘邦所灭。

苏轼在《范增论》中，借用"物必先腐也，而后虫生之"这个典故打了个比方，说明人必定先有了疑心，然后谗言才能够听得进去，从而指出，正是因为项羽生性多疑，才听信谗言，被敌人利用，招致惨败，否则陈平即使再聪明，也难以离间一个没有疑心的君主。

【场景应用】

"物必先腐也，而后虫生之"这句典故，道出了官员腐败的一般规律。官员贪腐必然是内因为主，是自己先放松了自我要求，才会让别有用心的人有机可乘，自己在违纪违法的泥潭中也越陷越深。

此外，这句典故还揭示了为政者提高自身道德修养、增强免疫力的重要性。腐败问题的关键在于腐败者自身道德素养不高，在金钱和美色面前，把控不住自己。因此，我们要自重、自省、自警，抵得住诱惑，经得起考验。

【范文赏析】

范文引用"物必先腐也，而后虫生之"这句典故，一针见血地点出了山西腐败情势的根源，看似是一些外部的特殊因素造成的，但是根子上还是内因在起作用，是一些领导干部的"总开关"出了问题，极端个人主义和极度的私欲膨胀，造成了山西污痕政治生态。

 **明制度于前，重威刑于后**

【范文】

把纪律和规矩挺在脑海心中。"明制度于前，重威刑于后。"马克思曾说过：必须绝对保持党的纪律，否则将一事无成。纪律是刚性约束，违纪必定付出代价。一个个案例表明，"纪律退一分，腐败进一尺"。（选自2021年4月30日荆楚网东湖评论《严守纪律规矩 清廉安全过节》）

【典故出处】

语出战国时期尉缭《尉缭子·重刑令》："使民内畏重刑，则外轻敌。故先王明制度于前，重威刑于后。刑重则内畏，内畏则外坚矣。"

文中典故的意思是：申明法令制度在前，施以重刑威慑在后。

【典故解读】

北宋时，《尉缭子》与《孙子兵法》《吴子》《司马法》《六韬》《三略》及《唐太宗李卫公问对》，被编为《武经七书》。

《重刑令》论述了以重刑来维护战场纪律的问题：如果将士对内畏惧重刑，对外就不惧敌人；重刑使得将士内有畏惧之心，如果内心畏服了，那么对敌作战就坚强了。因此，治理军队必须严明各项制度，以严刑重赏保证军令贯彻。

【场景应用】

"明制度于前，重威刑于后"这句典故，常用来强调纪律的治本作用，坚持把纪律规矩挺在前面，用纪律和规矩管住大多数，做到真刀真枪、实管严管。

【范文赏析】

这篇范文是针对节假日期间严肃纪律规矩而作出的警示和要求，文中引用"明制度于前，重威刑于后"这句典故，就是在告诫党员干部要时刻紧绷纪律规矩这根弦，把纪律规矩视为带电的"高压线"，做到心有所畏、言有所戒、行有所止。

04

不以一毫私意自蔽，
不以一毫私欲自累

【范文】

一是要律心、做到心有所畏。常修为政之德，常思贪欲之害，常怀公仆之情，弄清楚"富贵难尽头、物欲无止境、党内有规矩、人际有底线"的道理，自重自省自警自励，慎独慎初慎微慎友，决不以一毫私利自蔽，决不以一毫私欲自累，决不以一毫私念自误。（选自 2021 年 6 月 24 日陈润儿《在"光荣在党 50 年"座谈会上的讲话》）

【典故出处】

语出南宋朱熹《中庸章句》："不以一毫私意自蔽，不以一毫私欲自累。涵泳乎其所已知，敦笃乎其所已能，此皆存心之属也。"

文中典故的意思是：不能因为一点点私心而蒙蔽自己，不能因为一点点私欲而牵累自己。

【典故解读】

《中庸章句》是朱熹对《中庸》一书所作的注解，宋、元以后，该书逐渐成为古代科举考试的官定教科书。

"不以一毫私意自蔽，不以一毫私欲自累"这句典故告诉我们，通过一个人对公私关系的处理态度，可以判定一个人品格的高低。所以，朱熹接着说，反复品察已经知道的道理，忠实践行能够做到的事情，这些都是我们应该用心的地方。

【场景应用】

在当代，这句典故积淀着中华民族最深沉的精神追求，体现了先公后私、舍己为公的价值观念，以此告诫领导干部要牢记古训，正确处理公私关系，不为私欲所动，不为私利所惑，不为私情所困，克己奉公，勤勉为民。

【范文赏析】

这篇范文是一篇领导讲话，为党龄50周年以上的党员颁发纪念章，文中化用典故"不以一毫私意自蔽，不以一毫私欲自累"，体现了对老党员的精神赓续和事业传承，以老党员为榜样，以老党员为标杆，自觉对标对表，自重自省自警自励，始终做到心中有戒，保持清廉本色。

05

俭则约，约则百善俱兴；
侈则肆，肆则百恶俱纵

【范文】

"俭则约，约则百善俱兴；侈则肆，肆则百恶俱纵。"必须充分认识到，浪费行为具有"溢出效应"，侵蚀社会资源，损害公共利益。铺张浪费之风，脱离我国基本国情，背离优秀传统文化，败坏社会风气。厉行节约不仅是个人私德，更是社会公德。节俭节约作为一种传统美德和价值追求，无论在国家层面、社会层面还是个人层面，都是社会主义核心价值观的题中应有之义。（选自2020年8月13日《人民日报》评论员文章《在全社会营造浪费可耻节约为荣的氛围》）

【典故出处】

语出清朝金缨《格言联璧·持躬》："俭则约，约则百善俱兴；侈则肆，肆则百恶俱纵。奢者富不足，俭者贫有余。奢者心常贫，贫者心常富。"

文中典故的意思是：节俭就会有节制，有节制百善都会兴起；奢侈会放纵自己，放纵会让一切坏事滋长。

【典故解读】

《格言联璧》是一部包罗万象的格言书，为清代学者金缨所著，分为学问、存养、持躬、摄生、敦品、处事、接物、齐家、从政、惠吉、悖凶十一类。

"持躬类"谈的是身体力行，强调修身养性要落实到个人的生活实践中。在勤俭与奢侈这对关系中，书中还说到，奢侈的人富裕却不满足，节俭的人贫穷却感到富余；奢侈的人常感内心贫困，节俭的人内心常感富足。

【场景应用】

公文写作中，"俭则约，约则百善俱兴；侈则肆，肆则百恶俱纵"这句典故，常用来要求党员干部不忘勤俭节约的传统美德，节欲戒奢，戒奢以俭，以俭养廉，廉洁从业，永葆革命本色。同时，还体现了艰苦奋斗的精神，在工作和生活中能够吃苦耐劳、厉行节俭、不盲目攀比。

【范文赏析】

《人民日报》这篇评论员文章，写于国家提出制止餐饮浪费行为号召之际，文中引用"俭则约，约则百善俱兴；侈则肆，肆则百恶俱纵"这句典故，强调勤俭节约是中华民族的传统美德和价值追求，铺张浪费就是脱离国情，就是背离了优秀传统文化，败坏了社会风气，因而勤俭节约是每一位党员干部都不可丢失的优良品质。

06

俭，德之共也；

侈，恶之大也

【范文】

"俭，德之共也；侈，恶之大也。"近年来，各地区各部门多措并举，不断增强全民节约意识，推行简约适度、绿色低碳的生活方式，反对奢侈浪费和过度消费，努力形成全民崇尚节约的浓厚氛围。（选自 2022 年 10 月 3 日《人民日报》评论员文章《倡导绿色低碳 弘扬新风正气》）

【典故出处】

语出春秋时期左丘明《左传·庄公二十四年》："二十四年春，刻其桷，皆非礼也。御孙谏曰：臣闻之，'俭，德之共也；侈，恶之大也。'先君有共德而君纳诸大恶，无乃不可乎。"

文中典故的意思是：节俭是一切美德中最大的德，奢侈是一切恶行中最大的恶。

【典故解读】

文中这句话是春秋时期鲁国大夫御孙劝谏鲁庄公时说的。鲁庄公的父亲鲁桓公，生前恪守勤俭持政，从不铺张浪费，但是到了鲁庄公时，却在鲁桓公庙祠的柱上雕刻图案纹饰，以显示排场，这种做法有违礼制。所以御孙劝阻说，先王具有大德，但是君王却以大恶来对待，恐怕先王是不会答应的吧。

【场景应用】

公文写作中，"俭，德之共也；侈，恶之大也"这句典故，常用来告诫领导干部要以俭戒奢，保持崇俭戒奢之德，以崇尚艰苦奋斗、厉行勤俭节约的好作风，营造干事创业、风清气正的生态环境。

【范文赏析】

《人民日报》这篇评论员文章，介绍了全国各地多措并举，不断增强全民节约意识的做法和成效，文章开篇引用典故"俭，德之共也；侈，恶之大也"，用以表明各地的探索和实践，对于弘扬新风正气，推进移风易俗，逐步培育文明乡风、良好家风、淳朴民风具有重大意义。

 　　　　　　　　　　　　　　**小惑易方，大惑易性**

【范文】

"小惑易方，大惑易性"，当遇到诱惑时，人们往往无法预估到自己会有怎样的行动，即便是英雄也当充分估计自己的弱点，不要因为太过自信而不设"防火墙"。（选自 2017 年 4 月 5 日《人民日报》评论员文章《"欲"不设防恐成"狱"》）

【典故出处】

语出战国时期《庄子·外篇·骈拇》："夫小惑易方，大惑易性。何以知其然邪？……故尝试论之，自三代以下者，天下莫不以物易其性矣。小人则以身殉利，士则以身殉名，大夫则以身殉家，圣人则以身殉天下。"

文中典故的意思是：小的迷惑会错乱方向，大的迷惑会错乱本性。

【典故解读】

《庄子》又名《南华经》，与《道德经》《周易》合称"三玄"。

《骈拇》取文章开篇两字"骈拇"为题，"骈拇"是指并合的脚趾。在庄子看来，滥用聪明、矫饰仁义，就像"骈拇""枝指"和"附赘悬疣"这些人体上多余的东西，不符合本然，违反了人的本性。

文中"小惑易方，大惑易性"这句话，表明了庄子的态度，人最大的迷惑就是迷失自己的本性。在庄子看来，自夏商周三代以来，天下世人没有不因身外之物而迷失其本性的。普通人为物质利益牺牲自己，士人为名誉而牺牲自己，大夫为家族牺牲自己，圣人为天下牺牲自己。

【场景应用】

公文写作中，"小惑易方，大惑易性"这句典故，常用来教育引导党员干部牢记初心使命，增强抵御各种诱惑的定力，永葆清正廉洁，只有在思想上筑牢拒腐防变的防线，行动上才能把得住进退。

【范文赏析】

这篇范文引用典故"小惑易方，大惑易性"，用来强调面对诱惑，每个人的定力是不同的，与其太过自信而不设防，还不如充分估计自己的弱点，自觉用好制度的"捆身索"，避免一失足成千古恨。

08　为政者，莫善于清其吏也

【范文】

为政者，莫善于清其吏也。全省党员干部要明大德、守公德、严私德，清清白白做人、干干净净做事，做到克己奉公、以俭修身，永葆清正廉洁的政治本色，切实推动作风建设走深走实。（选自 2022 年 8 月 30 日《陕西日报》署名文章《抓好作风建设 必须清正廉洁》）

【典故出处】

语出唐朝魏徵《群书治要·刘廙政论·备政（卷四十七）》："夫为政者，莫善于清其吏也。"

文中典故的意思是：治理国家政事，最重要的是使官吏保持清正廉洁。

【典故解读】

《群书治要》是唐朝贞观年间由魏徵等社稷之臣，从诸子百家、六经、四史等典籍之中，撷取最精粹的治国理政智慧而成，堪称中国优秀传统文化的精华。

【场景应用】

公文写作中，"为政者，莫善于清其吏也"这句典故，常常用来教育引导党员干部始终秉持清正廉洁的政治操守，无论何时都要坚守党纪法规的底线，做到清正廉洁，两袖清风。

【范文赏析】

《陕西日报》这篇署名文章的中心论题是作风建设，文中引用典故"为政者，莫善于清其吏也"，强调了清正廉洁是中华民族的优良传统，是齐家、修身、治国、平天下的根本，为官者唯有清正廉洁，为政清廉，才能取信于民，赢得民心。

09 　　　　　　　　　　　　　不矜细行，终累大德

【范文】

"不矜细行，终累大德。"积小胜为大胜、化量变为质变，是共产党人一贯秉承的哲学智慧。各级干部当从我做起、从小事做起，带头坚守正道、弘扬正气，从政环境就会进入良性循环。一个问题一个问题地改作风，一个节点一个节点地抓党建，弊革风清的政治生态一定能化为现实。（选自2015 年 1 月 15 日《人民日报》文章《慎微者方有大天地》）

【典故出处】

语出春秋时期《尚书·周书·旅獒》："呜呼！夙夜罔或不勤，不矜细行，终累大德；为山九仞，功亏一篑。"

文中典故的意思是：如果在一些小节上不谨慎，到头来就会伤害到大节。

【典故解读】

这段引文是召公奭用来劝诫周武王的话。当年周武王灭商，八方来朝，

西蕃进贡了一只名犬——"獒"，召公担心武王玩物丧志，因此作《旅獒》，进行训诫。

在召公看来，圣明的君主早晚都不能懈怠，即使在小的行为上不谨慎，也会伤害到大的德行，这就像堆筑九仞高山，最后缺少一筐土也不能完成。

【场景应用】

公文写作中，"不矜细行，终累大德"这句典故，常常用来告诫党员干部德行培养要从小事做起，只有重视小事小节，最后才能养成高尚的德行。

【范文赏析】

《人民日报》这篇文章的主题是作风建设需要从细节抓起，小处不能随便，文章末段引用"不矜细行，终累大德"这句典故，用来号召党员干部要秉承中华文化中重小处、重细行、重微末这样的优秀德行，从我做起、从小事做起，带头坚守正道、弘扬正气，营造一个弊革风清的政治生态。

10　　　　　　　　　　　克勤于邦，克俭于家

【范文】

在制止餐饮浪费行为、培养节约习惯方面，家庭教育是不可或缺的重要一环。家庭是人生的第一个课堂，父母是孩子的第一任老师，在家庭教育中提倡浪费可耻、节约为荣，不仅是倡导一种健康的生活方式，更是让孩子在其中涵养"克勤于邦，克俭于家"的道德品质，去除铺张浪费的不

良之风，在举手投足间展现深植于心的文明素养。（选自 2020 年 9 月 7 日《人民日报》文章《让节约融入家庭教育》）

【典故出处】

语出春秋时期《尚书·虞书·大禹谟》："帝曰：'来，禹！降水儆予，成允成功，惟汝贤。克勤于邦，克俭于家，不自满假，惟汝贤。'"

文中典故的意思是：能够辛勤地为国效力，能够节俭地操持家政，这是治国齐家的根本。

【典故解读】

《尚书·虞书》是五帝之一的虞舜在位时的政治文献汇编，包括《尧典》《舜典》《大禹谟》《皋陶谟》《益稷》五篇。

"谟"，《说文》解释为"议谋也"，《大禹谟》就是舜帝与大臣商议政务的记录。这段引文记载了舜帝传位给大禹时发表的一番讲话，表彰了大禹的功绩。舜帝说："来，禹！洪水危急发出警告的时候，你履行信诺，完成治水，只有你最贤能。你勤劳于国，节俭于家，为人不自满不自大，只有你最贤能。"舜帝这番话充分肯定了大禹德才兼备，具备继承帝位的条件。成语"克勤克俭"正是源于这句典故。

【场景应用】

公文写作中，"克勤于邦，克俭于家"这句典故常用来体现"成由勤俭败由奢"这个道理，小到一个家庭，大到一个国家，它的兴衰成败与每一个人勤俭自律的品质息息相关。

当前，这句典故还常常用来倡导全社会践行厉行节约、反对浪费的新风尚，杜绝餐饮浪费新"食"尚。

【范文赏析】

《人民日报》这篇文章倡导在孩子的家庭教育中，提倡"浪费可耻、节约为荣"这样一种健康的生活方式。文中引用"克勤于邦，克俭于家"这句典故，很好地表达了勤俭节约作为中华民族的传统美德，唯有融入家风家教，才能代代传承。

11 骄纵生于奢侈，危亡起于细微

【范文】

要时刻自重自省自警自励，越是在监督薄弱、没人注意的情况下，越要保持自制力、增强抵抗力；谨记"危亡起于细微"，时时警惕义利的一念之差、对错的一步之遥，自觉净化社交圈、生活圈、朋友圈，做到心不动于微利之诱、目不眩于五色之惑，洁身自好、守住底线，做一名清清白白的好干部。（选自2022年10月19日《解放军报》署名文章《领导干部要带头抓好作风建设》）

【典故出处】

语出清朝张廷玉《明史•高皇后传》："妾与陛下起贫贱，至今日，恒恐骄纵生于奢侈，危亡起于细微。故愿得贤人共理天下。"

文中典故的意思是：骄横纵恣由奢侈而生，国家危亡从细小之处而起。

【典故解读】

张廷玉为清朝三代元老重臣，建立军机处制度，完善奏折奏章制度，是清朝唯一配享太庙的汉臣。其主修的《明史》是一部纪传体断代史，为二十四史最后一部，记载了自明太祖朱元璋洪武元年（1368）至明思宗朱由检崇祯十七年（1644）共 276 年的历史，共 332 卷。

"骄纵生于奢侈，危亡起于细微"是明孝慈高皇后规谏太祖的一句话，意思是臣妾与皇上发起于贫贱之时，时至今日，还时时担心皇上在奢侈的生活中养成骄傲放纵的习惯，但是国家的危亡往往起因于很小的事情，因此希望皇上能够招揽人才，共同治理天下。

【场景应用】

公文写作中，典故"骄纵生于奢侈，危亡起于细微"常用来告诫党员干部对待小事和细节，要始终保持清醒、敬畏和审慎的态度。一个党员干部如果在小事小节上做不好，那么在大事大节上也很难做得好。因此，党员干部应该从小事小节上加强自身修养，从生活中每一个小细节开始自觉改造自己的世界观和人生观，培养自己的为官之德，保持共产党人的本色，只有这样才能在干大事、成大业时做得更好。

【范文赏析】

《解放军报》这篇文章的主题是领导干部要带头抓好作风建设，文中引用典故"危亡起于细微"，强调作风建设需要落实在细微之处，一些看似微小的行为，或者一念之差，如果不能及时加以约束，往往会带来巨大的危机和灾难。因此，作风建设更要从小事做起，严于律己，从细微之处开始自我约束，洁身自好，守住底线。

12

奢靡之始，危亡之渐也

【范文】

　　"奢靡之始，危亡之渐。"历史的经验告诉我们，一旦沾染上了奢靡享乐之习，就会意志消沉、精神萎靡，丧失奋发向上的精神动力。更值得警惕的是，领导干部一旦过度追求物质享受，则必然会逐步走向腐败，严重损害党群干群关系，削弱党的执政基础和执政地位。官德如风，民德如草，领导干部追求享乐，还会败坏社会风气，造成全社会的奢靡之风。（选自 2014 年 3 月 12 日《河南日报》评论员文章《像焦裕禄那样艰苦奋斗——五谈搞好第二批党的群众路线教育实践活动》）

【典故出处】

　　语出北宋欧阳修等《新唐书·列传第三十·褚遂良》："雕琢害力农，纂绣伤女工，奢靡之始，危亡之渐也。漆器不止，必金为之，金又不止，必玉为之，故谏者救其源，不使得开。及夫横流，则无复事矣。"

　　文中典故的意思是：奢侈糜烂开始之时，就是国家危亡来临之际。

【典故解读】

　　《新唐书》是北宋时期欧阳修、宋祁等合撰的一部记载唐朝历史的纪传体史书，为"二十四史"之一。

　　"奢靡之始，危亡之渐也"这句典故，出自唐朝大臣、书法家褚遂良向唐太宗的一段谏言。唐太宗四子魏王李泰深受宠溺，生活奢侈，褚遂良以"奢靡之始，危亡之渐"这句话谏言唐太宗。他说，雕琢美玉需要农工劳力，彩绣纺织需要女工劳作，事情看起来虽小，但是劳民伤财，这是奢侈糜烂的开始，也是国家危亡的征兆。对于漆器，人们追求的不仅仅是漆，还要金子镶嵌；而对于金子，人们又会追求更加奢侈的玉来镶嵌。因此，谏臣必须在露出奢侈苗头的时候进谏，一旦奢侈成风，那么再进谏就很难了。

【场景应用】

公文写作中，"奢靡之始，危亡之渐也"这句典故，常常用来警醒党员干部，奢靡之风从来都不是小事，危害甚大，告诫党员干部要从自身做起、从小事做起，谨慎细节，守住小节，加强作风建设，坚决抵制和克服奢靡之风。

【范文赏析】

《河南日报》这篇评论员文章的主题是引导党员干部像焦裕禄同志那样，把心思和精力用在工作上，吃苦在前，享受在后，始终做到艰苦奋斗。文中引用典故"奢靡之始，危亡之渐"，就是以史为鉴，告诫党员干部要警惕奢靡之风，一旦沾染上了奢靡享乐之习，就会渐渐淡忘艰苦奋斗的精神，最终造成理想信念的缺失，那就必然会逐步走向腐败堕落。

13 　　　　　上清而无欲，则下正而民朴

【范文】

"上清而无欲，则下正而民朴。"焦裕禄尚俭戒奢、廉洁自律的工作作风慢慢成为家风，影响着他的儿女们，小儿子生病住院住的是六七人一间

的普通病房；单位福利分房几次，女儿都严词拒绝；大女儿毕业后，放弃了一个个体面的职业，而去了食品厂上班。因为是书记的儿女，更要带头艰苦，坚决不搞特殊化，这就是焦家儿女，不由得让人心生敬畏。焦裕禄虽然在生活中是个实实在在的"穷爸爸"，但却留给儿女们一笔丰裕的精神财富。（选自 2018 年 8 月 7 日安徽纪检监察网廉政时评《焦裕禄精神永不过时》）

【典故出处】

语出西汉刘向《说苑·谈丛》："上清而无欲，则下正而民朴。"

文中典故的意思是：如果上位者清廉没有私欲，那么下位者就会正直不欺，百姓也会真诚朴实。

【典故解读】

《说苑》又名《新苑》，共二十卷，是西汉历史学家、文学家刘向辑录皇家和民间藏书中的有关资料，加以整理而成的杂著类编，内容以对话体的历史故事为主，既有较高的文献价值，也有较高的文学欣赏价值，对魏晋乃至明清的笔记小说有一定的影响。

《谈丛》是《说苑》中的第十六卷，汇编整理了古代文献、诸子语录、民间谚语中大量的名言警句，包括劝谏君主治国理政、揭示人生哲理、固守个人修养等方面的内容。

"上清而无欲，则下正而民朴"，强调了国家治理中上行下效对于社会治与乱的影响，统治者不仅仅是权力的行使者，更是社会行为的表率者，上位者的"德"和"行"，常常是下位者和平民百姓模仿和效仿的标榜，因此上位者只有做到清廉不存私欲，下位者才能正直不欺，百姓也会效仿，做到真诚朴实。

【场景应用】

公文写作中，"上清而无欲，则下正而民朴"这句典故，常用来强调领导干部的行为作风对党风、民风、社会风气有着重要影响，起着示范效应，一举一动都影响、带动其他人，教育引导领导干部要始终保持清正廉洁的政治本色，常修从政之德，常怀律己之心，常思贪欲之害，常戒非分之想。

【范文赏析】

安徽纪检监察网这篇廉政时评，旨在号召广大纪检干部学习焦裕禄精神，培养自身尚俭戒奢、无私奉献、勇于担当的工作作风。文章中引用"上清而无欲，则下正而民朴"这句典故，体现焦裕禄的良好家风来自他自身尚俭戒奢、廉洁自律的工作作风，领导干部常怀律己之心，不仅会示范带动整个部门和单位的风气，而且还会影响到身边的家人，塑造良好家风。

14　众人皆以奢靡为荣，吾心独以俭素为美

【范文】

以俭修身，自觉筑牢思想的"防火墙"。司马光《训俭示康》里有言："众人皆以奢靡为荣，吾心独以俭素为美。人皆嗤吾固陋，吾不以为病。"艰苦奋斗、勤俭朴素是我们党的优良传统和作风，是代代传承的精神。党员干部在面对诱惑、陷阱时，保持头脑清醒、神清气定，时刻警钟长鸣，不断告诫自己，提高自我约束能力，强化自我警醒能力，稳得住心神、管得住身手、抗得住诱惑、经得起考验，以自律的态度、平静的心态、简朴

的作风，提高自身的思想觉悟和道德水准，在思想上筑起一道道拒腐防变的"防火墙"。（选自 2023 年 4 月 26 日邵阳党建网署名文章《党员干部要有"以俭修身"的自觉永葆清廉本色》）

【典故出处】

语出北宋司马光《训俭示康》："众人皆以奢靡为荣，吾心独以俭素为美。人皆嗤吾固陋，吾不以为病。"

文中典故的意思是：世人都把奢侈浪费看作荣耀，我心里唯独把节俭朴素看作美德。

【典故解读】

《训俭示康》是北宋政治家、史学家司马光写给其子司马康的一篇家训，教导他崇尚俭朴家风，永不奢侈腐化。"众人皆以奢靡为荣，吾心独以俭素为美"这段话中，司马光表明自己年轻时就不喜欢奢华，崇尚节俭，虽然世人都讥笑他固执鄙陋，但他自己却不认为这有什么不好。

【场景应用】

公文写作中，"众人皆以奢靡为荣，吾心独以俭素为美"这句典故，常用来教育引导党员干部修身律己，弘扬俭朴，廉洁齐家，营造尚廉敬廉的社会风尚。

【范文赏析】

邵阳党建网这篇署名文章要求党员干部要牢记初心使命，以俭修身，永葆清正廉洁本色。文章中引用典故"众人皆以奢靡为荣，吾心独以俭素为美"，强调自古以来"以俭修身"就是代代相传的中华传统美德，更是我们党的优良传统和作风，是在思想上筑牢党员干部拒腐防变的"防火墙"。

15 欲不可纵，志不可满

【范文】

《颜氏家训》中说："欲不可纵，志不可满。宇宙可臻其极，情性不知其穷，唯在少欲知足，为立涯限尔。"家是最小国，国是千万家，家国两相依。领导干部树立正确的家庭观，对于建立良好的社会风气和提高整个社会的道德水平，对于领导干部个人和党的事业发展来说都具有重大意义。（选自2022年6月29日中国网署名文章《以纯正家风涵养清朗党风政风》）

【典故出处】

语出西汉《礼记·曲礼上》："傲不可长，欲不可纵，志不可满，乐不可极。"

文中典故的意思是：欲望不可放纵，志气不可自满。

【典故解读】

《曲礼》是《礼记》的首篇，分为上下两篇，所载大多是周礼的一些具体细小的礼仪规范，如言语、饮食、洒扫、应对、进退之法等，包括吉、凶、宾、军、嘉五礼的相关内容。"傲不可长，欲不可纵，志不可满，乐不可极"这段话，告诫人们不可产生傲慢之心，不可放纵欲望，不可自大自满，不可无度享乐。

范文中"欲不可纵，志不可满。宇宙可臻其极，情性不知其穷，唯在少欲知足，为立涯限尔"这段话，是《颜氏家训》引自《礼记》，以此来告诫后人傲慢之心不可蔓生，欲望不可放纵，享乐不可无度，志气不可自满；宇宙可以达到它的极限，但人的本性欲望却没有尽头，只有减少欲望、学会知足、把持底线才是正道。

《颜氏家训》是南北朝时期文学家、教育家颜之推所作的家训，通过记述个人经历、思想、学识来告诫后世子孙。

【场景应用】

公文写作中，"欲不可纵，志不可满"这句典故常用来警醒党员干部时刻保持清醒的头脑和高度的自律意识，不能放纵自己的欲望，也不能满足于现状，要不断追求更高的目标，不断完善自己的工作作风和职业道德，提升自己的廉洁自律意识和能力。

【范文赏析】

中国网这篇文章提出领导干部应当树立正确的家庭观，以纯正家风涵养清朗党风政风。文章开篇引用《颜氏家训》中的典故"欲不可纵，志不可满"，体现了中华民族传统文化中一直都有清廉自律、克己奉公、追求卓越、不断进取的精神追求，这也成为中国传统家风的重要价值观，因而领导干部树立正确的家庭观，就是要弘扬和传承好这些承载着中华文化精髓和家风文化的价值观，以此推动社会风气和道德水平的改善和提高。

16

欲影正者端其表，
欲下廉者先之身

【范文】

"欲影正者端其表，欲下廉者先之身"，党员干部特别是领导干部要严于律己、以身作则，带头遵纪守法，坚持树立正确的世界观、人生观、价值观，时刻保持头脑清醒，自觉坚守廉洁从政底线，当好廉洁奉公的表率，纵深推进清廉机关建设。（选自 2022 年 11 月 12 日当代广西网署名文章《涵养清廉之风》）

【典故出处】

语出西汉桓宽《盐铁论·疾贪》："今大川江河饮巨海，巨海受之，而欲溪谷之让流潦；百官之廉，不可得也。夫欲影正者端其表，欲下廉者先之身。故贪鄙在率不在下，教训在政不在民也。"

文中典故的意思是：想要影子端正，必须先端正投下影子的标杆；想要下面的人廉洁，必须先自身做到廉洁。

【典故解读】

桓宽为西汉后期散文家，所著《盐铁论》（参见模块二词条 05）为一本政论性散文集，《疾贪》篇论辩的主题是官员贪鄙问题，贤良认为解决贪鄙的方法在于朝廷上层率先垂范，即"贪鄙在率不在下，教训在政不在民"；大夫却认为，官员是廉洁还是贪鄙，都是出于人的天性，即"贤不肖有质，而贪鄙有性，君子内洁己而不能纯教于彼"。

在"夫欲影正者端其表，欲下廉者先之身"这段引文中，贤良打了一个比方：现在大江大河流归大海，大海都接纳了，如今却要让溪谷河流不接纳雨后地面的流水，那是不可能的；朝廷上面贪贿，却要百官廉洁奉公，也是不可能的。所以说，贪鄙的风气在上层，而不是在下面，需要教训的是当政者，而不是老百姓。

【场景应用】

公文写作中，"欲影正者端其表，欲下廉者先之身"这句典故常用于要求领导干部以身作则、以上率下，常照镜子、正衣冠，严于律己，身体力行，做到正人先正己。

这句典故还可以用于党的建设中，强调领导干部的作风建设对党风政风乃至整个社会风气具有重要影响，只有领导干部特别是高级干部的作风抓好了，才能为全党全社会作出示范，带动党风政风民风不断向好。

【范文赏析】

当代广西网这篇文章提出，清廉机关建设的重点是加强机关干部队伍的清廉建设，因而文中引用典故"欲影正者端其表，欲下廉者先之身"，强调了"表率"和"廉洁"之间密不可分的关系，只有机关的党员干部特别是领导干部能够带头坚守廉洁从政底线，争做清正廉洁的表率，涵养清廉之风，才能营造清廉机关建设新气象。

17

大吏廉洁，
小吏则自然效法

【范文】

加强廉政文化建设。清朝康熙说过"治国莫大于惩贪""大吏廉洁，则小吏自然效法。苟不能勤慎，致误公事，岂可因保全一人而废国法乎"，古代统治者就提出了廉政的思想火花，在追求经济全球化、市场一体化的现代仍然实用。（选自 2009 年 8 月 14 日新华网文章《依靠人民群众促进反腐倡廉工作有效开展》）

【典故出处】

语出清朝《清实录·太祖武皇帝实录》："大吏廉洁，小吏则自然效法。苟可因保全一人而废国法乎。"

文中典故的意思是：如果大官廉政，那么小官自然就会效法。

【典故解读】

《清实录》又名《大清历朝实录》，为编年体史料。全书从太祖努尔哈赤到光绪帝载湉共十一朝十二部，四千四百三十三卷。根据清制，前代皇帝死后，由后代皇帝下诏设馆纂修实录，指定亲信大臣、大学士领衔主持。

《太祖武皇帝实录》后定名为《太祖高皇帝实录》，记述了清太祖努尔哈赤一生的业绩，集中反映了清太祖时期的政治、经济、外交、军事、文化等方面的重大活动和事件。

"大吏廉洁，小吏则自然效法"这段话告诫官员要为官清正，率先垂范，以上率下，假如自己不能勤政廉政，又怎么能够因为保全一人而废弃国家的法律呢？

【场景应用】

公文写作中，"大吏廉洁，小吏则自然效法"这句典故，可以用来告诫领导干部，特别是高级别领导干部，要做廉洁自律的表率，既要以身作则，严格要求自己，建立制度，又要积极引导和培育廉洁风气，让廉洁自律成为广大干部和群众的自觉行为，共同营造风清气正的政治生态。

【范文赏析】

新华网这篇评论文章阐述了依靠人民群众来促进反腐倡廉工作有效开展，文中化用"大吏廉洁，小吏则自然效法"这句典故，强调廉政文化自古以来就十分受重视，一直是中华文化的重要组成部分，在追求经济全球化、市场一体化的现代，廉政文化已经深入人心，为全社会所认可、接受和遵循，因而开展丰富多彩的廉政文化创建活动，让人民群众参与反腐倡廉建设，无疑大大提高了反腐败的效率和程度。

18　在官惟明，莅事惟平，立身惟清

【范文】

对干部来说，"官不聊生"多少有些矫情。本来，当官就需要清正廉明。"在官惟明，莅事惟平，立身惟清"，中央出台的"清规戒律"就是为官从政的行为规范，身为干部理应严格遵守。中央的一系列治吏之举，剑指的问题都是本不该发生的，都是老百姓深恶痛绝的，也与政治清明背道而驰。（选自 2014 年 7 月 23 日《南方日报》评论文章《何不以"为官不易"为荣》）

【典故出处】

语出东汉马融《忠经·守宰》:"在官惟明, 莅事惟平, 立身惟清。清则无欲, 平则不曲, 明能正俗。三者备矣, 然后可以理人。"

文中典故的意思是:为官应当明察秋毫, 办事应当公平公正, 立身应当清正廉洁。

【典故解读】

《忠经》是东汉经学家马融仿《孝经》体例而作, 全文共有十八章, 虽然不到三千字, 但是内容丰富, 体系完整, 系统地阐释了古代忠德思想, 使忠孝德行得以两全。

《守宰》是《忠经》第五章。"守宰"是古代对地方长官的称谓, 上至郡守, 下至县令。"在官惟明, 莅事惟平, 立身惟清"这段话, 针对地方父母官应当恪守的忠道, 提出了"明、平、清"三个字, 即为官贵在明察、办事贵在公平、立身贵在廉洁;清廉就不会有私欲, 公平就不会邪僻不正, 明察才能使民众信服;只有清廉、公平、明察三条都具备了, 才可以主政好地方。

【场景应用】

公文写作中, "在官惟明, 莅事惟平, 立身惟清"这句典故可以用来教育引导领导干部树立正确的价值观和行为准则, 自觉遵守廉政纪律, 坚守廉洁底线, 不滥用职权, 不以权谋私, 坚持公平正义, 做到廉洁奉公, 树立良好的领导形象。

【范文赏析】

发表在《南方日报》上的这篇评论文章阐述了"为官不易"正是来自党纪国法的要求, 也是来自作为人民公仆的职责定位。文中引用典故"在官惟明, 莅事惟平, 立身惟清", 旨在强调自古以来我们就十分重视廉政建设，中华文化一直崇尚廉洁、公正、正直、高效的行为准则。对于领导干部来说，只要殚精竭虑为人民服务，主动接受群众和舆论监督，即使"官不聊生""为官不易"，也完全有资格以此为荣。

19 欲知平直，则必准绳；
欲知方圆，则必规矩

【范文】

"欲知平直，则必准绳；欲知方圆，则必规矩。"换届风气是党风政风的"风向标"，直接反映地方从政环境、政治生态，切实关系换届工作成败。要确保换届风清气正，关键在严明纪律。只有把铁的纪律规矩挺在前面，贯穿换届工作全过程，才能换出干劲、换出活力、换出风清气正的好生态。（选自 2016 年 7 月 20 日《重庆日报》评论员文章《要严明换届纪律》）

【典故出处】

语出战国时期吕不韦《吕氏春秋·不苟论·自知》："欲知平直，则必准绳；欲知方圆，则必规矩；人主欲自知，则必直士。……存亡安危，勿求于外，务在自知。"

文中典故的意思是：要想知道平直与否，就必须借助水准墨线；要想知道方圆与否，就必须借助圆规矩尺；君主要想知道自己的过失，就必须任用直谏之士。

【典故解读】

《吕氏春秋》有二十六卷，分八览、六论、十二纪，其中六论主要是阐述人的行为尺度和处事准则。

《自知》篇告诉我们，人最大的失败在于没有自知之明。成语"掩耳盗铃"就出自此篇，讲的是偷钟怕别人听见就捂住自己的耳朵，以为这样就万事大吉了。比喻人没有自知之明，自己欺骗自己，明明掩盖不住的事情还要想法子掩盖。

引文中"存亡安危，勿求于外，务在自知"这句话，是在告诫君主，国家的存亡安危，不必到外部寻找理由，首要的就是对自己要有清醒的认识，由此体现君主的自知是如何重要。为此，吕不韦提出"欲知平直，则必准绳；欲知方圆，则必规矩"，以此作为君主达到"自知"的途径，同时，君主要想知道自己的过失，还必须任用直谏之士。

【场景应用】

公文写作中，"欲知平直，则必准绳；欲知方圆，则必规矩"这句典故，常用来强调纪律准绳和规矩底线对于规范约束党员干部行为的重要性，教育引导党员干部要严格遵守党的纪律和法律法规，时刻保持良好的作风形象，自觉抵制各种诱惑，保持清廉本色，做到廉洁自律、廉政奉公。

【范文赏析】

《重庆日报》这篇评论员文章写于集中换届期间，提出要以铁的纪律营造风清气正的换届环境。文章开篇就以典故"欲知平直，则必准绳；欲知方圆，则必规矩"开宗明义，指出要确保换届风清气正，关键在严明纪律，以此教育引导党员干部要严格遵守换届纪律，坚守规矩底线，从源头上遏制换届中可能出现的歪风邪气，真正让换届换出新面貌、换出精气神、换出凝聚力与战斗力。

20　　　　　　　　　　　　　上安下顺，风清弊绝

【范文】

要坚守政治底线、思想道德底线、法纪底线、政绩底线、生活底线，既管好自己也管好家属亲友身边人，共同营造上安下顺，弊绝风清的政治生态。（选自 2020 年 7 月 30 日《曲靖日报》署名文章《让"关键少数"成为涵养风清气正政治生态的"领头羊"》）

【典故出处】

语出北宋周敦颐《拙赋》："天下拙，刑政彻。上安下顺，风清弊绝。"

文中典故的意思是：如果上面安分宁静，下面顺服上面，那么风气就会清明，社会弊端也会随之绝迹。

【典故解读】

周敦颐是北宋文学家、哲学家，与邵雍、张载、程颢、程颐并称"北宋五子"，他提出了"无极而太极"这样一个宇宙构成论说，成为宋明理学的开山祖师。

《拙赋》正文只有 40 字，序 25 字，总共 65 字，这篇赋虽然短小，但是充分体现了周敦颐的政治思想，表达以"拙"为荣、以"巧"为耻的处世哲学。

"拙"体现的是真诚谦虚，实事求是，问心无愧，因而在周敦颐眼里，如果天下人都看似笨拙愚钝，老老实实做人，老老实实做事，那么国家的政治法度就会清明气正，政令畅通，这样一来，必然是"上安下顺，风清弊绝"。

【场景应用】

公文写作中，"上安下顺，风清弊绝"这句典故，常用来体现一种清正廉洁、风清气正的政治生态，"上安"体现的是上层领导安于本职工作，廉洁自律，为民办事，率先垂范，发挥好领导作用；"下顺"表现出来的是基层干部和群众的支持、信任和理解，上下同心，和谐共进；"风清"感受到的是社会风气清明，政治纪律严明，营造一个风清气正、廉洁从政的生态环境；"弊绝"体现出贪污腐化等各种不正之风在坚决抵制和严厉打击下，逐渐消除灭绝，正风肃纪，社会和谐稳定。

【范文赏析】

《曲靖日报》这篇文章提出，党员领导干部必须充分发挥"关键少数"作用，做涵养风清气正政治生态的"领头羊"。文中化用"上安下顺，风清弊绝"这句典故，强调领导干部在政治生态环境中起着至关重要的作用，发挥着典范引领、教育监督的作用，不仅自身要坚守底线，而且还要管好家属亲友身边人，共同营造良好的政治生态。

第三单元

修养篇

模块十一
理想信念

01

石可破也，而不可夺坚；
丹可磨也，而不可夺赤

【范文】

"人生最高之理想，在求达于真理。"翻开党史，党的先驱们书写了一个个坚持真理、坚守理想的感人故事。为了心中的主义和信仰，他们矢志不渝、前赴后继，生死考验不能改其志，功名利禄不能动其心，千难万险不能阻其行。"石可破也，而不可夺坚；丹可磨也，而不可夺赤。"中国共产党人的理想信念坚如磐石，中国共产党人的拼搏奋斗百折不挠。（选自2021年7月18日新华社文章《伟大的精神之源，奋进的磅礴力量——论伟大建党精神》）

【典故出处】

语出战国时期吕不韦《吕氏春秋·季冬纪·诚廉》："石可破也，而不可夺坚；丹可磨也，而不可夺赤。坚与赤，性之有也。性也者，所受于天也，非择取而为之也。豪士之自好者，其不可漫以污也，亦犹此也。"

文中典故的意思是：石块可以被击碎，但是无法改变其坚硬的品质；丹砂可以被磨碎，但是依然改变不了它赤红的本色。

【典故解读】

这句典故以物喻人：石块的坚硬和丹砂的红色是与生俱来的本性，它们不会因为外来的压力而改变。那些洁身自好的豪杰义士，就像石块和丹砂，哪怕被击碎、磨碎，也不会改变自己的坚硬和本色，他们宁死也不愿玷污自己的名节。

原文以伯夷、叔齐的故事进一步诠释了这样的寓意。伯夷、叔齐认为周德衰微，宁愿饿死在首阳山上，也不做周的子民，以此坚守自己的节操，保全清白高洁的德行。

【场景应用】

这句典故用于全面深化改革的今天，意义尤为深远。面对当前的复杂局势和层出不穷的种种诱惑，领导干部就像"石"和"丹"，无论经受什么样的考验和磨难，都能够永葆共产党人的品质和本色，做到名节操守不容玷污，理想信念不容动摇，就如同石之坚、丹之赤一样不可改变。

【范文赏析】

整篇文字充溢着自古以来华夏民族对于理想志向和名节操守的追求和执着，体现了人的"正性"，让我们感受到了中国共产党人一脉相承的精神和信念，他们为了心中坚如磐石的主义和信仰，前赴后继，历经生死考验，也不能改其志，不能动其心，更不能阻其行。

02　咬定青山不放松，立根原在破岩中

【范文】

"咬定青山不放松，立根原在破岩中。千磨万击还坚劲，任尔东西南北风。"这首脍炙人口的诗，描写的是竹子不畏艰险、顽强生长的品格。应对国际金融危机冲击，保持今年经济平稳较快发展，我们也要有这种"咬定青山不放松"的精神。（选自 2009 年 3 月 23 日《人民日报》评论员文章《咬

定青山不放松》)

【典故出处】

语出清朝郑燮《竹石》："咬定青山不放松，立根原在破岩中。千磨万击还坚劲，任尔东西南北风。"

诗中典故的意思是：竹子紧紧咬住青山一点也不放松，竹根一直牢牢地扎在岩石的缝隙中。

【典故解读】

《竹石》是一首借物喻人、托物言志的诗，郑燮借用竹子顽强而又执着的品质，来表达自己不随波逐流的人格操守。

诗中一个"咬"字，可谓一字千钧，极为有力，写尽了竹子的神韵和精神风貌。正是这种顽强的生命力，使得竹子经历了千种磨难，万般打击，还能保持坚劲不屈的枝干，不管你刮什么风，它决不会倒。

【场景应用】

"咬定青山不放松，立根原在破岩中"常用于个人修养中，为人要有铮铮骨气，讲究气节，表现出不怕任何打击的硬骨头精神。同时，这个典故还更多地用来表达革命者坚定的信念立场，以及面对磨难和打击宁折不弯、决不动摇的战斗品格。

【范文赏析】

范文开篇引用郑燮的这首《竹石》，而且以"咬定青山不放松"这一典故为题，每段采取排比的形式，表达出应对国际金融危机冲击，保持经济平稳较快发展，我们必须发挥岩竹坚忍不拔、自强不息的精神，才能斩关夺隘，一路向前。

03

立志而圣，则圣矣；
立志而贤，则贤矣

【范文】

正所谓"立志而圣则圣矣，立志而贤则贤矣"。只有把自己的小我融入祖国的大我、人民的大我之中，与时代同步伐、与人民共命运，才能更好实现人生价值、升华人生境界。中国梦是全国各族人民的共同理想，也是青年一代应该牢固树立的远大理想。中国特色社会主义是我们党带领人民历经千辛万苦找到的实现中国梦的正确道路，也是广大青年应该牢固确立的人生信念。（选自 2021 年 5 月 4 日求是网评论员文章《让青春为伟大时代绽放》）

【典故出处】

语出明朝王阳明《教条示龙场诸生》："志不立，天下无可成之事，虽百工技艺，未有不本于志者。……故立志而圣，则圣矣；立志而贤，则贤矣。志不立，如无舵之舟，无衔之马，漂荡奔逸，终亦何所底乎？"

文中典故的意思是：立志成为圣人，就可以成为圣人；立志成为贤人，就可以成为贤人。

【典故解读】

《教条示龙场诸生》是王阳明被贬到贵州龙场后写给弟子们的为学条例，他立下了四条规矩：一曰立志，二曰勤学，三曰改过，四曰责善。

王阳明把立志看作为学的第一要义，他认为，如果没有确立起志向，那么天下就没有可以办成的事情，就算是学习手艺和技术也莫不是如此。没有确立志向的人，就像没有舵的船，没有辔头的马，四处飘荡，最终也不知会去往何方。

【场景应用】

公文写作中,"立志而圣,则圣矣;立志而贤,则贤矣"这句典故,常常用来强调理想信念是引导我们修身立德、涵养品性,以及实现人生价值、升华人生境界的精神支柱。对于当代青年来说,有没有远大理想,能不能志存高远,关乎国家未来,青年唯有以坚定的理想信念筑牢精神之基,坚守价值追求,才能创造无愧于时代的新业绩,肩负起时代赋予的使命和重托。

【范文赏析】

这篇评论员文章写于五四青年节之际,激励当代青年在感悟时代、紧跟时代中,珍惜韶华,在火热的青春中放飞人生梦想,在拼搏的青春中成就事业华章。

文中引用典故"立志而圣,则圣矣;立志而贤,则贤矣",旨在号召广大青年要立鸿鹄志,树立远大理想,把自己的小我融入祖国的大我、人民的大我之中,更好实现人生价值、升华人生境界。

04　立志欲坚不欲锐,成功在久不在速

【范文】

正因葆有"立志欲坚不欲锐,成功在久不在速"的耐心与坚韧,一代

代人前赴后继、接续奋斗，我们迎来了向贫困堡垒的总攻。啃下这些"最难啃的硬骨头"，必须激发驰而不息的精神，警惕浮躁心态、虚浮作风，更加尊重规律、更加精准施策，进一步突出脱贫攻坚的针对性和实效性。（选自 2020 年 8 月 5 日《人民日报》评论员文章《收官之战需要绷紧弦鼓足劲》）

【典故出处】

语出南宋张孝祥《论治体札子》："立志欲坚不欲锐，成功在久不在速。"

文中典故的意思是：立志贵在坚定不移，而不在锋芒毕露；成功贵在持之以恒，而不在急于求成。

【典故解读】

张孝祥为南宋词人，《论治体札子》是他在朝任职期间所上的奏议，还有《论先备札子》《论涵养人才札子》等，提出扫除积弊、改革政治、培养和选拔人才的种种主张，表现了他在政治上的远大理想。

【场景应用】

在公文写作中，"立志欲坚不欲锐，成功在久不在速"这句典故，用来强调一个人立志最重要的是决心，而不在于这个志向是多么伟大和优秀；事业成功的关键在于长久不懈的努力，短暂的辉煌不能说明什么，能够长久的才是真正的辉煌。

【范文赏析】

这篇评论员文章写于我国承诺完成现行标准下的农村贫困人口全部脱贫的目标之年，打赢打好脱贫攻坚这场硬仗，越是到最后，越要绷紧弦、鼓足劲。

文中引用"立志欲坚不欲锐，成功在久不在速"这句典故，强调脱贫攻坚需要久久为功，越是决战决胜、临近收官，越是要保持战略定力，稳扎稳打，以一股子韧性与耐力，走好脱贫攻坚"最后一公里"。

05　　为天地立心，为生民立命，为往圣继绝学，为万世开太平

【范文】

第一，要有爱国心，在自强不息中立志报国。北宋大家张载的横渠四句"为天地立心，为生民立命，为往圣继绝学，为万世开太平"所传达出的价值观念和思想情怀，以及对民众和社会的责任担当，成为千百年来知识分子心中最伟大的人格理想和精神坐标，今天也依然可以作为新时代学子的人生奋斗目标。（选自2022年9月16日内蒙古大学常务副校长武利民《在2022年新生开学典礼上的致辞》）

【典故出处】

语出北宋张载《横渠语录》："为天地立心，为生民立命，为往圣继绝学，为万世开太平。"

文中典故的意思是：为天地确立生生之心，为民众确立生命意义，为前圣继承已绝学统，为万世开拓太平基业。

【典故解读】

北宋大儒张载是关学的创始人，也是理学奠基人之一，与周敦颐、邵雍、程颐、程颢合称"北宋五子"，早年随父迁居陕西郿县（今眉县）横渠

镇，辞官后又在横渠讲学，故世人又称"横渠先生"。

"为天地立心，为生民立命，为往圣继绝学，为万世开太平"这四句话，涉及精神价值、生命意义、学统传承、社会理想等多方面的内容，既是张载一生为学的归宿，也是其思想精髓的体现，冯友兰先生称其为"横渠四句"。这四句话也一直被视为知识分子的终极使命而传诵不衰。

【场景应用】

在当代，这一典故常用来表达知识分子的精神追求和社会担当，体现知识分子为社会重塑精神价值、为百姓谋求幸福、弘扬古代圣贤思想、开创万世太平的抱负和理想追求。

【范文赏析】

这篇讲话稿是内蒙古大学 2022 年新生开学典礼上的致辞，对即将开启新的学习生涯的同学们提出新的期望和要求。讲话中引用典故"为天地立心，为生民立命，为往圣继绝学，为万世开太平"，旨在强调新时代学子应有的人生奋斗目标，诠释如何体现爱国心，在自强不息中立志报国，不能只满足于眼前的"小我"，而要涵养家国情怀，以敢为天下先的社会责任感，把自己的小我融入国家和人民的大我之中，紧贴时代脉搏，切实担负起这个时代赋予莘莘学子的使命和责任。

06   人之忠也，犹鱼之有渊

【范文】

"人之忠也，犹鱼之有渊。"忠诚问题解决好了，说老实话、办老实事、做老实人就是一个路径问题。只有说真话不讲假话，做实事不搞虚功，求真务实、实事求是，才能在民族复兴的征程上行稳致远，实现伟大的中国梦。（选自 2017 年 9 月 12 日《人民日报》署名文章《永葆共产党人的忠诚底色》）

【典故出处】

语出三国时期诸葛亮《兵要》："人之忠也，犹鱼之有渊。鱼失水则死，人失忠则凶。故良将守之，志立而扬名。"

文中典故的意思是：人拥有忠诚的品德，就像鱼儿拥有了水。

【典故解读】

《兵要》是研究诸葛亮军事思想的重要资料，是诸葛亮基于军事实践总结出来的十大治军要领，包括军事纪律、良将品德、用人选贤、将领作风、捕捉战机、打击歪风、杜绝朋党、战术教练、驻防移防、军规军容等方面。

诸葛亮把忠诚看作是良将的首要品德，文中把忠诚对于良将的重要性，比作水对于鱼一样生命攸关，鱼离开水就会死去，人失去忠诚就很危险，所以良将会坚守忠心，如此就可以树立远大志向，扬功名于天下。

【场景应用】

在公文写作中，"人之忠也，犹鱼之有渊"这句典故，常用来要求党员

干部始终把对党忠诚作为首要的政治品质，一心一意、一以贯之，任何时候、任何情况下都不改其心、不移其志、不毁其节。

【范文赏析】

《人民日报》这篇文章论述的是"永葆共产党人的忠诚底色"，文末引用"人之忠也，犹鱼之有渊"这句典故，进一步强调了对党忠诚的重大意义，不仅呼应了文题，而且体现出忠诚是一切问题的根本，只有忠诚问题解决好了，说老实话、办老实事、做老实人就是一个路径问题。

07　　　　　　　　　　任重道远者，不择地而息

【范文】

"任重而道远者，不择地而息。"对过往最隆重的纪念，是创造新的历史；对当下最豪迈的誓言，是进行新的奋斗；对未来最真挚的许诺，是创造新的奇迹。新时代走在前列、新征程勇当尖兵，深圳改革开放再出发，努力创建社会主义现代化国家的城市范例，一定会创造让世界刮目相看的新的更大奇迹！（选自2020年8月27日《人民日报》评论员文章《勇当改革开放的尖兵》）

【典故出处】

语出西汉韩婴《韩诗外传》卷一："怀其宝而迷其国者，不可与语仁；窘其身而约其亲者，不可与语孝；任重道远者，不择地而息；家贫亲老者，

不择官而仕。"

　　文中典故的意思是：身负重任，路途遥远，长期跋涉，这样的人不会选择安逸的地方停留栖息。

【典故解读】

　　韩婴为西汉"韩诗学"的创始人，他所作的《韩诗外传》记述了360条古代史实、传闻、轶事，而且每一条均用《诗经》引文作结论，以故事来帮助人们理解《诗经》。

　　这句典故讲的是春秋时期的思想家曾子在鲁国做官，父母在世的时候，他要靠俸禄来赡养父母，因此看重俸禄而不在意操守，但是父母亡故之后，曾子为官看重操守而不会贪图爵位俸禄。

　　这段引文说，拥有超世才能却不肯出仕，听任国家混乱不已，和这样的人不可以谈论"仁"；身陷窘境却自守清高，让父母也跟着受累，和这样的人不可以谈论"孝"；身负重任，路途遥远，长期跋涉，这样的人不会选择安逸的地方停留栖息；家境贫穷，双亲又年迈，这样的人出仕为官不会考虑职位高低。

　　所以，君子修身齐家治国平天下，会审时度势，分得出轻重缓急，先做眼前最紧急的事，不会固守教条。

【场景应用】

　　公文写作中，"任重道远者，不择地而息"这句典故，可以用来体现拥有远大理想和崇高信念的人，历经长期奋斗，充满艰难险阻，不会在功业未竟时选择安逸的生活。

【范文赏析】

　　《人民日报》这篇评论文章写于深圳改革开放四十周年之际，范文化用典故"任重道远者，不择地而息"，强调了深圳改革开放再出发，仍然任重道远，唯有初心如磐，始终坚定理想信念，方能笃行致远。

功崇惟志，业广惟勤

【范文】

"功崇惟志，业广惟勤。"实现中国梦，创造全体人民更加美好的生活，任重而道远，需要我们每一个人继续付出辛勤劳动和艰苦努力。让我们以劳动模范和先进工作者为榜样，大力弘扬劳模精神、劳动精神、工匠精神，爱岗敬业、勤奋工作，锐意进取、勇于创造，不断谱写新时代的劳动者之歌！（选自 2020 年 11 月 27 日《人民日报》评论员文章《大力弘扬劳模精神劳动精神工匠精神——论学习贯彻习近平总书记在全国劳动模范和先进工作者表彰大会上重要讲话》）

【典故出处】

语出春秋时期《尚书·周书·周官》："戒尔卿士，功崇惟志，业广惟勤，惟克果断，乃罔后艰。"

文中典故的意思是：取得伟大的功绩，取决于你的远大志向；完成伟大的功业，在于你的勤勉努力。

【典故解读】

《周官》是《尚书·周书》（参见模块二词条 18）的篇名，周成王灭淮夷，回到王都丰邑后，告诫百官勤勉工作，恪尽职守，说了这句"功崇惟志，业广惟勤"，并说道，只有办事果敢决断，才不会有后来的艰难困苦。

这句话既是对周王朝崛起的经验总结，也是对成就功业所需条件的规律认识。

【场景应用】

公文写作中，"功崇惟志，业广惟勤"这句典故，常用来教育领导干部要树立远大志向，勤勉为政，唯有如此，才能恪尽职守，不辱使命。

【范文赏析】

《人民日报》这篇评论员文章弘扬的是劳模精神、劳动精神和工匠精神，文尾引用"功崇惟志，业广惟勤"这句典故，强调了劳动模范和先进工作者身上展现的这些精神，在于他们有着远大的志向和崇高的理想，以及淡泊名利、甘于奉献的追求，这些精神集中体现在实现中国梦，创造全体人民更加美好的生活，任重而道远，需要付出辛勤劳动和艰苦努力。

精神为主人，形骸为屋舍；主人渐贫穷，屋舍亦颓谢

【范文】

现实生活中，有的党员自足自满，丧失了开拓奋进的激情；有的党员畏首畏尾，失去了直面挑战的勇气；有的党员纠结于个人得失，稍不如愿便撂挑子、闹情绪。"精神为主人，形骸为屋舍；主人渐贫穷，屋舍亦颓

谢。"精神的懈怠，必然带来斗志的衰退，作风的松散，事业的滑坡，必将使一个人在大浪淘沙中失去定力，随波逐流。（选自 2011 年 8 月 9 日《人民日报》署名文章《永远保持"勇于变革 勇于创新 永不僵化 永不停滞"的劲头》）

【典故出处】

语出清朝袁枚《恶老八首》："精神为主人，形骸为屋舍；主人渐贫穷，屋舍亦颓谢。"

文中典故的意思是：人的精神状态就像是一个家庭的主人，形体肉身就是这个家庭的房屋；如果主人日渐穷困潦倒，那么这座房屋也就随之败落荒废。

【典故解读】

袁枚为清代诗人、诗论家，居"乾隆三大家"之首，著有《小仓山房集》《随园诗话》等，晚年自号仓山居士、随园主人、随园老人。袁枚为文自成一家，倡导"性灵说"，主张写诗创作应该抒写性灵，写出诗人的个性。

"精神为主人，形骸为屋舍；主人渐贫穷，屋舍亦颓谢"这句典故出自袁枚的《恶老八首》，强调了人的精神状态的重要性。精神状态和身体状态密切相关，精神状态的好坏决定着身体的健康状况，长期保持良好乐观的心态，对生活充满信心和力量，才是健康长寿不可缺少的灵丹妙药。

后来这句典故用来强调无论多么完美的身体，必须有美好的灵魂才算完备，思想的生命是肉体生命的终极，如果缺少精神信念来固本，那么肉体就会残缺不全。

【场景应用】

公文写作中，"精神为主人，形骸为屋舍；主人渐贫穷，屋舍亦颓谢"这句典故，可以用来强调一个人应该注重培养和提升自己的精神世界，保持积极向上的理想追求，精神的富足才是真正的财富，只有精神上不断充实和成长，才能给自己带来真正的幸福。

这句典故还可以用来教育引导领导干部，只有坚定理想信念，树立正确的价值观，保持积极向上的精神状态，才能不为物质利益所动摇，在任何情况下都能保持定力，激发旺盛斗志，扎实工作，开拓进取。

【范文赏析】

《人民日报》这篇文章提出面对困难和挑战，我们要永远保持"勇于变革、勇于创新、永不僵化、永不停滞"的"那么一股劲"。文中引用典故"精神为主人，形骸为屋舍；主人渐贫穷，屋舍亦颓谢"，强调精神力量来自内心的坚定信念、卓越的精神追求和高尚的道德品质，领导干部应该注重涵养这样的精神力量，以坚定的信念和高尚的品德来引领和影响他人，实现自己的人生价值。

三军可夺帅也，匹夫不可夺志也

【范文】

党员干部要早立志，立早志。党员干部，特别是青年干部，要在内心深处"早立志"，孔子曾说："三军可夺帅也，匹夫不可夺志也。"一个人的志向至关重要，就党员干部来说，工作不能仅仅是一日三餐，工作的意义在于怎么为人民群众服务，群众对我们的工作满不满意，支不支持，高不高兴，这都要作为我们评判干部的重要方面，更是党员干部"志向"核心

所在。（选自 2021 年 4 月 29 日中新网署名文章《党员干部当有志向》）

【典故出处】

语出春秋时期孔子《论语·子罕》："子曰：'三军可夺帅也，匹夫不可夺志也。'"

文中典故的意思是：一国的军队可以强行使它丧失主帅，但是一个人的志向却不可以强迫改变。

【典故解读】

《子罕》是《论语》的第九篇，主要阐述了孔子的教育和道德思想，以及弟子对他的评论。"三军可夺帅也，匹夫不可夺志也"这句话告诉我们，一个人应该坚定信念，矢志不渝。这句话充分体现了孔子对于"志"的高度重视，将它与三军之帅相提并论。

【场景应用】

公文写作中，"三军可夺帅也，匹夫不可夺志也"这句典故，可以用来强调一个人的职业精神、人生态度和人格力量，一个人只有心怀大志向，树立远大理想，才能够勇挑重担，始终保持旺盛斗志，不会在遇到困难时彷徨、犹豫和退缩。

【范文赏析】

中新网这篇文章提出党员干部当有志向，要早立志，立志早。文中引用典故"三军可夺帅也，匹夫不可夺志也"，用以教育引导党员干部胸怀远大志向，树立坚定的信仰和高尚的信念，面对困难和逆境，尽心尽责，奋斗不止，把远大理想和脚踏实地统一起来，在党的伟大事业中奋勇争先，书写华章。

11

志之所趋，无远弗届，穷山距海，不能限也

【范文】

　　志之所趋，无远弗届，穷山距海，不能限也。修好"坚定理想信念"这道终身课题，就是要矢志不渝，把青春的奋斗融入党和人民事业中，把青春的汗水挥洒在中华民族伟大复兴的新征程，绚烂青春芳华。（选自2022年8月31日《潇湘晨报》网评文章《修好终身课题，用理想信念之光照亮奋斗之路》）

【典故出处】

　　语出清朝金缨《格言联璧·学问》："志之所趋，无远弗届，穷山距海，不能限也。志之所向，无坚不入，锐兵精甲，不能御也。"

　　文中典故的意思是：一个人如果有坚定的志向，那么就没有不可以实现的目标，纵然是山海尽头，也不能阻止他前进的步伐。

【典故解读】

　　金缨为清朝学者，他编写的《格言联璧》（参考模块十词条05）堪称立身处世的金科玉律、修心养性的人生智慧。"学问类"主要讨论的是读书与修身。在读书修身的过程中，学习儒家圣贤经典可以使人明确道德的意义，树立高尚的情操，拥有担当天下的广阔胸怀和强烈的责任感。

　　引文中这句典故体现了理想与信念之间相互依存，志存高远的人，再遥远的地方也能到达，再坚固的东西也能突破。

【场景应用】

公文写作中，"志之所趋，无远弗届，穷山距海，不能限也"这句典故，常用来激励党员干部坚定理想信念，心中有信仰，行动有力量，崇高的理想信念是人的精神之基、力量之源，是战胜一切困难、抵御一切诱惑的决定性因素。

【范文赏析】

《潇湘晨报》这篇网评文章的主旨是新时代领导干部要筑牢理想信念的根基，文章末段引用典故"志之所趋，无远弗届，穷山距海，不能限也"，号召党员干部把"坚定理想信念"作为首要要求，勇担时代重任，用永远跟党走的信念书写新时代华彩乐章，夯实担当时代大任的思想基础，为实现中华民族伟大复兴贡献智慧和力量。

12 古之立大事者，不唯有超世之才，亦必有坚忍不拔之志

【范文】

在经风雨、见世面中成大器，须做到坚忍不拔。"古之立大事者，不惟有超世之才，亦必有坚忍不拔之志。"韧者笃行，韧则行远。成长没有捷径可走，任何成就的取得都离不开坚忍不拔的意志、持续奋斗的执着。（选自2022年4月19日《解放军报》署名文章《经风雨 见世面 成大器》）

【典故出处】

语出北宋苏轼《晁错论》："古之立大事者，不唯有超世之才，亦必有坚忍不拔之志。昔禹之治水，凿龙门，决大河，而放之海。方其功之未成也，盖亦有溃冒冲突可畏之患；唯能前知其当然，事至不惧，而徐为之图，是以得至于成功。"

文中典故的意思是：自古以来能够成就伟大功绩的人，不仅有出类拔萃的才能，也一定有坚忍不拔的意志。

【典故解读】

《晁错论》为北宋文学家苏轼所写，这是一篇人物评论文，文中的晁错是西汉初年景帝时期的政治家和政论家，曾担任景帝的御史大夫。文章总结了晁错削藩失败的教训，指出晁错被杀的根本原因在于自己，而非景帝过错。

这段引文在提出"古之立大事者，不唯有超世之才，亦必有坚忍不拔之志"的观点后，以大禹治水为例来进一步阐述：从前大禹治水，凿开龙门，疏通黄河，使水东流入海；在整个工程还没有完成时，可能会发生决堤、漫堤等可怕的祸患，但是他事先预料到可能会这样，因此祸患发生时就不会惊慌失措，而是能够从容治理，所以最终取得了成功。

【场景应用】

公文写作中，"古之立大事者，不唯有超世之才，亦必有坚忍不拔之志"这句典故，常用来激励党员干部坚定理想信念，不折不扣地践行使命。在追求理想和信仰的过程中，往往需要不屈不挠的精神和坚忍不拔的毅力，只有具备超凡的才华和坚定的意志，才能成就伟大的历史使命和人生价值。

这句典故还可以用于鼓励自己和他人，克服逆境和挫折，坚定信心、砥砺前行，无论在哪个领域，只要有坚忍不拔的精神，就能在竞争中脱颖而出，实现自己的人生价值。

【范文赏析】

《解放军报》这篇文章的主题是激励新时代的年轻干部，勇于接受雨雪风霜的考验，在磨砺中拔节成长，在经风雨、见世面中成大器。文中引用典故"古之立大事者，不唯有超世之才，亦必有坚忍不拔之志"，强调面临困难和挑战时，需要更大的勇气和决心，超越自己的局限，不断追求进步和突破，只有拥有坚忍不拔的意志和毅力，才能真正为国家建功立业，成就一番事业。

13 穷且益坚，不坠青云之志

【范文】

怀揣梦想，不负韶华的发展之"志"。"穷且益坚，不坠青云之志。"理想信念，是恪守初心、勇担使命的"源"。每个时代，都有青年人的梦想与追求。回望 1921 年，那时的青年人为救国救民而努力；1941 年，青年人为抗击日本帝国主义而抗争；1981 年，迎来改革开放春风的青年人，在不断为社会主义建设忙碌奔波。今天的青年人，怀着崇高的理想信念，坚持不懈、持之以恒，发挥青年人能做能干、敢想敢闯的优势，为铸就伟大的民族复兴梦，国家富强梦不断奋斗。（选自 2021 年 7 月 21 日中青在线署名文章《为"三个不负"接续奋斗》）

【典故出处】

语出唐朝王勃《滕王阁序》："老当益壮，宁移白首之心？穷且益坚，不坠青云之志。"

　　文中典故的意思是：处境越是窘困，意志却更加坚定，这样就不会轻易放弃自己的高远志向。

【典故解读】

　　王勃是唐朝文学家，居"初唐四杰"之首，诗歌擅长五律和五绝，主要文学成就是骈文，《滕王阁序》是其中的代表作品。

　　《滕王阁序》全称《秋日登洪府滕王阁饯别序》，全文意境优美开阔，语言精美典雅，写景与抒情自然融合，在辽阔壮美的山川秋景中，表达出作者独特的人生体验，达到了很高的艺术境界，成为千古传诵的名篇。

　　"老当益壮，宁移白首之心？穷且益坚，不坠青云之志"，表达出作者虽遭遇逆境却壮志不坠，身处困顿却情操不移的执着态度，抒发了交织于内心的失望与希望、痛苦与追求、失意与奋进的复杂情感。

【场景应用】

　　公文写作中，"穷且益坚，不坠青云之志"这句典故，常用来教育引导党员领导干部要始终坚守忠诚干净担当的使命初心，坚定理想与信念，越是面临艰难困苦的环境，越是要主动作为，脚踏实地，不坠凌云壮志，开拓奋进。

【范文赏析】

　　中青在线这篇文章号召当代青年要接力奋斗，"不负时代，不负韶华，不负党和人民的殷切期望"，踏实干事创业。

　　文章中引用典故"穷且益坚，不坠青云之志"，这里的"青云之志"强调的是青年人应该恪守自己的理想信念，在任何充满艰难险阻的境遇里都不能放弃，而是要坚持不懈，敢想敢闯，不断取得新的成绩，回馈党、回馈国家、回馈人民。

14

刑天舞干戚，猛志固常在

【范文】

筑牢"干事"信念，敢同"艰难困苦"斗争。"刑天舞干戚，猛志固常在。"要实现伟大梦想，就必须进行伟大斗争。近年来，"当代愚公"黄大发、"沙漠愚公"苏和、贵州"女愚公"邓迎香等优秀共产党员的事迹感动了大江南北，成了为人民服务的模范典型。在现实面前，在艰难困苦的环境中，恪尽职守、迎难而上是一种刚需的"斗争精神"。（选自2022年9月7日人民论坛网署名文章《以"斗争"之姿走好新时代赶考路》）

【典故出处】

语出东晋陶渊明《读山海经·其十》："精卫衔微木，将以填沧海。刑天舞干戚，猛志固常在。"

诗中典故的意思是：刑天挥舞着盾斧，勇猛的斗志始终存在，不可磨灭。诗句里的刑天是山海经中的神话人物，与天帝争权失败后，被砍去了头，但他不甘屈服，以两乳为目，以肚脐当嘴，左手握盾，右手拿斧，进行抗争。

【典故解读】

陶渊明为东晋末年杰出的诗人、辞赋家、散文家，被誉为"田园诗派"鼻祖。

《读山海经》十三首是陶渊明创作的组诗，首篇为序诗，咏隐居耕读之乐，后十二首从《山海经》中撷取题材而成，借用世间的传说、神话、寓言，抒发了诗人对现实的不满和豪情壮志。

"刑天舞干戚，猛志固常在"出自组诗的第十首，诗中的精卫是古代神话里的鸟，原为炎帝之女，因游东海淹死而化为鸟，所以衔"微木"填东海。全诗歌颂了精卫和刑天这种锲而不舍的斗争精神和矢志靡它的顽强决心，寄托了诗人的理想和追求。

【场景应用】

"刑天舞干戚，猛志固常在"这句典故传达出来的理想信念和信仰精神，可以给人带来无穷的力量和勇气。公文写作中，这句典故常用来教育引导领导干部要培养和保持顽强的斗争精神、坚韧的斗争意志和高超的斗争本领，在重大斗争中经风雨、见世面，在大风大浪中长才干、壮筋骨，唯有如此，才能在新的伟大斗争中不断成长。

【范文赏析】

人民论坛网这篇文章要求广大党员干部要保持"斗争"之姿，敢同一切歪风邪气、风险挑战、艰难困苦作斗争，走好新时代的赶考路。

文章中引用典故"刑天舞干戚，猛志固常在"，强调斗争精神自古以来就是中华优秀传统文化不可分割的重要构件之一，不畏艰险、敢于斗争的精神更是中国共产党的宝贵精神财富，因而唯有具备不屈不挠、敢于斗争的精神，我们才能始终保持昂扬向上的生机活力，坚定为共产主义事业奋斗。

15　疾风知劲草，板荡识诚臣

【范文】

　　党员干部增强"四个意识"、坚定"四个自信"、做到"两个维护"，是具体的、实践的，都要体现到一言一行上。中国共产党从诞生之日起就肩负起为中国人民谋幸福、为中华民族谋复兴的神圣使命。完成这个神圣使命，需要一代又一代人接续奋斗，需要每名党员干部顽强拼搏，需要一件事一件事下实功、见实效。"疾风知劲草，板荡识诚臣。"面对困难挑战，每名党员干部都要冲在一线、干在一线，当战士、不当"绅士"，以抓落实诠释忠诚、体现担当。（选自 2020 年 4 月 20 日《人民日报》评论员文章《党员干部要干在一线，当战士不当"绅士"》）

【典故出处】

　　语出唐朝李世民《赐萧瑀》："疾风知劲草，板荡识诚臣。勇夫安知义，智者必怀仁。"

　　诗中典故的意思是：在狂风中才能识别出坚韧的草木，在乱世里方能分辨出忠诚的臣子。

【典故解读】

　　《赐萧瑀》是唐太宗李世民赐给直臣萧瑀的一首五言绝句，盛赞萧瑀刚直不阿、嫉恶如仇、骨鲠亮直的铁石品格。萧瑀在唐太宗朝先后六次拜相，又六遭罢相，甚至被罢免全部封爵、封邑，逐出京城。尽管如此，他依然矢志不移，不改忠贞报国的初心。

　　"疾风知劲草，板荡识诚臣"这两句诗颂扬萧瑀在国家陷入动乱和危难之际，经受住了考验，表现出一个臣子的忠诚和立场。两句诗说明危难之时才能够考验出一个人的意志和品质，只有经过疾风的考验，才会知道什么是劲草；经历社会动荡，才能分辨出谁是忠臣。

诗中"疾风知劲草"一语，出自南宋范晔《后汉书·王霸传》，原为东汉开国皇帝光武帝赞誉东汉名将王霸之言。"板荡识诚臣"一语中的"板荡"出自《诗经·大雅》中的两篇作品《板》《荡》，因这两篇都反映乱世，后以"板荡"代指政局变乱。

【场景应用】

公文写作中，"疾风知劲草，板荡识诚臣"这句典故常用于要求党员干部在面对各种艰难险阻和困难挑战时，要坚定理想信念，在艰苦中不变色，在磨难中不变心，经受住各种考验而行稳致远，始终保持一名党员的初心和使命。

这句典故还可以用于在斗争一线考察识别干部，越是重要关头和关键时刻，越能锻炼干部，也越能考察识别干部，"诚臣"只有在危急关头才能显示出其真正的品质。

【范文赏析】

《人民日报》这篇评论员文章号召党员干部干事创业要干在一线，当战士不当"绅士"，文中引用了典故"疾风知劲草，板荡识诚臣"，旨在强调理想信念是党员干部定行定心之力，是安身立命之本，这就像在狂风中坚守的劲草，面对困难挑战，不屈不挠地前行，冲在一线、干在一线，在抓落实中诠释忠诚、体现担当。

16

虽千万人，吾往矣

【范文】

"虽千万人，吾往矣"，不仅是一种精神，更是一种担当、一种持之以恒的行为。没有发自内心地对党和党的事业的绝对忠诚，没有一颗对人民和国家的赤子之心，恐怕难以做到。"虽千万人，吾往矣"，有时是将自己置于悬崖边，背水而战，绝地求生，敢为不能为之事。因为一旦"吾往矣"，就会"常思奋不顾身，以殉国家之急"，就会内心笃定、毫无畏惧、激情燃烧。（选自 2022 年 12 月 28 日《解放军报》署名文章《"虽千万人，吾往矣"》）

【典故出处】

语出战国时期《孟子·公孙丑上》："自反而不缩，虽褐宽博，吾不惴焉？自反而缩，虽千万人，吾往矣。"

文中典故的意思是：即使面对千军万马，我也勇往直前。

【典故解读】

公孙丑是孟子的弟子，该篇通过孟子与公孙丑师徒二人的对话，阐述了孟子的修身治世观点。引文中"虽千万人，吾往矣"这段话，体现了儒家追求的那种舍我其谁、泰山崩于前而色不变的大勇力量：如果反省自己觉得理亏，那么即使面对普通百姓，我也会惴惴不安；如果反省自己觉得理直，那么纵然面对千万人，我也勇往直前，决不退缩。

【场景应用】

公文写作中，"虽千万人，吾往矣"这句典故可以用来表达理想信念的坚定和不屈不挠的精神，强调一个人的信念和决心可以战胜一切困难。

【范文赏析】

《解放军报》这篇文章的标题就借用了孟子的这句典故"虽千万人，吾往矣"，文中又多次引用这句典故，并多方面进行了阐述，旨在强调新时代的革命军人以能打仗打胜仗为己任，更应该把这种勇往直前、无所畏惧的精神作为意志品质的标配，只要坚守初心，对党和党的事业绝对忠诚，永葆一颗对人民和国家的赤子之心，那么必能打开强军新境界、闯出一片新天地。

17　精神爽奋则百废俱兴，肢体怠弛则百兴俱废

【范文】

"精神爽奋则百废俱兴，肢体怠弛则百兴俱废。"对于干事创业来说，精神的能量是巨大的。大力弘扬新时代贵州精神，贵州发展必将倍添动力，多彩贵州必将更加出彩。（选自 2018 年 5 月 7 日《贵州日报》评论员文章《以新时代贵州精神聚合加快发展的磅礴之力》）

【典故出处】

语出明朝吕坤《呻吟语·书集·治道》："精神爽奋则百废俱兴，肢体

怠弛则百兴俱废。圣人之治天下，鼓舞人心，振作士气，务使天下之人，如含露之朝叶，不欲如久旱之午苗。"

文中典故的意思是：一个人如果精神振奋昂扬，那么一切废置的事情都能兴办起来；如果精神萎靡不振，那么事业兴旺发达也会衰落败亡。

【典故解读】

吕坤是明代思想家，自称抱独居士，为官刚正不阿，为政清廉，与沈鲤、郭正域并称明万历年间天下"三大贤"。

《呻吟语》是吕坤的代表作品，这是一部优秀的语录体散文集，全书六卷，前三卷为内篇，后三卷为外篇，共十七篇。吕坤在原序中称："呻吟，病声也，呻吟语，病时疾痛语也。"意思是说，呻吟语是人在生病痛苦时所说的话，但是这种痛苦只有病时才能感受得到，等身体痊愈后很快就会忘记，故而以"呻吟语"命名此书。

《呻吟语》作为"病中之语"，可谓肺腑之言，直击心灵，全文包含着许多治国修身、待人处事的原则和方法，言简意赅，洞彻精微，对后世影响极大。日本企业家稻盛和夫直言《呻吟语》是对他修炼自己与管理企业影响最深的四本书之一。

引文中"精神爽奋则百废俱兴，肢体怠弛则百兴俱废"这段话，道出了精神信念的力量，一旦精神振奋昂扬，那么百废俱兴，如果精神萎靡不振，那么只能百业俱废。圣人治理天下，就是鼓舞人心，振奋士气，务必使天下人犹如早晨含露的叶子，焕发生机勃勃，而不能像久旱的禾苗，只剩下奄奄气息。

【场景应用】

公文写作中，"精神爽奋则百废俱兴，肢体怠弛则百兴俱废"这句典故，可以用来表达面对各种困难和挑战时，我们要不断锤炼自己的意志和信念，只有让身体和精神充满活力，才能有坚持不懈的毅力和持之以恒的耐力，不会被外在的艰难险阻所动摇，才能在追求理想的道路上不断前行。

【范文赏析】

《贵州日报》这篇评论员文章的主题是大力弘扬新时代贵州精神，聚合加快发展的磅礴之力，文章最后一段以"精神爽奋则百废俱兴，肢体怠弛则百兴俱废"这句典故作结，强调来自理想追求的精神力量是磅礴的，新时代的贵州精神正是近年来贵州发展不断提速提质至关重要的内在驱动力，也是续写新时代贵州发展新篇章、开创多彩贵州新未来的根本。

18　　　　　　　　　忠者，中也，至公无私

【范文】

在"强党性"中厚植"赤诚"的为民情怀。党性是党员干部立身、立业、立言、立德的基石，坚持党性原则是共产党人的根本政治品格。"忠者，中也，至公无私。"回望来路，从"生也沙丘，死也沙丘"的焦裕禄到"太行愚公"李保国，从"燃灯校长"张桂梅到"二十余年扎根深山，一根扁担挑起梦想"的张玉滚，他们用赤诚忠心谱写奋斗之歌，用坚韧意志挺起不屈脊梁。（选自 2023 年 5 月 1 日共产党员网署名文章《主题教育要以"诚"相见》）

【典故出处】

语出东汉马融《忠经·天地神明》："忠者，中也，至公无私。天无

私，四时行；地无私，万物生；人无私，大亨贞。"

文中典故的意思是："忠"就是至正至中，就是最公正没有私心。

【典故解读】

《天地神明》是《忠经》（参见模块十词条18）第一章，开篇就诠释了忠的定义，阐述了忠在天地间的重要性，它是天地间的至理至德，是评价人们行为的最高准则。"忠者，中也，至公无私"这段引文，阐释了忠就是中正，就是大公无私，表现在天无私，所以四季更替有规律；地无私，所以万物得以茁壮生长；人无私，所以一切大吉大利。

【场景应用】

公文写作中，"忠者，中也，至公无私"这句典故，可以用来强调中华传统美德一直崇尚忠诚、公正、无私的品质德行，作为新时代党员干部，更应该传承和秉持优秀传统美德，坚定理想信念，忠诚于党的事业，忠诚于人民群众，严守政治纪律和政治规矩，为党和国家的发展进步作出贡献。

【范文赏析】

发表在共产党员网上的这篇文章，提出广大党员干部要把握主题教育的总要求，切实做到"对党虔诚、为民赤诚、干事拙诚、做官笃诚"。文中引用典故"忠者，中也，至公无私"，体现自古以来"忠诚"一直是从政者的核心品质和道德要求。党性作为党员干部立身、立业、立言、立德的基石，其核心就是厚植"赤诚"的为民情怀，在新征程上，广大党员干部要牢固树立公仆意识，始终恪守忠诚、公正和无私，积极投身主题教育当中，为党和人民履好职尽好责。

19

求木之长者，必固其根本

【范文】

"求木之长者，必固其根本。"没有理想信念，理想信念不坚定，精神上就会"缺钙"，就会得"软骨病"，政治上就靠不住。理想信念不是空洞的，而是实实在在的，现实中就是要坚定道路自信、理论自信、制度自信，坚信我们党所从事的事业是为国家、为人民的，因而是正义的、崇高的，值得为之奋斗终生。（选自2015年7月6日《人民日报》评论员文章《理想信念不坚定政治上就靠不住》）

【典故出处】

语出唐朝魏徵《谏太宗十思疏》："臣闻求木之长者，必固其根本；欲流之远者，必浚其泉源；思国之安者，必积其德义。"

文中典故的意思是：如果想让树木茁壮生长，就一定要稳固它的根基。

【典故解读】

《谏太宗十思疏》是魏徵所写的一篇奏疏，劝谏唐太宗居安思危，戒奢以俭，积其德义，实现国家长治久安。"疏"即"奏疏"，是古代臣子议事进言的一种文体；"十思"是奏疏中针对治国理政提出的十个方面的反思和建议。

引文中"求木之长者，必固其根本"这段话是魏徵用来说明为人君者必须"居安思危，戒奢以俭"这一道理的。他说：我听说，想要树木生长，一定要稳固它的根基；想要河水流得长远，一定要疏通它的源头；想要国家长治久安，一定要厚积道德仁义。

【场景应用】

公文写作中，"求木之长者，必固其根本"这句典故，可以用来表达一个人对于理想信念的追求，就像树根对于树木一样，树木的根扎得越深，就越能抵御外界的风雨侵袭，保持坚挺，同样，一个人的理想信念越坚定，就越能够在面对困难和挫折时，保持积极向上的态度。对于我们党员干部而言，恪守理想信念、忠诚党和人民，这就是根本，是我们精神上的支柱，也是我们能够不断为人民服务、为国家发展贡献力量的动力来源。

【范文赏析】

《人民日报》这篇评论员文章指出，领导干部要做政治的明白人，就是要坚定理想信念不动摇，理想信念不坚定政治上就靠不住。文中引用典故"求木之长者，必固其根本"，强调了理想信念就是领导干部的精神根基，就像树木的根一样，如果没有坚定的理想信念作为支撑，精神上就会"缺钙"，就会得"软骨病"，就很难在追求党的事业道路上稳定前行。

模块十二
思想品德

01

四维不张，国乃灭亡

【范文】

每个时代都有每个时代的价值观念。国有四维，礼义廉耻，"四维不张，国乃灭亡"。反"四风"、反腐败的时代洪流，是荡涤更是唤醒，是除弊更是拯救，惟有建构起"以廉为荣、以贪为耻"的社会文化，廉洁政治、清正风气才会成为社会常态。这是我们输不起的价值观较量，更是我们必须赢得的未来。（选自2014年9月27日《人民日报》文章《反腐，一场必须赢的价值观较量》）

【典故出处】

语出春秋时期《管子·牧民·四维》："何为四维？一曰礼，二曰义，三曰廉，四曰耻。……四维张，则君令行。……四维不张，国乃灭亡。"

句中的"四维"指的是"礼、义、廉、耻"，文中典故的意思是：如果礼义廉耻不能得到推行，那么国家就不会存在。

【典故解读】

"四维"是春秋时期管仲提出的治国之"四纲"，在他看来，有礼，就不会僭越等级限度；有义，就不会妄自求进；有廉，就不会掩饰恶行；有耻，就不会顺从邪妄。"四维不张"，就是纲纪废弛，道德败坏，政令不行。

北宋欧阳修在《新五代史·冯道传》中归纳为："礼义廉耻，国之四维。四维不张，国乃灭亡。"意思是，礼义廉耻是维系国家的四项道德准则，如果不能推行，国家就有灭亡的危险。

【场景应用】

一个时代有一个时代的精神，构成"四维"的"礼、义、廉、耻"所蕴含的意义，也随着历史的变迁而发生演变，但是无论怎样演变，它们都契合着这个时代的社会价值观。

在当代，中国提出要倡导富强、民主、文明、和谐，倡导自由、平等、公正、法治，倡导爱国、敬业、诚信、友善，积极培育和践行社会主义核心价值观，进一步丰富了全民共享的道德世界，指明了 21 世纪中华民族共同的价值追求、是非曲直的评判标准，这是我们实现中国梦的重要精神保障。

【范文赏析】

这篇范文的题目是"反腐，一场必须赢的价值观较量"，显然全文阐述的就是一个价值观的问题。文中引用"四维不张，国乃灭亡"这个典故，恰如其分地表达了两层含义：一是暗合了"每个时代都有每个时代的价值观念"这样的观点；二是构成"四维"的"礼、义、廉、耻"四个方面契合了我们这个时代"以廉为荣、以贪为耻"的社会文化和价值观，廉洁政治、清正风气是任何时代的一种社会常态。

君子检身，常若有过

【范文】

新的赶考之路上，让我们增强自我革命勇气。我们要从党的性质和根本宗旨出发，从人民根本利益出发，以"君子检身，常若有过"的态度来检视自己，不掩饰缺点、不回避问题、不文过饰非，有缺点克服缺点，有问题解决问题，有错误承认并纠正错误。（选自 2022 年 6 月 29 日《人民日报》署名文章《"窑洞之问"的第二个答案》）

【典故出处】

语出春秋时期《亢仓子·训道篇》："人有偏蔽，终身莫自知己乎？贤者见之宽恕而不言，小人暴爱而溢言，亲戚怜嫉而贰言。人有偏蔽，恶乎不自知哉？是故君子检身，常若有过。"

文中典故的意思是：君子要时时反省检点自身，就像自己常常会有过失一样。

【典故解读】

亢仓子，生活于春秋时期，又名庚桑子、庚桑楚。《庄子》中的《庚桑楚》一篇，据说是庚桑楚弟子记录的庚桑楚言行和思想，成为后人研究庚桑楚思想的重要依据。

《亢仓子》这部书以"道"为核心范畴，探讨了当时社会生活各个方面的问题，同时还吸收了法家、农家、兵家等各家学说。

"君子检身，常若有过"这句典故，强调了君子修身律己、反省检视，不是偶尔为之，而是一种生活常态和处事方式，成为一种自觉自为。亢仓子说，人有缺点，难道一生都不能自省自知吗？对于缺点，贤能的人会因为宽容而不说，小人会因为有所求而竭尽溢美之词，亲戚会因为怜悯呵护而不说难听的话。所以，人的缺点只有靠自知自觉，时时反观自身，检视不足。

【场景应用】

在公文写作中，"君子检身，常若有过"这句典故，常常用来警醒党员干部，对于自己身上存在的缺点和问题，他人会因为各种原因而三缄其口，给自己造成一个完美的幻象。所以，党员干部应该时常"揽镜自照"，经常给自己来一场思想体检，以更高标准、更严要求，检视自身、完善品行，增进坚毅前行的原动力。

【范文赏析】

《人民日报》这篇署名文章指出，"窑洞之问"的第二个答案就是"自我革命"，我们要当好"窑洞之问"的答卷人，就必须以永远在路上的坚定和执着，把这场伟大自我革命进行到底。

文中引用"君子检身，常若有过"这句典故，强调在这场新的赶考之路上，我们要拿出自我革命的勇气，义无反顾，动真碰硬，时时自重自省自警自励，不断提升自我，实现精神境界的升华，在革故鼎新、守正出新中实现自身跨越。

 03　　　　　　　　　　　　　　　　亲其师，乐其友而信其道

【范文】

人格要正。有人格，才有吸引力。亲其师，才能信其道。思政课教师要有堂堂正正的人格，用高尚的人格感染学生、赢得学生。要有学识魅力，用真理的力量感召学生，以深厚的理论功底赢得学生。思想要有境界，语言也要有魅力，从教师的话语中，学生能够感受到教师的人格和学识。（选自 2019 年 3 月 18 日习近平《在主持召开学校思想政治理论课教师座谈会上的讲话》）

【典故出处】

语出西汉《礼记·学记》："夫然，故安其学而亲其师，乐其友而信其道，是以虽离师辅而不反也。"

文中典故的意思是：正因为这样，他才能安于学习，亲近师长，乐于和同学相处，深信所学之道，即使离开师长辅导，也不会违反道义。

【典故解读】

《学记》是我国古代典章制度专著《礼记》中的一篇，它不仅是中国教育史上，也是世界教育史上第一部专门论述教育和教学问题的论著，作者为孟子的学生乐正克。

"亲其师，乐其友而信其道"，道明了良好的师生关系对学生的重要影响，学生只有和老师亲近了，才会信任老师，相信老师所说的，接受老师的教育。

这个典故告诉我们，老师要给学生半桶水，自己就要有一桶水，老师只有做到德学兼备、两者皆高，才能赢得学生的敬佩与尊重，才能使学生亲近自己，学生才会相信、学习师长所传授的知识和道理。

【场景应用】

当今，"亲其师，乐其友而信其道"是和谐师生关系的核心因素，唯有和谐教育才能让学生感受到老师内心深处真诚的民主、平等，培养学生的道德信念，形成良好的性格和品质。

老师以身示范，教会学生做人，维护良好的师生关系，这是实现和谐教育的首要条件，对培养学生养成良好心态、健康成长至关重要。

【范文赏析】

这篇范文化用"亲其师，乐其友而信其道"这一典故，阐明了"有人格，才有吸引力"的道理，一语道出教师的人格魅力不仅是一种重要的教育资源，而且是一种潜移默化的教育力量，深刻地说明教师人格魅力的重要作用，引人深思。

十年树木，百年树人。当前，我们需要的人才，是德智体美劳全面发展的社会主义建设者和接班人。这样的人才，不会从天而降，需要用心培养，而培养人才的关键在教师。因此，教师不但要以丰富的知识教育学生、以深厚的理论功底赢得学生，而且要具备堂堂正正的人格，用高尚的人格、良好的品德感染学生，让有理想的人讲理想，让有信仰的人讲信仰，给学生的心灵埋下真善美的种子，引导学生扣好人生第一粒扣子。

道德当身，故不以物惑

【范文】

"道德当身，故不以物惑"，中华民族历来重视道德、崇尚修德。党的十八大以来，公民思想道德建设取得了丰硕成果，时代楷模、道德模范、最美人物、身边好人……一批又一批先进模范人物，如同闪耀的明灯，共同构筑起新时代的"道德灯塔"，成为我们心中的楷模、学习的榜样。（选自 2022 年 6 月 14 日成都文明网署名文章《道德榜样激发向上向善力量》）

【典故出处】

语出春秋时期《管子·戒》："圣人上德而下功，尊道而贱物，道德当身，故不以物惑。"

文中典故的意思是：如果自己道德高尚，就不会被外界的物欲所迷惑。

【典故解读】

《管子·戒》中的"戒"就是告诫，全篇都是管仲多次劝诫齐桓公的内容，共分为四节。"道德当身，故不以物惑"这句典故出自第一节，记述齐桓公东游前，管子进谏，告诫齐桓公保养心性、进修德行。

在管子看来，圣人总是把道德看得高于名利，也就是以德为上而功业在下，以道为尊而物利为贱。因此，如果自己道德高尚，就不会被外欲所迷惑。

【场景应用】

在公文写作中，"道德当身，故不以物惑"这句典故，常常用来告诫党员干部，以德修身是终身的课题，只有修身正心，具备高尚的品德，才能真正从内心来规范自己的言行，真正做到自重、自省、自警、自励，守住清廉，抵御来自外界的各种诱惑。

【范文赏析】

这篇署名文章发表于中央文明办推出 2022 年第一季度"中国好人榜"之际，范文引用"道德当身，故不以物惑"这句典故，表明中华民族有着崇尚道德的优良传统。近年来我们身边涌现了一批又一批先进模范人物，他们成为我们心中的楷模、学习的榜样。

学习先进人物和美好事物，最根本的就是要追求美好的思想品德，始终对美好的道德境界怀有向往和期许，唯有如此，我们的国家和民族才会永远充满生机和活力。

05

含德之厚，比于赤子

【范文】

含德之厚，比于赤子。一个人也好，一个政党也好，最难得的就是历经沧桑而初心不改、饱经风霜而本色依旧。（选自 2020 年 1 月 10 日《人民日报》评论员文章《始终做到初心如磐使命在肩》）

【典故出处】

语出春秋时期老子《道德经·第五十五章》："含德之厚，比于赤子。毒虫不螫，猛兽不据，攫鸟不搏。骨弱筋柔而握固。未知牝牡之合而朘作，精之至也。终日号而不嗄，和之至也。"

文中典故的意思是：涵养浑厚有厚德的人，就好像是初生的婴儿。

【典故解读】

老子所著《道德经》，又称《道德真经》《老子》《五千言》《老子五千文》，被誉为"万经之王"，是道家哲学思想的重要来源。《道德经》有 81 章，分为《道经》和《德经》两部分，内容包罗万象，涵盖百家，被后人尊奉为齐家、修身、治国、为学的宝典。

老子的人生哲学是一种清静无为的哲学。在老子看来，人生最宝贵的就是保持天真烂漫的童心，回到婴儿和赤子的状态。

因此，老子真诚地赞美婴儿与赤子，把厚德之人比作初生的婴儿。这样的人，毒虫不螫咬，猛兽不扑捉，凶鸟不搏噬；筋骨柔弱，但拳头非常坚硬；不知雌雄交合却始终挺勃，这是因为精气充沛；整日啼哭而嗓子不沙哑，这是因为和气纯厚。

【场景应用】

在当代，"含德之厚，比于赤子"这句典故，常常用来教育党员干部唯有不忘初心，方得始终，要把不忘初心、牢记使命作为全体党员干部的终身课题，让初心和使命在党员干部的内心深处铸牢、思想深处扎根。

【范文赏析】

《人民日报》这篇评论员文章写于"不忘初心、牢记使命"主题教育活动期间，开篇引用典故"含德之厚，比于赤子"，开门见山，不仅呼应了文题"初心如磐，使命在肩"，更是表明了我们的党永葆赤子之心，历经沧桑而初心不改，饱经风霜而本色依旧。

由此引出全文，不忘初心，初心如磐，就是要不断叩问初心、守护初心，不断坚守使命、担当使命，让初心和使命铸牢在内心深处、扎根在思想深处。

06 君子之德风，小人之德草，草上之风必偃

【范文】

"君子之德风，小人之德草，草上之风必偃。""一把手"和领导班子成员的党性修养、思想觉悟、纪法意识，对一地一域的政治生态和干部队伍的作风面貌有着重要的示范引领作用。治人者必先自治。加强对"一把手"和领导班子的监督，是坚持和加强党的全面领导、提高党的建设质量的必然要求，是健全完善监督体系、强化对权力运行制约和监督的重要内

容。(选自 2021 年 6 月 8 日《解放军报》署名文章《用有效监督管住"关键少数"》)

【典故出处】

语出春秋时期孔子《论语·颜渊第十二》:"季康子问政于孔子曰:'如杀无道以就有道,何如?'孔子对曰:'子为政,焉用杀?子欲善而民善矣。君子之德风,小人之德草,草上之风必偃。'"

文中典故的意思是:处于上位之人的品德好比是风,处于下位之人的品德好比是草,风吹过草上的时候,草一定会倒向风的方向。

【典故解读】

文中的季康子是春秋时期鲁国的权臣,他向孔子请教如何治理政事:"如果杀掉无道的人,以此成全有道的人,怎么样?"孔子回答:"您治理政事,哪里用得上杀戮呢?您只要自己行善,那么百姓也会跟着您行善。"

接着,孔子就以"君子之德风,小人之德草,草上之风必偃"这句话作喻,表明上层执政者的道德品质是风,平民百姓的道德品质是草,风吹草伏,只能以德化民。

【场景应用】

在当代,"君子之德风,小人之德草,草上之风必偃"这句典故,常用来强调领导做好垂范表率的重要性,要求领导干部发挥好"头雁"作用,形成"头雁"领航、"群雁"齐飞的良好局面。

【范文赏析】

《解放军报》这篇文章的中心论题是"用有效监督管住'关键少数'",文中引用典故"君子之德风,小人之德草,草上之风必偃",强调了"关键少数"特别是"一把手"和领导班子的示范引领,对于一地一域的政治生态和干部队伍的作风面貌至关重要，作风好不好，关键看领导，民心顺不顺，领导负责任，因而只有抓住"关键少数"，才能管好"绝大多数"。

07

德不优者，不能怀远；才不大者，不能博见

【范文】

德不优者不能怀远，才不大者不能博见。广大青年一方面需要培养高尚品德，弘扬社会主义核心价值观，厚植爱国情怀，把小我融入祖国、人民的大我中，更好实现人生价值、升华人生境界；另一方面需要锤炼坚强意志，铸就坚韧不拔、不屈不挠的品格，在艰苦卓绝的环境下做到越是艰险越向前。（选自2020年9月8日《人民日报》文章《谱写新时代的青春之歌》）

【典故出处】

语出东汉王充《论衡·卷十三·别通篇》："夫德不优者，不能怀远；才不大者，不能博见。"

文中典故的意思是：品德不优秀的人，不能安抚边远地方的人；才能不足的人，不会具有渊博的见识。

【典故解读】

王充的代表作品《论衡》是一部无神论著作，"衡"字本义是天平，"论衡"就是评定当时言论价值的天平。《别通篇》题为"别通"，旨在识别"通人"，所谓"通人"是指学识渊博通达的人。

【场景应用】

公文写作中，"德不优者，不能怀远；才不大者，不能博见"这句典故，用来强调一个人如果品德修养不优秀，就不会胸怀远大理想，唯有德才兼备，才能安身立命。

【范文赏析】

《人民日报》这篇文章旨在号召广大青年矢志谱写新时代的青春之歌，以青春之我、奋斗之我担当作为。文中引用"德不优者，不能怀远；才不大者，不能博见"这句典故，强调广大青年只有坚定理想信念，培育高尚品格，志存高远，同时练就过硬本领，勇于创新创造，才能在矢志奋斗中谱写新时代的青春之歌。

俭，美德也；
禁奢崇俭，美政也

【范文】

"俭，美德也；禁奢崇俭，美政也。"在中华民族五千多年的文明史中，勤俭节约精神始终是中国人民的修身之基、持家之宝，无论对个人、家庭还是国家而言，都有着不可或缺的重要意义。（选自 2022 年 11 月 25 日《解放军报》署名文章《勤俭节约精神永远不能丢——培养时代新风貌系列谈之五》）

【典故出处】

语出清朝魏源《默觚（下）·治篇（十四）》："俭，美德也；禁奢崇俭，美政也。然可以励上不可以律下；可以训贫，不可以规富。"

文中典故的意思是：对于个人来说，节俭是一种美好的品德；对于执政者来说，禁止奢侈，崇尚节俭，这是一种善政。

【典故解读】

《默觚》（参见模块四词条 09）是近代思想家魏源的早期作品，在《治篇（十四）》中，魏源提出了自己的崇俭禁奢观，从个人和执政者两个层面，肯定了节俭的价值。对于个人来说，节俭有利于提升道德修养；对于执政者来说，带头崇俭禁奢，有利于政风清廉和国家治理。这是从伦理评价的角度提出的观点。

魏源还从经济评价的角度，提出崇俭禁奢"可以励上""可以训贫"，但是"不可以律下""不可以规富"，表明魏源鼓励富人消费，甚至奢靡，不能完全用"崇俭禁奢"来约束他们。

【场景应用】

公文写作中，"俭，美德也；禁奢崇俭，美政也"这句典故，可以用来表达勤俭节约始终是中华民族的传统美德，节约之风代代相传，它既是个人修养品德所必须，也始终与国家的命运紧密相连，因此要始终坚持"勤"字当头，"俭"字打底，戒奢尚俭，永葆本色。

【范文赏析】

《解放军报》这篇署名文章教育引导党员干部时刻绷紧勤俭节约、艰苦奋斗这根弦，任何时候都不能丢掉勤俭节约这个传家宝。文章开篇引用典故"俭，美德也；禁奢崇俭，美政也"，开宗明义，凸显了文章的题眼：勤俭节约是中华民族的传统美德，无论对个人、家庭还是国家而言，都有着不可或缺的重要意义。

先义而后利者荣，
先利而后义者辱

【范文】

讲政治是我们党补钙壮骨、强身健体的根本保证，是我们党培养自我革命勇气、增强自我净化能力、提高排毒杀菌政治免疫力的根本途径。政治上犯糊涂，从来是党员干部之大忌。古人说："先义而后利者荣，先利而后义者辱；荣者常通，辱者常穷。"没有正确的政治观点，就等于没有灵魂。只有做政治的明白人，才能在大是大非面前旗帜鲜明，在大风大浪面前无所畏惧，在各种诱惑面前立场坚定，在利益得失面前保持定力。（选自2017年9月16日《解放军报》评论文章《党员干部应做政治上的明白人不能说糊涂话》）

【典故出处】

语出战国时期《荀子·荣辱》："荣辱之大分，安危利害之常体。先义而后利者荣，先利而后义者辱；荣者常通，辱者常穷；通者常制人，穷者常制于人，是荣辱之大分也。"

文中典故的意思是：以道义为先而以利益为后，这样的人享有荣誉；以利益为先而以道义为后，这样的人遭受耻辱。

【典故解读】

《荀子·荣辱》可以说是中国伦理思想史上首篇针对荣辱观进行系统阐发的文章，荀子在批判和总结前人荣辱思想的基础上，提出了自己的荣辱观，比较全面地阐述了荣辱的实质内涵、价值取向及其自觉养成。

荀子在"先义而后利者荣，先利而后义者辱"这段话中，阐明了荣誉和耻辱的根本区别，以及安危利害的常态情况：以道义为先而以利益为后的人享有荣誉，以利益为先而以道义为后的人遭受耻辱；享有荣誉的人常常显达，遭受耻辱的人常常穷困；显达的人常常统治别人，穷困的人常常被人统治，这是光荣和耻辱的根本区别。

【场景应用】

公文写作中，"先义而后利者荣，先利而后义者辱"这句典故可以用来倡导正确的名利观，面对求名求利，"义"既是行动的出发点，也是行动的最终目标，我们的行为只有贯穿了仁义、公平、正义的精神，才能在不伤害他人利益的前提下，达成自己的最终利益；相反，盲目追求利益，甚至违背道义获取一己之利，必然会毁坏道德原则，践踏社会伦理准则。

这句典故还常用来教育引导党员干部面对名利得失，要明白大是大非，先公后私，践行道义，才能做事通达，做好榜样，影响和引导他人形成良好的道德风尚；否则，把一己之利凌驾于公义之上，必然会利令智昏，蒙受耻辱，败坏社会风尚。

【范文赏析】

发表在《解放军报》上的这篇评论文章提出党员干部应做政治上的明白人，不能说糊涂话。文中引用典故"先义而后利者荣，先利而后义者辱"，强调党员干部要在政治上牢固树立正确的名利观和价值观，这样面对大是大非、大风大浪时，面对各种利益诱惑时，就会无所畏惧，立场坚定，保持定力。

10

天之所覆，地之所载，
人之所覆，莫大乎忠

【范文】

　　勤练"德"字内功，锻造立场坚定的忠诚之"魂"。天下至德，莫大乎忠。忠诚是中华民族精神脊梁的传承和延续，是共产党人与生俱来的政治本色。组织上入党一生一次，思想上入党一生一世，共产党员这个特殊的"身份"不是一阵子的坚持，而是一辈子的坚守；对党忠诚不是一阵子的心潮澎湃，而是一辈子的矢志不渝。广大年轻干部要不断加强党性修养、增强政治历练，时刻补足精神之"钙"、筑牢信仰之"基"、把稳思想之"舵"。（选自2022年2月3日共产党员网署名文章《勤练"内功"锻造可堪大任之"躯"》）

【典故出处】

　　此语化用东汉马融《忠经·天地神明》："天之所覆，地之所载，人之所覆，莫大乎忠。"

　　文中典故的意思是：上天所覆盖的，大地所承载的，人类所能感知触及的，没有一样比忠道更重要了。

【典故解读】

　　《天地神明》是《忠经》（参见模块十词条18）第一篇，全文用"天之所覆，地之所载，人之所覆，莫大乎忠"这句话开篇，把"忠"阐述为天地间的至理至德，是评价人们行为的最高准则。

【场景应用】

公文写作中，常将原典化用为"天下至德，莫大乎忠"，用来强调忠诚是思想品德的核心，塑造着一个人的人格和品质，因而是衡量党员政治品格的重要标准，也是检验党员党性纯度的试金石。新时代的党员干部，只有具备了忠诚之心，才能真正从心出发，永葆政治本色，做到思想上、政治上、行动上高度自觉。

【范文赏析】

共产党员网这篇文章提出新时代的年轻干部要把握机遇，勤练"内功"，锻造可堪大任之"躯"。文中用"天下至德，莫大乎忠"这句话，强调年轻干部要练好"德"字内功，锻造立场坚定的忠诚之"魂"。这句典故体现了自古以来"忠诚"一直被视为立身之本，也是成事的基本素质，是中华民族精神文化的传承和延续，因而对党忠诚是共产党人的光荣传统，是与生俱来的政治本色。

11

禄厚恩深何以报，
惟当努力罄忠诚

【范文】

"禄厚恩深何以报，惟当努力罄忠诚。"党员领导干部的忠诚，不能只说在嘴上、写在纸上，而是要刻在心里、干在实处，努力让党和人民群众实实在在地听得到、看得到、感受得到这份发自心田深处并落实在实际行动上的忠诚，而绝不能只想当官不想干事，只想揽权不想担责，只想出彩

不想出力。(选自 2018 年 3 月 15 日《人民日报》评论员文章《领导干部决不能只想揽权不想担责》)

【典故出处】

语出南宋袁燮《赠京尹八首其一》:"年才六十已为卿,际会明时蚤显荣。禄厚恩深何以报,惟当努力罄忠诚。"

诗中典故的意思是:身居高位,俸禄丰厚,这样的恩情怎样回报? 只能不懈努力,竭尽忠诚。

【典故解读】

袁燮为南宋哲学家,著有《絜斋集》《絜斋家塾书钞》等,被称为"絜斋先生"。

袁燮 51 岁为太学正,70 岁任尚书都官员外郎,"禄厚恩深何以报,惟当努力罄忠诚"这两句诗就写自这一时期。他在诗中说,年纪六十已经成为显赫重臣,这是因为恰逢政治清明,可以施展自己的才能;身居高位,俸禄丰厚,这样的恩情唯有通过不懈努力、竭尽忠诚才能回报。

【场景应用】

公文写作中,"禄厚恩深何以报,惟当努力罄忠诚"常用来教育引导领导干部把对党的绝对忠诚作为首要政治原则、政治品质和政治本色,忠诚于组织,忠诚于人民,忠诚于事业,在思想上、行动上、政治上与党保持高度一致。

【范文赏析】

《人民日报》这篇评论员文章是针对领导干部提出要牢固树立正确的政绩观,以永不懈怠的精神状态和一往无前的奋斗姿态,一心想干事,善于干成事,文中引用"禄厚恩深何以报,惟当努力罄忠诚",可以更好地强调忠诚必须从干事始，教育引导领导干部要把内心的忠诚体现在行动上，干在实处，让党和人民群众实实在在地听得到、看得到、感受得到。

12 君子以顺德，积小以高大

【范文】

"君子以顺德，积小以高大。"著名军旅作家魏巍曾为河北农村一位名叫张振山的村党支部书记写过一篇碑文，高度评价这位村支书为政清廉、两袖清风的品质，接连用了几个"一"："数十年来，他没喝过公家一杯酒，没用过集体一根柴，没花过公家一文钱……"或许有人会不以为意，如此区区小事，值得这么动情称道吗？殊不知，这每一个"一"字的背后，都是对公心的坚守，对私欲的严防。（选自 2018 年 3 月 29 日《解放军报》文章《积尺寸之功，筑政德之基》）

【典故出处】

语出《周易·升·象传》："地中生木，升。君子以顺德，积小以高大。"

文中典故的意思是：君子通过顺应自然规律来修养自己的品德，通过不断地累积小善来成就崇高弘大的道德。

【典故解读】

"升卦"为《周易》四十六卦，上卦坤为地，下卦巽为木，有地中生木之象，犹如树木从地下发芽长高。这个卦象告诉君子，应该效法树木的生长，只要顺应自然规律，每天不断地修炼自己的品行，就可以通过积累小德，最终成就大德。

【场景应用】

公文写作中，"*君子以顺德，积小以高大*"这句典故，可以用来告诫党员领导干部必须谨慎自己的德行，要效仿树木的生长，遵循道德修养的规律，不断进修，从一点一滴做起，提升道德水平，最终形成崇高的品行。

【范文赏析】

《解放军报》这篇文章的主题正如标题所言"积尺寸之功，筑政德之基"，教育引导领导干部要从小事小节中涵养为政之德。文中引用典故"*君子以顺德，积小以高大*"，阐明了自古以来我们就十分重视小事小节，它们对于一个人品行和作风的影响是渐进的、隐蔽的，却也可能是致命的，因而对于党员干部来说，就要从细处严起，从小事实起，坚持从小事小节上加强修养，在一点一滴中完善自己，从而成就自己的大德。

13　　　　　　　作德，心逸日休；
作伪，心劳日拙

【范文】

古人云，作德，心逸日休；作伪，心劳日拙。"谋人"固然能获得一时之利，长期来看必然"心劳日拙"。因为不干事，自然虚谈废务、能力不足；因为拉关系，不免心浮气躁、患得患失，惶惶不可终日。最终，"谋人"会呈现一副颟顸无能的面孔，领导不喜欢、群众不满意。"谋事"尽管暂时坐了冷板凳，但踏踏实实干工作、一心一意谋事业，做出来的成绩有目共睹，这才是赢得领导赏识和群众认可的硬资本。（选自2013年2月18日《人民日报》文章《摒弃"谋人不谋事"的功利心态》）

【典故出处】

语出春秋时期《尚书·周书·周官》："位不期骄，禄不期侈。恭俭惟德，无载尔伪。作德，心逸日休；作伪，心劳日拙。"

文中典故的意思是：积德行善做好事的人，心地坦然，无忧无虑，处境一天比一天顺心；弄虚作假做坏事的人，用尽心机，藏奸饰伪，处境只能越来越窘迫。

【典故解读】

《周官》是《尚书·周书》（参见模块二词条18）的篇名，文中引用的这两句话，是周成王用来告诫百官，居官不应骄傲，享禄不应奢侈，谦恭节俭才是美德，不要虚伪应承。"作德，心逸日休；作伪，心劳日拙"这句话，则是一正一反，用以劝善戒恶，教育百官多做好事，不干坏事。

【场景应用】

公文写作中，"作德，心逸日休；作伪，心劳日拙"这句典故，可以用来教育引导党员干部干事创业，要铭记"不受虚言，不听浮术，不采华名，不兴伪事"，讲党性、重品行、做表率，做到忠诚干净，敢于担当，大公无私。

【范文赏析】

《人民日报》这篇文章针对当前某些机关单位存在的"谋人不谋事"的

功利心态，提出领导干部需要更多谋事的人，形成务实之风充分涌流、干事之才竞相迸发的局面。文章中引用典故"作德，心逸日休；作伪，心劳日拙"，强调"谋人"与"谋事"，虽然一字之差，却体现着两种不同的工作心态和价值观念，"谋事"是"作德"，谋的是事业发展、公共利益，因而才能奋发有为；而"谋人"是"作伪"，谋的是私心、一己私利，只能涣散斗志，污染风气。

14

德不广，不能使人来；量不弘，不能使人安

【范文】

"德不广不能使人来，量不宏不能使人安。"各级领导干部务必要涵养识人之智、容人之量、成人之德，为人才成长发展营造良好的社会环境、工作环境、制度环境，让专家人才创业有机会、干事有舞台、发展有空间。（选自 2021 年 12 月 23 日云南网署名文章《坚持党管人才 激励担当作为》）

【典故出处】

语出明朝刘基《郁离子·德量》："君人者，惟德与量俱，而后天下莫不归焉。德以收之，量以容之。德不广，不能使人来；量不弘，不能使人安。故量小而思纳大者，祸也。"

文中典故的意思是：德行不能广泛布施，就不能让人归附；气量不够宽宏大度，就不能让人安定。

【典故解读】

刘基，字伯温，为明朝开国元勋，以神机妙算、运筹帷幄著称于世。"郁离子"是刘基自称，以其作为书名，寄托了刘基的思想主张。"郁"是文采的意思；"离"是八卦之一，代表火，那么"郁离"就是指文明。《郁离子》作为一部寓言体政论散文集，集中反映了刘基作为政治家治国安民的主张以及他的哲学思想和渊博学识，体现了"天下后世若用斯言，必可抵文明之治"。

《德量》出自《郁离子》第六卷，主要阐述了为政尚德、保民而王的思想，倡导统治者有德有量，重视民生。引语中这两句就指出，君王治理天下，只要同时具备了德行和度量，天下就没有不归附的，这是因为德行可以招徕民众，度量可以容纳民众。因而，"德不广，不能使人来；量不弘，不能使人安"，器量狭小却想收纳大众，这就是祸患啊。

【场景应用】

公文写作中，"德不广，不能使人来；量不弘，不能使人安"这句典故，可以用来要求领导干部必须具备高尚的品德和广博的胸怀，做到廉洁奉公、公正无私，弘扬社会正能量，同时密切与百姓的关系，做到心中有民，听民意、解民忧、惠民生，只有这样，才能赢得群众的信任和支持，拓展自己的政治影响力和领导资源。

【范文赏析】

云南网这篇文章提出领导干部要坚持以服务人才为本，激发人才创新活力，激励人才效能持续增强。文中化用典故"德不广，不能使人来；量不弘，不能使人安"，旨在强调领导干部应当具备优秀的为政、为官、为人品德，具备善于发现和培养人才的博大胸怀，做善于留住人才的典范，为人才成长发展营造良好的社会环境、工作环境、制度环境。

15

高山仰止，景行行止

【范文】

高山仰止，景行行止。领导干部只要行得正、走得端，就能交到益友、诤友、良友。俗话说，苍蝇不叮无缝的蛋，个别领导干部被"损友"拉下马，根本原因还是自身理想信念不坚定、思想道德出现了滑坡，在生活和工作中放松了对自己的要求和约束，给了某些动机不纯的人可乘之机。（选自 2022 年 6 月 23 日西安网评论文章《结交益友扬清风》）

【典故出处】

语出《诗经·小雅·车辖》："高山仰止，景行行止。四牡骈骈，六辔如琴。觏尔新婚，以慰我心。"

文中典故的意思是：品德如巍巍高山让人仰慕，行为如光明大道让人追随。

【典故解读】

《诗经·小雅·车辖》是一首描写迎娶新娘的古诗，"高山仰止，景行行止"这几句诗本意是描写年轻人新婚迎娶时那番心荡神摇的愉悦心情：抬头仰望巍峨高山，快马奔行在平坦大道上，四马驾起快快奔走，挽起马的缰绳如调琴弦丝，今日新婚迎娶娘子，满心欣慰心暖如春。

西汉时期司马迁在《史记·孔子世家》中，专门引用此诗盛赞孔子德行，"《诗》有之：'高山仰止，景行行止。'虽不能至，然心向往之"。意思是孔子的高尚品德如巍巍高山让人仰慕，高洁言行如光明大道让人追随，虽然达不到这样的境界，但内心一直向往着不断努力。

【场景应用】

公文写作中，"高山仰止，景行行止"这句典故常用来要求领导干部时刻追求高尚的德行，保持谦虚谨慎的心态，自省自律，不断提升自己，做到言行一致，言传身教，像高山一样，给他人树立崇高的榜样，引导他人向上向善。

【范文赏析】

西安网这篇评论文章提出领导干部结交朋友必须慎重，善交益友，才能行稳致远、高扬清风。文中引用典故"高山仰止，景行行止"，体现了中华文化一直推崇道德价值和品德修养，崇尚以德立身，因而领导干部在交友时必须以德为先，交益友、诤友和良友，同时在交友中时刻自律自省，不断提高自己的品德修养和素质，以自己的高尚品德和实际行动来影响和带动他人，树立良好榜样。

16 诚信者，天下之结也

【范文】

"诚信者，天下之结也。"诚信是一个人的立身之本，也是维护市场经济秩序的重要原则。市场主体讲诚信，可以降低交易成本、促进公平竞争、增强经济活动的可预期性、提高经济效率。正因为如此，诚信被视为市场经济的重要基石。对于企业来说，诚信既是必须践行的行为准则，也是能够为自己带来实际利益的无形资产，是赢得消费者和市场的可靠保证。（选

自 2018 年 10 月 16 日《人民日报》文章《多措并举促进企业诚信经营》)

【典故出处】

语出春秋时期《管子·枢言》:"先王贵诚信,诚信者,天下之结也。"

文中典故的意思是:诚信的人,天下人都愿意与之结交。

【典故解读】

《管子》一书篇幅宏伟,内容复杂,思想丰富,今存七十六篇,分为八类,其中《枢言》直言治国理政之枢要,阐述为君、为臣之道,因为是针对国君与大臣所言,所以叫作枢言。文中论述有君主之尊卑、轻重在于举贤、置官、务地等,提出为君应当把民众与生产放在首位。

文中"先王贵诚信,诚信者,天下之结也"这句话强调了先王最重视诚信,以此告诫君主应当讲诚信、顺民心。

【场景应用】

公文写作中,"诚信者,天下之结也"这句典故常用来要求领导干部诚实守信,言行一致,言出必信,行出必果;诚信做事,以诚信的态度对待工作,不图虚名、不图私利;诚信为民,关心民生、关注民意,积极回应群众的诉求和需求,增强人民群众的信任和支持。

【范文赏析】

《人民日报》这篇文章围绕"企业诚信经营"这个主题提出了一系列重大措施,文章开篇引用典故"诚信者,天下之结也",为的是强调诚信对于繁荣市场经济的重要作用,也是企业必须践行的行为准则,以此顺理成章地提出把诚信建设摆在企业经营的突出位置,全方位提升企业诚信经营水平。

17

君子以俭德辟难，
不可荣以禄

【范文】

所谓，"**君子以俭德辟难，不可荣以禄**"。就是说，君子要以节俭为德可以避开危难，不可追求荣华而谋取俸禄。党员干部是人民群众的父母官，是国家发展的中流砥柱，只有秉承中华民族的传统美德，节俭为官、节俭从政，永葆共产党人的初衷本色，只有坚持朴素淳朴才能深受人民群众的信任爱戴。因此，党员干部以节俭谋事，是为万民之福气，以节俭谋国，是为家国之振兴。（选自 2019 年 4 月 4 日共产党员网署名文章《党员干部的"清明节"》）

【典故出处】

语出《周易·否·大象》："《象》曰：'天地不交，否。君子以俭德辟难，不可荣以禄。'"

文中典故的意思是：君子用俭朴的德行来避免危难，不可为了荣华富贵而谋取禄位。

【典故解读】

"君子以俭德辟难，不可荣以禄"这段话出自《周易》（参见模块一词条 11）"否卦"的《大象》传，这是对"否卦"的卦象作出的解释。"否卦"为《易经》第十二卦，卦象为上乾下坤，卦体为上天下地，天为阳气，地为阴气，阴阳二气上下不能交融，所以"大象"说"天地不交，否"。

在《大象》传中，前句往往讲天道，后句往往讲人道，人道从天道而来，天道与人道具有同一性，因而"天地不交，否"这句是依据卦象讲天道，"君子以俭德辟难，不可荣以禄"这句从前句的天道而来，讲的是人道，告诉我们，君子身处"否卦"的卦象，就会领悟到用俭朴的德行来避免危难。

【场景应用】

公文写作中，"君子以俭德辟难，不可荣以禄"这句典故，常用来教育引导党员干部树立廉洁奉公的意识，以俭德为准则，以德行树形象，涵养俭朴之德，不可为了追求荣华富贵而去谋取禄位。

【范文赏析】

发表在共产党员网上的这篇文章借传统的"清明节"，来阐述党员干部要过廉政为官的"清明节"。文中引用典故"君子以俭德辟难，不可荣以禄"，体现了中华民族一直崇尚节俭和廉洁的传统美德，影响和塑造着中国人民的价值观和行为准则，对于新时期的党员干部来说，廉洁奉公不仅是一种行为准则，更是一种道德追求，作为国家发展的中流砥柱，应该秉承这样的传统美德，明白做事，干净做人，勤俭持家，树立良好形象，赢得人民群众的信任爱戴。

18　　　　　　　　　侈而堕者贫，而力而俭者富

【范文】

"侈而惰者贫，而力而俭者富。"勤俭节约是中国千年来恪守的传统美

德，是党的优良作风。（选自 2022 年 6 月 29 日云南网署名文章《党员干部要用好勤俭节约这个"传家宝"》）

【典故出处】

语出战国时期《韩非子·显学》："与人相若也，无饥馑、疾疚、祸罪之殃，独以贫穷者，非侈则堕也。侈而堕者贫，而力而俭者富。今上征敛于富人以布施于贫家，是夺力俭而与侈堕也，而欲索民之疾作而节用，不可得也。"

文中典故的意思是：奢侈懒惰的人会贫穷，而勤劳节俭的人能富足。

【典故解读】

韩非又称韩非子，师从荀子，是战国时期法家学派代表人物，《韩非子》是法家学派的代表著作，其核心是以君主专制为基础的"法治、术治、势治"三者合一的法治理论，对后世影响很大，一直是封建统治阶级治国的思想基础。

《显学》篇是《韩非子》第五十篇文章，称"世之显学，儒墨也"，韩非子举孔墨之学为显学，目的是分析批判儒家、墨家思想的不足，以此来告诫君主，同时阐述法家思想在治国理政方面的优势。

"侈而堕者贫，而力而俭者富"这段话阐述了造成贫穷与富足的原因在于奢侈懒惰与勤劳节俭。根据这段话分析，如果大家的条件差不多，不存在荒年、大病、横祸、犯罪等问题，却唯独某个人陷入了贫穷，那么造成这个人贫穷的原因不是奢侈就是懒惰；奢侈和懒惰的人会贫穷，而勤劳和节俭的人能富足。现在君主向富足的家庭征收财物，散给贫穷的家庭，就是夺取勤俭节约者的财物送给奢侈懒惰的人，这样一来，如果还想督促民众努力耕作，省吃俭用，就根本办不到了。

【场景应用】

公文写作中，"侈而堕者贫，而力而俭者富"这句典故，可以用来号召全社会自觉抵制奢靡浪费的行为，全民参与，积极行动，争做勤俭节约的倡导者、宣传者、实践者和推动者。这句典故还可以用来教育引导党员干部率先垂范，带头树立良好家教家风，带头厉行节约，倡导绿色生活，自觉弘扬勤俭节约的优良作风，将艰苦奋斗、勤俭节约落实到各项工作之中。

【范文赏析】

云南网这篇文章提出党员干部要用好勤俭节约这个"传家宝"，让优良传统激励我们迈向美好未来。文章开篇化用典故"侈而堕者贫，而力而俭者富"，开宗明义指出勤俭节约是中华民族千年来恪守的传统美德，作为新时期的党员干部，理应牢记于心、落实于行，率先垂范，从身边做起，从一点一滴做起，厉行勤俭节约的理念，始终做到生态环保、不奢侈、不浪费，为承续好传统美德添写上浓重的一笔。

19　才者，德之资也；德者，才之帅也

【范文】

"才者，德之资也；德者，才之帅也。"德与才，是辩证统一的两个方面，二者缺一不可。重才轻德，历来是用人的大忌。具备良好品德，才有忠于事业、为民服务的恒久动力；具备出色才干，才有胜任本职工作的专业技能。德才兼备，我们的人才队伍才能经受住各种考验，创造骄人的业

绩。（选自 2010 年 6 月 4 日《人民日报》评论员文章《坚持德才兼备 提高人才素质》）

【典故出处】

语出北宋司马光《资治通鉴·周纪》："智伯之亡也，才胜德也。夫才与德异，而世俗莫之能辨，通谓之贤，此其所以失人也。夫聪察强毅之谓才，正直中和之谓德。才者，德之资也；德者，才之帅也。"

文中典故的意思是：才能是德行的辅助，德行是才能的统帅。

【典故解读】

根据《资治通鉴·周纪》记载，春秋末年晋国大夫智宣子选择智伯作为智氏家族的继承人，但是智伯才多德少，给强大的智氏家族招来灭族之灾。为此，司马光评论道，"智伯之亡也，才胜德也"，并提出"才者，德之资也；德者，才之帅也"的著名论断。

引文这段话的意思是，智伯的灭亡，在于才能胜过德行；才能与德行是不一样的，但是世俗之人却分不清楚，一概而论地认为他们都是贤明之人，于是在用人上出现了失察。所谓才，是指聪明、明察、坚强而果毅；所谓德，是指方正、忠直、公道而平和。才，是德的辅助；德，是才的统帅。

由此可见，司马光在用人上倡导以德为先，用人当先求有德，后世在此基础上提出了"德才兼备、以德为先"的选人用人标准。

【场景应用】

公文写作中，"才者，德之资也；德者，才之帅也"这句典故，强调才德并重，德和才相辅相成，缺一不可。对于领导干部来说，要自觉加强党性修养，永远牢记用德统帅才，才能保证才的正当发挥，以才支持德，才能真正有益于国家和人民。因而，无论是选拔任用干部，还是培养引进人才，都要把"德才兼备、以德为先"的标准贯穿始终，如果有德无才，就难以担当重任，但是有才无德，那么最终会危害党和人民的事业，只有德才兼备，才能履行好党和人民赋予的职责，做到干成事不出事。

【范文赏析】

《人民日报》这篇评论员文章的主题是坚持德才兼备，提高人才素质，文中引用典故"才者，德之资也；德者，才之帅也"，旨在体现"德"与"才"之间相互依存、相互作用的同时，更加突出了"德"对于"才"的统帅和引导作用，强调只有坚持"德才兼备、以德为先"的标准，才能让人才队伍经受住各种考验，创造骄人的业绩。

20　　　　　　　　　不患位之不尊，
　　　　　　　　　而患德之不崇

【范文】

"不患位之不尊，而患德之不崇。""政德"是领导干部做人做事的基本要求和标准。"多积尺寸之功"是从传统文化中汲取养分，为党员干部标出的修身立德制高点，划定的为政为官的底线，愿所有的党员干部时时、事事不忘"政德"二字，牢记于心，践之于行，修好"官德"，造福于民。（选自 2018 年 3 月 13 日中青在线署名文章《积尺寸之功守为政之"德"》）

【典故出处】

语出东汉张衡《应间》："君子不患位之不尊，而患德之不崇；不耻禄

之不夥，而耻智之不博。"

文中典故的意思是：君子不担心地位不够尊崇，而担心自身道德不够完善。

【典故解读】

《应间》是东汉科学家张衡重新任职太史令时所写的一篇文章。根据《后汉书·张衡列传》，张衡不羡慕当世的功名富贵，所担任官位往往多年不得迁升，自离史官，五年又回到原职，于是作《应间》以表明自己的心迹。

引文中"不患位之不尊，而患德之不崇"这段话是张衡针对诘难者所作的应答，体现了中国传统文化中影响最大的"政德观"。在张衡看来，道德比职位更为重要，道德表现与民心息息相关，一个缺乏道德建设的朝政，必然是作风不正，腐败盛行，最终必定会失去民心。因而，为官者不担心地位不够尊崇，而担心自身道德不够完善；不以收入不够高为耻，而以学识不够渊博为耻。

【场景应用】

公文写作中，"不患位之不尊，而患德之不崇"这句典故，可以用来强调政德对于领导干部的特别意义，领导干部的能力有大小、职务有高低，但是衡量政德的标准是一样的，因而领导干部不应该过分追求职位高低，而是应该更加关注品德修养，考虑在这个职位上能为社会和国家作多大的贡献。

【范文赏析】

中青在线这篇文章发表于全国两会期间，阐述了领导干部要讲政德，积尺寸之功守为政之"德"。文章末段引用"不患位之不尊，而患德之不崇"，体现自古以来我们一直把德行和品德作为衡量为政者的基本要求和标准，强调领导干部无论位居什么职位，都要常修为政之德，常思贪欲之害，常怀律己之心，把为官的过程看作是提升政德境界、践行为民宗旨的过程，修好"官德"，造福于民。

模块十三

读书学习

01

学者非必为仕，
而仕者必如学

【范文】

　　学者非必为仕，而仕者必为学。作为党员干部越是面对挑战，越要拿出时不我待、只争朝夕的学习劲头，保持虚怀若谷、如饥似渴的学习状态，像海绵吸水一样掌握新知识、熟悉新领域、开拓新视野，锻造促进高质量发展的"金刚钻"，以勇于担当、善于作为的底气和勇气，赢得主动、赢得优势、赢得未来。（选自 2019 年 7 月 16 日《宁夏日报》文章《学者非必为仕 而仕者必为学》）

【典故出处】

　　语出战国时期《荀子·大略》："君子进，则能益上之誉，而损下之忧。不能而居之，诬也；无能而厚受之，窃也。学者非必为仕，而仕者必如学。"

　　文中典故的意思是：读书人不一定都要做官，但是为官者必须坚持学习，不负平生所学。

【典故解读】

　　荀子这段话提到了君子、学者和仕者三种人。在荀子看来，如果君子出仕做官，那么就一定能够给国家带来美誉，同时减少百姓的愁苦；如果能力上做不到这些，却仍然占据高位，那么就是欺骗；如果无能之徒还享受着国家丰厚的俸禄，那么就是盗窃了。由此，荀子认为，读书人不一定非得做官，而一旦做了官，那么就要持续学习，不断提高能力，为国家和百姓做实事，不负平生所学。

　　荀子的这一观点是对儒家思想的继承和发展，孔子的弟子子夏曾说：

"仕而优则学，学而优则仕。"

这里的"优"通常被误解为"优秀"，其实是"有余力"的意思。子夏的这句话是说，如果做官还有余力的话，就可以去学习；如果学习有余力的话，就可以去做官。

为官者的主责应该是处理政务，但是不学习也是不行的，学习可以提高自身的修养和学识，从而更好地实现"齐家治国平天下"的理想。所以，荀子的这段话继承和发展了儒家思想，强调了学习是为官者的基本功课，唯有学习是从政者正心诚意、修齐治平的修炼方式。

【场景应用】

在当代，"学者非必为仕，而仕者必如学"这句典故中的"如学"常被化用为"为学"。"如学"指的是为官不负平生所学，而"为学"强调的是领导干部的持续学习，与时俱进，赋予了原典新的时代内容和要求。

【范文赏析】

这篇范文以"学者非必为仕，而仕者必为学"为题，文中再次提及，就是在反复强调党员干部唯有保持不断学习的劲头，像海绵吸水一样充实自身，增强底气和勇气，才能赢得主动、赢得优势、赢得未来，更好地适应时代发展的变化。

02

人之知识，若登梯然，
进一级，则所见愈广

【范文】

　　善读，让格局更宽广。"善于学习，就是善于进步。"党员干部能否把阅读融入生活方式，反映其旨趣所在，折射其格局境界乃至人生观、价值观和世界观等。"人之知识，若登梯然，进一级，则所见愈广。"有了学问，好比站在高山上，看到很远很多的东西，抵达披沙沥金、拨云见日的境界。（选自 2022 年 4 月 18 日金羊网文章《世界读书日——在书中厚植党员干部的"精气神"》）

【典故出处】

　　语出南宋陆九渊《删定官轮对札子》："人之知识，若登梯然，进一级，则所见愈广。上者能兼下之所见，下者必不能如上之所见。"

　　文中典故的意思是：人学习知识，就如同登梯子，每上一个台阶，视野就更加开阔。

【典故解读】

　　陆九渊是南宋哲学家，人称"象山先生"，是宋明时期"心学"的开山祖。

　　"删定官"是古代官名，负责修改审定律令，陆九渊曾调敕令所删定官。"轮对"是"轮当面对"的意思，宋代官员轮值上殿策对时政利弊，凡事关利害者许以极言，称为轮对。"札子"是古代官方公文中的上呈文书，用于向皇帝或上级进言议事。

　　这段引语指出了正确的学习方法是，顺着次序由低到高逐步深入提升，循序渐进，步步登高。做学问就像登梯子一样，上一个台阶的人可以看见下一个台阶的风景，但是下一个台阶的人就不能望见上一个台阶的风景。

【场景应用】

"人之知识，若登梯然，进一级，则所见愈广"这句典故，在公文写作中常用于读书学习的要求和体会上，特别是领导干部要具有活到老、学到老、改造到老的精神，锲而不舍，持之以恒，脚踏实地，一步一步地往上登梯，在读书学习中把握人生道理、领悟人生真谛、体会人生价值、实践人生追求。

【范文赏析】

金羊网这篇网评文章是在第 27 个世界读书日来临之际，对于党员干部的读书学习提出的号召和期望，文章的副标题"在书中厚植党员干部的'精气神'"就是全文的主题。

范文引用"人之知识，若登梯然，进一级，则所见愈广"这句典故，既有古人对于读书的实践与感悟，也与文章的题眼呼应。更重要的是，这句典故很好地阐述了本段的分论点"善读，让格局更宽广"，它告诉我们，自古至今，读书可以让我们收获真知灼见，优化知识结构，更能在潜移默化中增长见识、开阔视野、拓展格局。

03

为学日益，为道日损

【范文】

比如至简。为学上强调"书破万卷，路行万里""为学日益"，信息占有尽量多些；为道上强调"不窥牖，见天道""为道日损"，信息处理务必至简。若无至简，杂乱信息堆积过多，反倒让人无从判断、无从决策，无助、逃避行为多发。将信息削冗举要、去伪存真、内化于心，方能生成有效判断和决策。注重至简，学生才会充盈心灵、充实事业，社会上学无所用的现象才能减少。（选自 2015 年 7 月 23 日《人民日报》新论《教育旨在教会寻找幸福》）

【典故出处】

语出春秋时期老子《道德经·第四十八章》："为学日益，为道日损，损之又损，以至于无为，无为而无不为。"

文中典故的意思是：研究学问需要日积月累才能增益，领悟大道需要不断减损内心的妄求。

【典故解读】

这句典故体现了"为学"与"为道"两种完全不同的运作方式，包含了两层含义：一是分开来说的，意思是学习知识需要不断丰满完善，但是领悟大道、把握规律，需要逐步减少外界诱引内心的各种执念和妄想。二是合起来说的，意思是我们在学习增益知识的同时，对于大道和规律的领悟却在同步减损。也就是说，知识积累越多，心中的执念和妄想就越多，那么对大道的领悟也就越少。

老子接着说，领悟大道需要不断减损心中的妄念，一损再损，一直达到无知无识的"无为"境界，一旦达到了"无为"的境界，那么没有什么做不成的。

【场景应用】

在当代，典故"为学日益，为道日损"这两句话常常是合二为一的，"为学"和"为道"的过程是相辅相成、同步进行的，强调"为学"的过程不仅仅是被动地增益知识，而且还要主动地减损那些不符合大道和规律的东西。如此一来，"为学"就是"为道"，"为道"亦是"为学"；同样，"日益"就是"日损"，"日损"亦是"日益"。

【范文赏析】

《人民日报》这篇文章提出，教育只有沿着"至简、担当、务实"这样的方向，方能教会学生寻找人生的幸福。

这段范文讲的是"至简"，文中引用"为学日益"，强调学习应当尽量多占有信息，但是占有信息不是目的，真正的为学者还要懂得"为道日损"的道理，在信息处理上务必至简，也就是将信息削冗举要、去伪存真、内化于心，生成有效判断和决策。这个时候，"为学"与"为道"就实现了合二为一。

04　　　　　　　　　　　　为学之实，固在践履

【范文】

　　为学之实，固在践履。在 5 月 31 日召开的"不忘初心、牢记使命"主题教育工作会议上，习近平总书记指出，抓落实，就是要把新时代中国特色社会主义思想转化为推进改革发展稳定和党的建设各项工作的实际行动，把初心使命变成党员干部锐意进取、开拓创新的精气神和埋头苦干、真抓实干的自觉行动，力戒形式主义、官僚主义，推动党的路线方针政策落地生根，推动解决人民群众反映强烈的突出问题，不断增强人民群众获得感、幸福感、安全感。（选自 2019 年 6 月 5 日《光明日报》评论员文章《狠抓落实，埋头苦干——学习习近平总书记在"不忘初心、牢记使命"主题教育工作会议上的重要讲话系列评论四》）

【典故出处】

　　语出南宋朱熹《朱子大全·答曹元可》："为学之实，固在践履。苟徒知而不行，诚与不学无异。然欲行而未明于理，则所践履者，又未知其果何事也。"

　　文中典故的意思是：学习的根本在于实践。

【典故解读】

　　《朱子大全》是朱熹的作品集，比较全面地反映了他的理学观念、政治思想等。

　　朱熹在这段话中阐述了学习与实践的关系。他认为，学习的根本在于实践，如果只是明白道理却不去实践，那么学与不学就没有什么区别了。

朱熹同时也十分重视学习对于实践的指导意义，他接着说，如果想实践却不明白其中的道理，那么即使这样实践了，他也不知道这样做为什么会有如此的结果。

【场景应用】

在公文写作中，"为学之实，固在践履"这句典故常用于告诫领导干部，学习的根本目的在于实践，要把研究和解决重大现实问题作为学习的根本出发点，做到干中学、学中干、学以致用、用以促学、学用相长。

【范文赏析】

《光明日报》这篇评论员文章是主题教育学习系列评论中的一篇，论题就是"狠抓落实，埋头苦干"。文章开篇引用典故"为学之实，固在践履"，言简意赅，旗帜鲜明地亮明了自己的观点，也点明了题眼，顺理成章地引出了会议讲话中关于"抓落实"的一系列精神要求。同时，这句典故也指明，主题教育学习这项活动本身也贵在学用结合，切忌流于形式，要学而信、学而用、学而行。

05　　　　　　　　　　　学所以益才也，
　　　　　　　　　　　　　　砺所以致刃也

【范文】

"学所以益才也，砺所以致刃也。"向先进典型学习，就要学习他们对党忠诚、信念坚定的政治品格，学习他们恪尽职守、担当有为的精神风貌，学习他们无限赤诚、默默奉献的为民情怀，学习他们淡泊名利、怀德自重的崇高境界。向先进典型学习，就要自觉与榜样对标、以榜样为镜，用严格的尺子衡量自己，用更高的标准要求自己，为"建设亮丽内蒙古，共圆伟大中国梦"贡献自己的智慧和力量。（选自 2019 年 8 月 27 日《内蒙古日报》评论员文章《见贤思齐 奋力前行》）

【典故出处】

语出西汉刘向《说苑·建本》："子思曰：'学所以益才也，砺所以致刃也，吾尝幽处而深思，不若学之速；吾尝跂而望，不若登高之博见。'"

文中典故的意思是：勤于学习可以增长才干，勤加磨砺可以使刀刃锋利。

【典故解读】

《建本》篇出自《说苑》（参见模块十词条 13），该篇强调了建立根基、奠定基础的重要性。"学所以益才也，砺所以致刃也"，这是孔子嫡孙子思的话，论述了治学离不开学习和磨砺这两个方面。

对此，子思提出了自己的治学路径，强调学习要善于借势借力。他说，与其自己一个人独处思考，不如向他人学习效率更高；与其自己跂起脚来远望，不如登上高处看得更远。

【场景应用】

公文写作中，"学所以益才也，砺所以致刃也"这句典故，常用来强调实践出真知，实践长真才，激励党员干部树立终身学习的理念，把学习当作一项增长才干的基础工程，日日学习、时时学习，做到学以致用、学而能用，唯有如此，才能行稳致远。

【范文赏析】

这篇评论员文章写于北疆英模先进事迹报告会之际，号召大家向北疆英模学习，在全区掀起学习榜样的热潮。

范文中引用典故"学所以益才也，砺所以致刃也"，强调了学习先进典型，不仅要学习他们的政治品格、精神风貌、为民情怀和崇高境界，更要把这种学习落实到实践中，在实践中与榜样对标、以榜样为镜，学以致用，勤于磨砺，为"建设亮丽内蒙古，共圆伟大中国梦"贡献自己的智慧和力量。

06

行之力则知愈进，
知之深则行愈达

【范文】

"行之力则知愈进，知之深则行愈达。"进入新时代，摆在全党全国各族人民面前的使命更光荣、任务更艰巨、挑战更严峻、工作更伟大。开展"不忘初心、牢记使命"主题教育，就是要坚持思想建党、理论强党，进一步用习近平新时代中国特色社会主义思想武装全党，着力提高全党的马克思主义思想觉悟和理论水平，提高全党运用科学理论观察事物、分析问题、解决问题的能力，以"不畏浮云遮望眼"的理论自信、"乱云飞渡仍从容"的战略定力、"不到长城非好汉"的进取精神，走好新时代的长征路。（选自 2019 年 6 月《求是》评论员文章《思想建党 理论强党》）

【典故出处】

语出南宋张栻《论语解•序》："历考圣贤之意，盖欲使学者于此二端兼致其力，始则据其所知而行之，行之力则知愈进，知之深则行愈达，是知常在先而行未尝不随之也。"

文中典故的意思是：实践越是深入，认知就越能精进；认知越是精进，实践就越能通达透彻。

【典故解读】

张栻是南宋理学家和教育家，湖湘学派集大成者，与朱熹、吕祖谦齐名，时称"东南三贤"。

张栻的著述很多，其中《论语解》是其研究经学和理学思想的重要著作。张栻在这部书中提出了"知行互发"的知行观，指出历代圣贤既强调"知"，也强调"行"，都是主张知行兼重，这是因为人们在实践初始，总是以一定的认知为先导，随着实践的深入，认知也就越精进，认知越精进，就越能促进实践的发展，知与行始终相互伴随，互相启发，共同促进。

【场景应用】

公文写作中，"行之力则知愈进，知之深则行愈达"这句典故，可以用来强调领导干部读书学习必须理论联系实际，坚持以知促行，以行促知，通过实实在在的干，让所学所知转化为看得见、摸得着的生产力，同时在实践中探索和总结，提高认识世界、改造世界的能力。

这句典故还可以用于改革实践中，坚持知行合一，不断丰富和总结改革实践中的宝贵经验，进一步完善和升华认识，以此指导新的改革实践，如此循环往复，推动改革实践健康发展。

【范文赏析】

《求是》这篇评论员文章是针对当时正在开展的主题教育活动，提出思想建党、理论强党是实现主题教育活动任务的根本要求，范文引用典故"行之力则知愈进，知之深则行愈达"，强调提高全党思想觉悟和理论水平，最根本的就体现在我们观察事物、分析问题、解决问题的实践能力上，从而把科学理论转化为改造客观世界和主观世界的强大力量。

07　读书谓已多，抚事知不足

【范文】

"读书谓已多，抚事知不足。"读书是最快提升的途径，有利于加快补齐自身的短板、锻造干事的长板、开启工作的新板。坚持缺什么补什么，通过读书拉长素能短板。注重素能短板和工作短板一体抓、一起补，紧盯基层组织建设的"盲区"、干部队伍管理的"短板"、人才队伍建设的"弱项"，有针对性地靶向补课，以素能短板拉升推动工作短板突破。（选自2022年7月28日《河南日报》文章《平顶山：让组工干部在"书香作伴"中争先出彩》）

【典故出处】

语出北宋王安石《寄吴冲卿》："物变极万殊，心通才一曲。读书谓已多，抚事知不足。"

诗中典故的意思是：自己觉得已经读了很多书，一旦做起事来才感到不足。

【典故解读】

王安石为北宋杰出的政治家、思想家、改革家、文学家，"唐宋八大家"之一。《寄吴冲卿》中的吴冲是北宋大臣，他的次子娶王安石长女为妻，《寄吴冲卿》就是王安石写给亲家吴冲的一首五言律诗。

全诗以"物变极万殊，心通才一曲。读书谓已多，抚事知不足"开篇，言简意赅地向我们展示了一个纷繁复杂的世界，从中向我们揭示了"书到用时方恨少"的道理。这四句诗的大意是，万事万物变化多端，纷繁复杂，而我们内心只是稍稍感悟到了其中的道理；自认为已经读了很多书，但是做起事情来才发觉还有很多不明白的地方。

【场景应用】

公文写作中，"读书谓已多，抚事知不足"常用来告诫我们学无止境，读书学习是一个不断追求进步的过程，永远不会达到终点，为人处事应该时刻保持谦虚和开放的心态，不能骄傲自满，只有不间断地学习和实践，才能够不断成长和进步。

这句典故还告诉我们，读书学习是增长知识的重要途径，但是读书学习并不能解决所有的问题，还需要学以致用，只有将所学知识应用到实际工作中，才能真正提升自己的做事能力。

【范文赏析】

《河南日报》这篇文章提出组工干部要带头读书学习，修身养志，增长才干，在"书香作伴"中争先出彩。文中引用典故"读书谓已多，抚事知不足"，表达读书学习是自我提升的最有效途径，不要书到用时方恨少，平时就要针对自身不足，围绕目标任务，有系统、有目的地进行读书学习，补齐短板、锻造长板、开启新板。

08

黑发不知勤学早，
白首方悔读书迟

【范文】

黑发不知勤学早，白首方悔读书迟。曾有一项对 60 岁退休干部的调查，结果是 72% 的退休干部后悔在工作的几十年间没有抓住学习的机会，让时间白白流逝了。现实中，有些党员干部热衷应酬、忙于事务，或者装点门面、走走形式，心浮气躁、浅尝辄止，不深学；有些党员干部食而不化、学用脱节，不善学。（选自 2022 年 6 月 16 日《中国纪检监察报》署名文章《把读书学习作为终身习惯》）

【典故出处】

语出唐朝颜真卿《劝学》："三更灯火五更鸡，正是男儿读书时。黑发不知勤学早，白首方悔读书迟。"

诗中典故的意思是：少年不知道早起勤奋学习，到老了才后悔读书少就太迟了。

【典故解读】

颜真卿为唐朝名臣、书法家，善诗文，著有诗文集《颜鲁公集》。《劝学》是颜真卿所作的一首七言古诗，劝勉青少年珍惜青春年华，勤奋读书，有所作为，不要到老了一事无成，那时后悔已晚。诗中说，三更挑灯夜读，五更鸡鸣即起，这是孩子们读书的最好时光；少年不要只知道玩，耽误了读书的最好时光，否则年老的时候，就会后悔当初没有好好读书。

【场景应用】

　　公文写作中，"黑发不知勤学早，白首方悔读书迟"可以用来告诫我们要珍惜年轻时的学习机会，勤奋努力，积累知识和经验，为将来的发展打下坚实的基础。

　　这句典故还告诉我们，学习也是一种投资，年轻时的学习投资会有更长的回报周期，可以为将来的职业发展和个人成就打下坚实基础，创造更多的机会和可能性。

【范文赏析】

　　发表在《中国纪检监察报》上的这篇文章提出，领导干部应该把读书学习作为终身习惯，做到好学乐学，学以修身，学以致用。文中引用"黑发不知勤学早，白首方悔读书迟"这两句诗，旨在以古人的勤学精神，激励领导干部把读书学习当作一种生活态度，一种责任担当，抓住机会，坚持终身学习，紧跟时代步伐。

立身百行，以学为基

【范文】

　　"勤"于学习，涵养"笃实好学"的精神。人，生来是无知的，所以需要学习。立身百行，以学为基。少而好学，如日出之阳；壮而好学，如日中之光；老而好学，如炳烛之明。年轻干部走出校门，走进机关门，不能忘记学习，要把学习养成一种习惯、铸成一种品质。（选自2021年7月23

日共产党员网署名文章《年轻干部要涵养"四种精神"》)

【典故出处】

语出元朝许名奎《劝忍百箴·好学之忍》:"立身百行,以学为基。古之学者,一忍自持。"

文中典故的意思是:无论在何种行业安身立命,学习是最基础的能力。

【典故解读】

许名奎是元代学者,博学多才,注重修身养性,一生可以用一个"忍"字来概括,他收集了一百条古代史籍中有关"忍"的格言、要训和历史典故,名为《劝忍百箴》。

"立身百行,以学为基"是《劝忍百箴》中的第一百句——好学之忍,提出不管是哪个行业都要以学习为基础,古时候的读书人,忍受一切困苦,严格约束自己。

【场景应用】

公文写作中,"立身百行,以学为基"这句典故常用作一种行动指导,教育激励党员干部加强自我学习,提高个人素质和修养,树立正确的人生观和价值观,实现自我价值和自我成长。

【范文赏析】

共产党员网的这篇文章指出年轻干部要涵养学习、思考、吃苦和修身"四种精神",文中引用典故"立身百行,以学为基",很好地强调了年轻干部要勤于学习、涵养"笃实好学"精神,把学习养成一种习惯、铸成一种品质。

10   学者政之出，政者学之施

【范文】

善于以学强能。"学者政之出，政者学之施。"对党员干部特别是领导干部来说，加强学习的根本目的是提高工作本领，必须摆正工作与学习的关系，坚持把履职需要作为学习的主导方向，坚持干什么学什么、缺什么补什么，防止和克服忙于事务、疏于学习，盲目自满、放松学习，缺乏钻劲、畏惧学习的倾向，知责思学、以学求进。（选自 2020 年 6 月 11 日《解放军报》署名文章《让工作本领跟上时代节拍》）

【典故出处】

语出南宋张孝祥《衡州新学记》："先王之时，以学为政。学者政之出，政者学之施。学无异习，政无异术。"

文中典故的意思是：学习源于为政的需要，而为政是学习的结果。

【典故解读】

张孝祥为南宋著名爱国词人、书法家，《衡州新学记》是其创作的一篇散文。

在这段引文中，作者认为早在先王的时候，学政一体，学习是施政的基础，学习源于为政的需要，而为政也是学习的结果。因而，学习没有怪异的习惯，政令也没有怪异的方法，君臣上下都很重视学习，就像农民重视农耕一样。

【场景应用】

公文写作中，"学者政之出，政者学之施"这句典故，常用来强调学习对于从政者的重要性，教育引导领导干部要始终把学习作为一项永恒任务，做到知行合一，在实践中不断精进，在修行中涵养情操，始终保持先发优势。

【范文赏析】

《解放军报》这篇文章提出领导干部要与时俱进，克服本领恐慌，让工作本领跟上时代节拍。文中引用典故"学者政之出，政者学之施"，强调自古以来学习就是服务于履职需要的，因而要坚持知行合一，学用结合，把履职需要作为学习的主导方向，在学中干、干中学。

11　读书之法，在循序而渐进，熟读而精思

【范文】

古今中外学者，都懂得学习要循序渐进。南宋学者朱熹曾说："读书之法，在循序而渐进，熟读而精思。"杂乱地读书就好像一个饿肚子的人走进了饭馆，看到鱼肉糕点恨不得一口都塞进嘴巴，于是粗嚼快咽急忙吞了进去，虽然也填饱了肚子，但是没有尝到菜肴的滋味。这种贪多嚼不烂的学习方法，不可能收到良好的效果。（选自2018年5月29日《人民日报》文章《读书宜循序渐进》）

【典故出处】

语出南宋朱熹《读书之要》：“读书之法，在循序而渐进，熟读而精思。字得其训，句索其旨，未得于前则不敢求其后，未通乎此则不敢志乎彼。先须熟读，使其言皆若出于吾之口，继以精思，使其意皆若出于吾之心。”

文中典故的意思是：读书的方法在于循序渐进，由浅入深，读熟之后再认真思考，这样就会有所得。

【典故解读】

朱熹为南宋理学家、思想家和教育家，对读书学习有着独特而深切的体会，成为我国第一个系统研究读书理论和方法的人，总结出著名的“朱子读书法”。

“读书之法，在循序而渐进，熟读而精思”这句典故，出自其所著《读书之要》，提出读书需要“循序渐进”和“熟读精思”，至今有着现实的指导意义。

“循序渐进”，强调读书要量力而行，有系统、有计划地进行，打好基础，逐渐深入；“熟读精思”，则是强调读书要反复诵读，让书中的话好像出于自己的嘴巴，同时做到学思结合，力求透彻理解与领悟，让书中的思想好像都是自己的想法。

【场景应用】

公文写作中，“读书之法，在循序而渐进，熟读而精思”这句典故，可以用来要求党员干部树立与时俱进的学习理念，争当学习型党员领导干部，不断探索和创新学习方法，既要持之以恒地学，更要联系世界观改造来实际地学，做到学思践悟，知行合一，唯有如此，才能学有所得、学有所成、学有所用。

【范文赏析】

《人民日报》这篇文章提出青年人学习必须从基础学起，循序渐进，逐步提高，文中引用典故"读书之法，在循序而渐进，熟读而精思"，强调自古以来人们就十分重视读书的基本功，不可囫囵吞枣，杂乱无章，企图一步登天，而是要扎扎实实打好基础，同时要精于思考，不可贪图捷径，不求甚解，贪多嚼不烂。

12 腹有诗书气自华

【范文】

人生因阅读而气象万千。腹有诗书气自华，读书有益于开阔眼界、提升格局；最是书香能致远，书海中深蕴着灼热的理想信仰、炽烈的家国情怀。(选自 2022 年 4 月 23 日《人民日报》文章《最是书香能致远》)

【典故出处】

语出北宋苏轼《和董传留别》："粗缯大布裹生涯，腹有诗书气自华。"

诗中典故的意思是：饱读诗书的人自有光彩夺目的气质。

【典故解读】

《和董传留别》是苏轼赠予朋友董传的留别诗，当时董传穷困潦倒，衣衫粗劣，但他饱读诗书，满腹经纶，粗衣劣布掩盖不住他的风骨气质，因而苏轼作此诗来宽慰朋友。

首句"粗缯大布裹生涯，腹有诗书气自华"写出了读书与个人修养之间的关系，董传虽然穿的是麻布粗衣，但因其腹有诗书，他的气质自然光彩夺人。

【场景应用】

公文写作中，"腹有诗书气自华"这句典故，可以用来教育引导党员干部认识到，读书学习是修炼道德操守、提升从政道德境界的最好途径，让读书学习成为净化灵魂、加强修养、培养高尚情操的有效手段，做到读书修德，知行合一。

【范文赏析】

《人民日报》这篇文章提出党员干部要热爱阅读，善于撷取书中精华，并将之内化为崇高的价值追求，始终坚定信仰、信念、信心，不断提升干事创业的本领。文章中引用典故"腹有诗书气自华"，强调自古以来读书学习就是最重要的事情，是中华民族世代传承的优良传统。一代又一代的读书人，承先启后，修齐治平，因而今人更要锲而不舍地读书学习，持之以恒地用书卷气给自己赋能，把书籍当作生活必需品，让读书学习真正成为一种生活方式。

13　　　　　　　　　　　　　不学不成，不问不知

【范文】

带头"爱读书"，涵育"博学之"风尚。"智能之士，不学不成，不问不知。"凡事有所成，必是学有所成；学有所成，必是读有所得。读书学习是党员干部的立身之本、力量之源、信仰之基，关系到事业的发展和成败。读书学习可以武装头脑、提升才干、增长本领，党员干部是良好社会风气

的引领者和先行者，要引领人们"爱读书"，做到学以立身。（选自 2022 年 4 月 25 日人民论坛网文章《党员干部要加强阅读引领、涵育阅读风尚》）

【典故出处】

语出东汉王充《论衡·实知》："不学自知，不问自晓，古今行事，未之有也。夫可知之事，惟精思之，虽大无难；不可知之事，厉心学问，虽小无易。故智能之士，不学不成，不问不知。"

文中典故的意思是：再聪明的人，如果不学习，他就不会有成就；如果不下问，他就永远不会知道。

【典故解读】

王充为东汉哲学家，代表作品《论衡》是一部无神论著作，它的主要思想是"疾虚妄"，反对"虚妄"的东西，对当时盛行的谶纬之学和天人感应学说，进行了一系列的批判，把无神论的思想和朴素辩证法，提升到了一个新的高度。

《实知》篇批判了当时"圣人生而知之"的说法，把事物分为可知和不可知两类，反对"生而知之"的"生知论"，提倡"学而后知""不学不知"的"学知论"。

"不学不成，不问不知"这段话体现出王充思想中重视实际经验的唯物因素。在他看来，不学习就能知晓一切，不下问就能通晓天下，从古至今，还没有见到过这样的人。对于可知的事情，只要专心思考，事情再大也不难明白；对于不可知的事情，无论怎样用心学习和请教，即使是再小的事情也不容易弄清楚。所以，再聪明的人，如果不学习，他就不会有所成就，如果不下问，他就永远不会知道。

【场景应用】

公文写作中，"不学不成，不问不知"这句典故可以用来教育引导党员干部要重视学习，更好地适应时代的发展和工作的需要；学习中要善于提问，深入探究问题的本质和解决方法，更好地应用于实践；学习还要注重积累，不断积累知识、经验和方法，厚积薄发，更好地应对各种复杂情况和问题。

【范文赏析】

　　人民论坛网这篇文章写于首届全民阅读大会之际，提出广大党员干部要在全社会加强阅读引领、涵育阅读风尚。文中引用典故"不学不成，不问不知"，体现了中华民族向来有着崇尚学习、勤于思考、博学笃志的文化传统，作为领导干部更要时刻保持谦虚好学的态度，不断学习、探索和积累，带头"爱读书"，涵育"博学之"风尚，成为良好社会风气的引领者和先行者。

14　学如弓弩，才如箭镞，识以领之，方能中鹄

【范文】

　　要在坚定理想信念上下功夫。"学如弓弩，才如箭镞，识以领之，方能中鹄。"培养担当民族复兴大任的时代新人，重中之重就是要以坚定的理想信念筑牢精神之基。要加强以习近平新时代中国特色社会主义思想为核心的思政课课程群建设。在大思政课建设中挖掘、利用好红色资源，深化爱国主义、集体主义、社会主义教育。推动理想信念教育常态化制度化，持续抓好党史、新中国史、改革开放史、社会主义发展史教育，引导广大

青年知史爱党、知史爱国，不断坚定中国特色社会主义共同理想。（选自2023 年 5 月 15 日《法治日报》评论员文章《铸魂育人 善用大思政课培养时代新人》）

【典故出处】

语出清朝袁枚《续诗品·尚识》："学如弓弩，才如箭镞，识以领之，方能中鹄。"

文中典故的意思是：学问如同弓弩，才华如同箭头，只有依靠见识来引领，才可以让才华发挥好作用。

【典故解读】

《续诗品》是袁枚仿晚唐诗论家司空图《二十四诗品》而作，用四言韵文写就，共有三十二则。不同于《二十四诗品》论述的是诗歌的创作风格，《续诗品》侧重于诗歌创作的过程、方法、修养、技巧等具体经验和体会。

《尚识》是《续诗品》中的一则，阐述了诗歌创作中学问、才华、学识、目标之间的关系，强调了见识在诗歌创作中的作用。"学如弓弩，才如箭镞，识以领之，方能中鹄"这句话就是用来比喻，如果没有学问，才华就不能得到发挥，如果没有学识指导，人生就没有正确的方向，强调只有增加学识，提高眼界，才能使用好学问之弩，让才华之镞一箭中鹄。

【场景应用】

公文写作中，"学如弓弩，才如箭镞，识以领之，方能中鹄"这句典故可以用来教育引导领导干部要树立终身学习的意识，注重学习方法和技巧，把读书学习与工作实践结合起来，善于总结经验，发现问题，有针对性地解决问题，做到学以致用、用以促学、学用相长，不断提高领导能力和水平。

【范文赏析】

《法治日报》这篇评论员文章围绕学校思想政治工作，提出善用"大思政课"培养时代新人的要求。文中引用"学如弓弩，才如箭镞，识以领之，方能中鹄"这句典故，将理想信念比作引领"学"与"才"的"识"，强调"大思政课"要在坚定理想信念上下功夫，引导青年学生多读党史、新中国史、改革开放史、社会主义发展史，在学校日常的教育学习中推动理想信念教育常态化制度化。

15　旧书不厌百回读，熟读深思子自知

【范文】

百年党史细节浩如烟海，历史脉络盘根错节，要想准确把握我们党的百年发展史，最重要的一条就是要读权威、学经典。"旧书不厌百回读，熟读精思子自知。"学习党史切勿抱有"消遣""猎奇"思想，切不可为了满足消磨时间、满足好奇心而进行学习。只有下足寻根溯源的真功夫，沉下心、静下心，铢积寸累、日就月将的学习，才能将权威著作和经典篇章学深悟透，品尝出真理的"甜味"。（选自2021年3月21日人民论坛网署名文章《学党史要念好"八字要诀"》）

【典故出处】

语出北宋苏轼《送安惇秀才失解西归》："旧书不厌百回读，熟读深思子自知。他年名宦恐不免，如今栖迟那可追。"

诗中典故的意思是：读过的经典要不厌其烦地反复诵读，读熟了自然会领悟其中的含义。

【典故解读】

《送安惇秀才失解西归》是苏轼的一首七言古诗，诗中的安惇时年二十八岁，以秀才的身份参加了乡试，结果"失解西归"，名落孙山。于是，苏轼作此诗送别安惇，予以劝慰和鼓励，同时也借此抒发自己一腔不平之情。

全诗开篇"旧书不厌百回读，熟读深思子自知"这两句，原意是用来劝慰和鼓励安惇，不要过分在意考试成败，而应当回家安心读书，不可急于求成，只要不厌其烦地反复诵读经典，读熟了自然会深思明了其中的含义，这样日后肯定会成为一个有名望的大官，今天的飘泊失意也就无须太介意了。

"旧书不厌百回读，熟读深思子自知"这两句诗后来演化出成语"百读不厌"，"熟读"和"深思"也成为后世读书治学的两大重要门径。

【场景应用】

公文写作中，"旧书不厌百回读，熟读深思子自知"这句典故体现了读书学习是一个反复深入的过程，只有通过熟读深思，才能真正理解书中的内容，领悟其中的精髓，从而更好地应用到工作实践中。

这句典故更多地是用来要求党员干部把读书学习当作一项长期的任务，让书香气成为生活工作中的新风尚、新气息，通过不断地深入研读，不仅增长知识、拓展见识、厚养学识，而且学有所用、学以致用、学用相长，把读书学习转化为干好工作的过硬本领，转化为履职尽责的工作成效。

【范文赏析】

人民论坛网这篇文章提出党员干部学党史务必念好"八字要诀"，其中第一个"二字诀"就是"专精"，下足"读书不觉已春深"的硬核功夫。为此，文中化用苏轼的诗句"旧书不厌百回读，熟读深思子自知"，以古人的治学态度和方法，来阐述"专精"就是要读权威、学经典，下足寻根溯源的真功夫，唯有将权威著作和经典篇章学深悟透，才能对世情、国情、党情有一个正确的认识和判断，做到坚守政治方向不偏航。

16　　　　　　　　　　三日不读，口生荆棘

【范文】

年轻干部要树立孜孜不倦的勤学思想，既要学习政治理论，又要学习政策知识，做到明察秋毫、洞若观火，杜绝囫囵吞枣、管窥蠡测，避免成为浅而不钻、粗而不精的"略懂型庸才"。"三日不读，口生荆棘。"年轻干部要利用好学习本领强的优势，锐意进取，深入学习中央及省委有关经济发展的政策理论知识，反复思考，强化自身专业水平，争当官止神行、学以致用的"复合型人才"。（选自 2022 年 6 月 27 日中廉在线署名文章《争当经济发展年轻力量》）

【典故出处】

语出明末清初朱之瑜《答野节问》："三日不读，口生荆棘；三日不弹，手生荆棘。"

文中典故的意思是：三天不读书，嘴里就像长了荆棘一样。

【典故解读】

朱之瑜为明末清初学者、教育家，号舜水，浙江余姚人，著有《朱舜水集》《朱舜水文选》等，与黄宗羲、王夫之、顾炎武、颜元齐名，合称"明末清初五大学者"；又与王阳明、黄宗羲、严子陵并称"余姚四先贤"。明亡后，朱之瑜流亡日本，在日本授徒讲学，传播儒家思想，深受日本学者推重，堪称中日文化交流的先驱，其思想对日本产生了深远影响，被誉为"日本的孔夫子"。

"三日不读，口生荆棘"这段话的字面意思是，如果三天不读书、不弹琴，嘴里和手上就像长满了荆棘一样，借此表达做事需有恒心，不可时停时做，一旦停止练习，技艺就会生疏，到头来什么事都做不成。

【场景应用】

公文写作中，"三日不读，口生荆棘"这句典故，可以用来表达读书学习是一种习惯，需要持之以恒，不能间断；同时，这句典故也提醒我们，读书不仅仅是为了提升知识水平，更重要的是塑造一种积极向上的心态，使我们在工作生活中，持续汲取新知识、新思想，不断提高自己的综合素质和能力。

【范文赏析】

中廉在线这篇文章提出年轻干部应当主动提高为基层经济事业发展服务的能力，争当经济发展年轻力量。文中引用典故"三日不读，口生荆棘"，用来告诫年轻干部要成为经济发展的年轻力量，不仅需要过硬的能力和素养，更需要持之以恒不断学习，时刻保持知识理论的更新迭代，因而必须秉持学习之心，利用好学习本领强的优势，学有所思、学有所悟、学以致用，更好地适应和应对工作中的挑战。

17   诗书勤乃有，不勤腹空虚

【范文】

　　"读书勤乃有，不勤腹中虚。"广大青年干部要把思想政治学习作为"终身功课"，日日学、时时学，始终看齐党中央的先进理论要求、看齐党的伟大精神，从而坚实信念担当，做对党忠诚、理想坚定，始终坚定"四个自信"的"明白人"。（选自2021年9月14日中廉在线署名文章《青年干部：要做到"学中思，学中干"》）

【典故出处】

　　语出唐朝韩愈《符读书城南》："诗书勤乃有，不勤腹空虚。欲知学之力，贤愚同一初。"

　　诗中典故的意思是：勤奋读书腹中才会有诗书，不勤奋读书只能腹中空空。

【典故解读】

　　《符读书城南》是一首诫子诗，诗题中的"符"是韩愈儿子韩昶的小名，"城南"是指韩愈在长安城郊外的别墅。这首诗是韩愈根据自己的人生经验，教诲和诫勉正在城南别墅苦读的儿子，娓娓道来，充满了拳拳爱意，饱含着望子成龙的殷殷之情。

　　引文中"诗书勤乃有，不勤腹空虚"这两句诗，主要阐述读书与不读书的区别，只有勤奋读书，腹中才会有诗书，不勤奋读书，只能腹中空空，并告诫孩子，在学习能力上，聪明之人和愚笨之人在开始的时候是没有什么区别的，差别是在后天读书中形成的。

【场景应用】

公文写作中，"诗书勤乃有，不勤腹空虚"这句典故，体现了古人注重读书学习的人生态度，强调领导干部要善于学习，勤于学习，在勤读善学中开阔视野胸襟，增长知识才干，以读书促学习，以学习促工作，让读书学习成为推动工作的助力器。

【范文赏析】

中廉在线这篇文章化用典故"诗书勤乃有，不勤腹空虚"，旨在强调青年干部要带头读书学习，修身养志，增长才干，要把思想政治学习作为"终身功课"，砥砺政治品格，坚定信念担当，做到"学中思，学中干"，努力成为可堪大用、能担重任的栋梁之才。

18 不学而求知，
犹愿鱼而无网焉

【范文】

不学而求知，犹愿鱼而无网焉，在学而知之上下苦功夫。我们党历来重视学习，这是推动党和人民事业发展的一条成功经验。党员干部要坚持读原著学原文悟原理，将习近平新时代中国特色社会主义思想列为必学必考教材，全面系统学、及时跟进学、深入思考学、联系实际学，不断增强政治判断力、政治领悟力、政治执行力，做合格党员干部。（选自2022年10月20日共产党员网署名文章《理论清醒是党员干部的刚需》）

【典故出处】

语出东晋葛洪《抱朴子·外篇·勖学》："夫不学而求知，犹愿鱼而无网焉，心虽勤而无获矣。"

文中典故的意思是：不学习而想获取知识，就像想得到鱼却没有渔网一样，虽然内心很迫切，却不会有任何收获。

【典故解读】

《抱朴子》全书分为内外两篇，外篇主要阐述了葛洪的社会政治、修身处世等思想主张，其中十分重视学习和教育的意义，还专门写有《勖学》和《崇教》两篇，分别从个人修身和国家政治两个角度阐述了教育和学习的重要性。

"夫不学而求知，犹愿鱼而无网焉"这段引文，强调了学习的必要性，学习能够使人收获知识，这就犹如渔网可以让人捕捉到鱼一样，天赋并不能代替后天的学习，不学习就不会有任何收获。

【场景应用】

公文写作中，"不学而求知，犹愿鱼而无网焉"这句典故可以用来告诫我们，学习是获取知识的途径和基础，我们应该珍惜每一个学习的机会，不断充实自己。学习是一个过程，不能急于求成，更不能急功近利，需要毅力和恒心。只有通过不断的学习和实践，学以致用，我们才能真正掌握知识。

【范文赏析】

共产党员网这篇文章提出，广大党员干部要用党的创新理论武装头脑，理论清醒是党员干部的刚需。文中引用典故"不学而求知，犹愿鱼而无网焉"，旨在强调自古以来中华民族就十分重视学习，我们党更是如此，党员干部要在学而知之上下苦功夫，坚持读原著学原文悟原理，做到知其言更知其义、知其然更知其所以然，勤学笃思，笃行实干，在"学思用"一体化中收获理论与实践上的丰硕实果。

模块十四

生活情趣

01 视其所好，可以知其人焉

【范文】

"视其所好，可以知其人焉"，喜好是一面镜子，正所谓小节见大义，喜好彰品行。譬如，河北省委原书记周本顺喜好萌宠，竟然专门安排保姆照看宠物；当家里养的一只乌龟死后，他居然还手抄经文为其超度。有如此喜好沉迷者，很难大节不亏，反之亦然。无数事实证明，一个人过于恋物，为外物所累，只会劳神伤情，积郁难消。在这个意义上讲，寡欲以清心、寡染以清身，方能不断接近生活的本真意义，抵达更纯粹的人生境界。（选自 2017 年 1 月 24 日《人民日报》文章《勿让"喜好"奴役心灵》）

【典故出处】

语出北宋欧阳修《有美堂记》："视其所好，可以知其人焉。"

文中典故的意思是：看一个人有什么样的爱好，就能够知道他是一个什么样的人。也就是说，一个人的爱好最能反映出一个人的品位。

【典故解读】

《有美堂记》是欧阳修应杭州知县梅清慎写的一篇纪念有美堂的碑记。文中最后两句"梅公清慎，好学君子也。视其所好，可以知其人焉"，原是表达对有美堂、对梅清慎品德政绩的赞美之情，后来"视其所好，可以知其人焉"这句广为流传，用于判断一个人的性格、学识、品行。也许一个人的语言和行为可以伪装，但是他的兴趣爱好是不会说谎的，可以很诚实地透露出他是一个什么样的人。

【场景应用】

在当代，"视其所好，可以知其人焉"这句典故，常用来告诫党员干部要正确对待自己的兴趣爱好，做到有节有度，把好"爱好关"，谨防兴趣爱好被人利用，成为被"糖衣炮弹"腐蚀的突破口。

【范文赏析】

这篇范文的主题是"勿让'喜好'奴役心灵"，文中运用"视其所好，可以知其人焉"这句典故，引出喜好是一面镜子的观点，进而指出它可以"照出"一个人的品行，接着又以河北省委原书记周本顺的案例，告诫大家如果把持不住喜好，不加约束和节制，爱好就会变成"恶好"，甚至"贪好"，最终让自己的心灵为物所役。

 02 上好是物，下必有甚者矣

【范文】

"上有所好，下必甚焉"现象破坏党风、社会风气以及党群关系。"上有所好"看似领导干部兴趣爱好等小节小事，却是关乎党心民心的大事要事。少数领导干部的"上有所好"容易被围攻"围猎"，下属或群众的"下必甚焉"容易捧杀官员、败坏风气，影响党的先进性和纯洁性，消解党的群众基础和执政基础。（选自 2021 年 9 月 5 日《人民论坛》署名文章《慎防"上有所好，下必甚焉"现象》）

【典故出处】

语出西汉《礼记·缁衣》:"下之事上也,不从其所令,从其所行。上好是物,下必有甚者矣。故上之所好恶,不可不慎也,是民之表也。"

文中典故的意思是:如果居上位的人喜欢某个东西,那么居下位的人喜欢这个东西的程度一定会更甚。

【典故解读】

《缁衣》是《礼记》第三十三篇,议论主题多在君臣上下关系、君化民之道,以及君子交友之道与言行准则等,这段劝诫高度概括了当时上行下效的政治及社会现象。

它告诫为政者,臣下侍奉君长,不是听从君长所下的命令,而是看君长怎么做,臣下就怎么做。如果君长喜欢某个东西,那么臣下一定会更加喜欢。所以,君长对自己喜欢什么或者讨厌什么,不能不格外慎重,因为民众会把君长的行为作为表率。

【场景应用】

在当代,这句典故常用于告诫领导干部要洁身自好,谨言慎行,时时处处严要求、作表率,以身作则,率先垂范。

正如《之江新语》中所说的一段话:"领导干部的生活作风和生活情趣,不仅关系着本人的品行和形象,更关系到党在群众中的威信和形象,对社会风气的形成、对大众生活情趣的培养,具有'上行下效'的示范功能。"

【范文赏析】

范文的标题以及这段范文的分论点,都直接道明"上行下效、上率下行"古已有之,自古以来就有着深刻的经验教训,以此来告诫党员干部要把看似个人的兴趣爱好等小节小事,上升到党风、社会风气以及党群关系的高度上来看，从而强化带头意识，率先垂范，树立标杆，先行一步，形成同频共振、上下一心的局面。

03　莫道桑榆晚，为霞尚满天

【范文】

莫道桑榆晚，为霞尚满天。我们要主动作为、积极谋划，走出一条中国特色积极应对人口老龄化道路。应倡导积极老龄观、促进健康老龄化，在老有所养、老有所医、老有所为、老有所学、老有所乐上不断取得新进展，让老龄人口成为经济社会发展的新资源、新财富、新动力。（选自2022年5月12日《人民日报》文章《激活银发浪潮的发展潜力》）

【典故出处】

语出唐朝刘禹锡《酬乐天咏老见示》："……经事还谙事，阅人如阅川。细思皆幸矣，下此便翛然。莫道桑榆晚，为霞尚满天。"

诗中典故的意思是：不要说太阳落到桑榆树端，已近傍晚时分，但是它的霞光余晖照样可以映红满天。比喻老当益壮，老有所为，积极进取。典故中的桑榆晚，描绘的是太阳光线落在桑树、榆树顶端的日暮景象，古人用桑榆来指代黄昏。

【典故解读】

诗题中的"酬乐天"，是指作诗酬答好友白居易，白居易字乐天。刘禹锡与白居易，素有"诗豪"与"诗魔"之称，两人友情深厚，世人并称"刘白"。

刘禹锡在诗歌的后半部分，劝慰白居易不要过多忧虑衰老：年岁大了，但是经历的事多了，明白的事理也多，看见过的人多了，阅历就更加深广；仔细想想，这也是一件幸事，只要正确对待，便可翛然自乐。

诗歌最后两句"莫道桑榆晚，为霞尚满天"，既是对白居易的宽慰和鼓励，也是诗人内心世界的自我剖白。面对衰老，诗人表现得不消极、不悲观，要用有生之年撒出满天的红霞。这两句诗意境优美，气势豪放，深受世人赞赏而流传千古。

【场景应用】

当前，我国老年人口日益增长，很多人退休以后仍然以自己的方式发挥余热，积极为社会贡献力量。公文写作中，"莫道桑榆晚，为霞尚满天"常常用来期盼和寄托退休老人特别是老党员老干部，能够继续发挥余热，将他们的正能量生生不息地传递下去，让美丽的"夕阳红"更美。

【范文赏析】

《人民日报》这篇文章鼓励发展老龄产业，壮大"银发经济"。文末引用"莫道桑榆晚，为霞尚满天"，更好地突出了老龄产业的发展不仅有利于开发和利用老年人力资源和人力资本，为经济社会发展提供新动力，而且还让老人老有所养、老有所医、老有所为、老有所学、老有所乐。

04　　　　　　　　　　迟日江山丽，春风花草香

【范文】

迟日江山丽，春风花草香。牛年初春的江苏，虽然天气十分寒冷，但改革发展的前沿却是一派热气腾腾的景象。元宵节当天，江苏就举行重大项目建设推进会，全省 1466 个重大项目集中开工。不负春光，不辱使命。一年来，江苏践行嘱托开新局，牢记使命勇担当，稳增长、保发展，抓改革、谋创新，以"奋斗的春天"赢取"收获的秋天"。（选自 2021 年 11 月 11 日《新华日报》署名文章《江海乘风启新程》）

【典故出处】

语出唐朝杜甫《绝句二首》："迟日江山丽，春风花草香。泥融飞燕子，沙暖睡鸳鸯。"

诗中典故的意思是：初春的阳光把江河山川装扮得格外秀丽，春风送来花草的阵阵芳香。

【典故解读】

这首绝句是杜甫经过流离奔波后回到成都草堂，面对浣花溪一带明丽绚烂的春光而作。

后面两句描绘的春景更为生动活泼，充满了细节化的生活情趣：泥土在春的气息中渐渐融化松软，燕子正在衔泥筑巢，成双成对的鸳鸯也慵懒地睡在暖和的沙子上。

【场景应用】

公文写作中，"迟日江山丽，春风花草香"这类诗句，常用于领导讲话、领导致辞、通讯稿、报刊文章中，如果运用妥当，可以很好地应情应景，让文章增色添彩。

【范文赏析】

《新华日报》这篇文章回顾总结了 2021 年江苏大发展取得的成绩，文中引用"迟日江山丽，春风花草香"这两句诗，预示着江苏改革发展的又一个春天的到来，以"奋斗的春天"赢取"收获的秋天"。

05 上好紫则下皆女服，
上好剑则士皆曼胡

【范文】

"上好紫则下皆女服，上好剑则士皆曼胡。"好风气的形成有赖以上率下，好的言论环境的培护同样是这样。批评的话不容易说出口，也不容易为听者所接受，能不能形成批评与自我批评的活跃氛围，指挥棒就掌握在听者手里。听者只好莺歌燕舞、不喜慷慨直言，积极进言者也难免产生"多一事不如少一事"的想法，只说空话套话和"正确的废话"的风气便甚嚣尘上。听者有容纳尖锐批评的雅量，有鼓励逆耳之言的胸襟，对讲者而言就是无形的激励，讲真话、讲批评的话也会蔚然成风。那些讲假话、谎话、恭维话的人，自然就会失去市场。（选自 2016 年 5 月 18 日《人民日报》署名文章《"二耳之听"惕厉自我》）

【典故出处】

语出清朝魏源《默觚（下）·治篇（十四）》："上好紫则下皆女服，上好剑则士皆曼胡，此俗之以贵移者乎！"

文中典故的意思是：如果上位者喜欢华贵的衣服，那么下位者就会像女子般穿戴漂亮；如果上位者喜欢挂刀佩剑，下位者就会个个佩带长戟。

【典故解读】

"上好紫则下皆女服，上好剑则士皆曼胡"这句话，用来说明居高位者必须慎其所好，上有所好，下必效之。

【场景应用】

公文写作中，这句典故警醒领导干部要培养高尚情趣，自觉抵制低级趣味，领导干部作为头雁和标杆，个人的兴趣喜好会潜移默化地影响一个单位的风气，唯有摒除不良兴趣，才能坚守精神高地。

【范文赏析】

《人民日报》这篇文章的中心论题表达的是领导干部要不护己短，善于听取不同意见，范文中引用"上好紫则下皆女服，上好剑则士皆曼胡"这句典故，强调一个好的言论环境的培护，有赖于以上率下，能不能形成批评与自我批评的活跃氛围，指挥棒就掌握在听者手里。

06

好船者溺，好骑者堕，君子各以所好为祸

【范文】

"好船者溺，好骑者堕，君子各以所好为祸。"健康高雅的兴趣和爱好无疑是有益于身心和工作的，而且还能提升人的精神境界，体现出个人品格；但是如果兴趣爱好突破了正常的界限，成为不良嗜好，就会陷入欲望的陷阱难以自拔。所以，各级领导干部对于自己的兴趣爱好，需要严格自律、谨慎对待。（选自 2019 年 6 月 6 日《云南日报》署名文章《培养健康向上生活情趣》）

【典故出处】

语出东汉袁康《越绝书·外传记吴王占梦》："悲哉，夫好船者溺，好骑者堕，君子各以所好为祸。"

文中典故的意思是：喜欢划船的人往往会淹死，喜欢骑马的人往往会摔死，他们都因为自己的爱好而招来祸难。

【典故解读】

《越绝书》是东汉初期史学家袁康所著，记载了古代吴越的地方史，反映了春秋末年吴越两国争霸的史实。这部书是国内现存最早的地方志，被誉为"地方志鼻祖"。

文中"好船者溺，好骑者堕，君子各以所好为祸"这句话，是春秋时期的术士公孙圣为吴王夫差解梦时所说。吴王夫差在灭掉越国之后十分骄战，公孙圣为之解梦，劝谏夫差不可好战，否则会被自己的喜好所误。

【场景应用】

公文写作中，"好船者溺，好骑者堕，君子各以所好为祸"这句典故，常用来告诫领导干部要正确对待自己的情趣爱好，人皆有爱好，但任何爱好都有一个合理的度，如果把握不好，就容易因"好"致"祸"。

【范文赏析】

《云南日报》这篇文章的中心论题是培养领导干部健康向上的生活情趣，范文中引用典故"好船者溺，好骑者堕，君子各以所好为祸"，旨在阐明兴趣爱好要爱之有度，不能沉迷其中，如果突破了正常的界限，就会成为不良嗜好，让自己陷入欲望的陷阱而招来祸端。

07 　　　　　　　　种树者必培其根，
　　　　　　　　　　　　种德者必养其心

【范文】

种树者必培其根，种德者必养其心。人生在世，不只有身体需要保健，心灵同样也需要保健。面对纷繁复杂的世事，应时常做"心灵体操"，驱散郁积在心间的阴霾，使心灵保持纯粹明亮。（选自 2020 年 11 月 5 日《解放军报》文章《常做"心灵体操"》）

【典故出处】

语出明朝王阳明《传习录》："种树者必培其根，种德者必养其心。欲树之长，必于始生时删其繁枝；欲德之盛，必于始学时去夫外好。如外好诗文,则精神日渐漏泄在诗文上去。凡百外好皆然。"

文中典故的意思是:种植树木一定要培育好它的根系,修养品德必须培养好自己的心性。

【典故解读】

王阳明是阳明心学创始人,明朝文学家、哲学家、军事家。《传习录》是由王阳明的弟子根据他的语录和信件整理编撰而成,是研究王阳明思想的主要著作。

"种树者必培其根,种德者必养其心"中,"养心"不仅仅是加强自我的道德修养,在王阳明那里,更是指守住心性,立志专一,不要被杂乱的外物分神,这如同种树,要让树长高,必须在生长初期就修剪掉多余的树枝;要让品德高尚,必须在起步的时候就除去对外物的爱好。比如你爱好诗文,那么你的精神就会渐渐地倾注到诗文上。其他的外物爱好都是这样。

【场景应用】

公文写作中,这句典故常用于道德修养中,强调修身需先正心,再高尚的品德也需要纯良的心性来涵养,不要沉溺于不健康的情趣爱好中。

【范文赏析】

范文一开篇引用典故"种树者必培其根,种德者必养其心",强调心灵与身体同样重要,面对纷繁复杂的世事,只有常做"心灵体操",让心灵保持纯粹明亮,才能守住心性,涵养品德。

08　　　　　　　　　　　　从善如登，从恶如崩

【范文】

成功往往来之不易，但丧失取得的成果，却轻而易举。"从善如登，从恶如崩。"闯关夺隘、行稳致远，解决前进道路上的难题，根本要靠坚持不懈地抓常、抓细、抓长。（选自 2018 年 10 月 17 日《人民日报》评论文章《慎终如始，则无败事》）

【典故出处】

语出春秋时期左丘明《国语·周语下》："谚曰：'从善如登，从恶如崩。'昔孔甲乱夏，四世而陨；玄王勤商，十有四世而兴；帝甲乱之，七世而陨；后稷勤周，十有五世而兴。幽王乱之，十有四世矣，守府之谓多，胡可兴也？"

文中典故的意思是：向好发展就像登山一样艰难，向坏堕落就像山崩一样迅速。

【典故解读】

左丘明是春秋时期史学家、文学家和思想家，著有《左传》《国语》，为中国传统史学的开山鼻祖，享有"百家文字之宗、万世古文之祖"的美誉。

《国语》是我国第一部国别体史书，文中的典故出自其中的《周语》篇，讲述了东周末年周敬王因兵变逃到成周，随同逃亡的大臣建议在成周筑城建都，以延续周朝气数，但是遭到卫国大夫彪傒的反对。

彪傒在劝说中就引用了"从善如登，从恶如崩"这句话。他说，过去孔甲扰乱夏政，夏传了四代就灭亡了；玄王振兴商族，商传了十四代才兴

盛；帝甲扰乱殷政，殷商传了七代就灭亡了；后稷振兴周族，周传了十五代才兴盛。幽王扰乱周政已经过去十四代了，能守住先人的基业已属万幸，怎么会兴盛呢？

原文中的"从善"是指"振兴国家"，"从恶"是指"败坏朝政"，都关系到国家的存亡兴衰。文中的孔甲是夏朝国君，荒淫无道；玄王是商族始祖契；帝甲是商朝国君，淫乱无耻；后稷是周族先祖；幽王是西周亡国之君。

【场景应用】

公文写作中，"从善如登，从恶如崩"这句典故，常用来告诫党员干部生活情趣非小事，蜕化变质往往就是从不健康的生活情趣开始的，从吃喝玩乐这些看似小事的地方起步的，因此要加强内心自律，始终保持积极的人生态度、良好的道德品质和健康的生活情趣。

【范文赏析】

《人民日报》这篇评论文章的标题"慎终如始，则无败事"就是中心论题，文中引用典故"从善如登，从恶如崩"，强调成功虽然如登山，来之不易，但是成功后如果不能抵御一而再，再而三的诱惑，那么就会很快丧失取得的成果，犹如山崩一般轻而易举，因而慎始不难，难的是慎终如始，从一而终。

 09　　　　　　　　　　　　　　　　　　　友也者，友其德也

【范文】

　　慎交，洁身自好诱而不动。孟子言："友也者，友其德也"，提醒人们交友注重对方德行。党员干部特别是领导干部尤其需要注意，稍有不慎，进圈入套，有可能就会掉进"大染缸"，受到浸染，洁身难返。党员干部要挡住诱惑，在结交朋友时，处理好遵纪守法与亲情友情的关系，再亲密也不失分寸，宁可孤单也不交损友；宁可失去所谓的朋友也不失去原则；宁可不要"哥儿们义气"也要保持共产党员的凛然正气。要谨慎出入社交场合，远离纸醉金迷、灯红酒绿和声色犬马，保持纯洁的"社交圈""生活圈""朋友圈"，做到择善而交、危而能守、诱而不动。（选自 2018 年 12 月 26 日《中国组织人事报》评论文章《严私德须守小节》）

【典故出处】

　　语出战国时期《孟子·万章下》："不挟长，不挟贵，不挟兄弟而友。友也者，友其德也，不可以有挟也。"

　　文中典故的意思是：结交朋友，是交朋友的好德行，不能存有任何有所依仗的想法。

【典故解读】

　　《万章》是《孟子》第五篇，共十八章。万章是孟子的弟子，为《孟子》一书的主要编纂者，也是书中向孟子提问最多的人。

　　《万章》的内容很多是关于尧、舜、禹、汤、孔子等古代圣贤的事迹和活动，具有重要的史料价值。"友也者，友其德也，不可以有挟也"这段话

是万章请教交友之事时，孟子所作的一番回答。在这段话里，孟子阐述了交友的基本原则：与朋友相交，不能依仗自己的年纪大，不能依仗自己的地位高，也不能依仗自己兄弟的权势；交朋友，是交朋友的德行，不能存有任何有所依仗的想法。

【场景应用】

公文写作中，"友也者，友其德也"这句典故，常用来告诫人们，交友应该注重对方的德行和价值观与自己的匹配契合程度，唯有如此，才能建立和维护真正有益的交友关系。同时，也告诫领导干部在交友中要将德行作为第一标准，必须以德为重、以德为先、以德为本，选择结交品德高尚，也有助于提升自己品行的朋友。

【范文赏析】

发表在《中国组织人事报》上的这篇评论文章提出，党员干部应该培养和强化自我约束能力，做到守小节严私德。文中引用孟子的典故"友也者，友其德也"，体现了古人慎重交友、交友时注重对方品行和德行的智慧，以此告诫党员干部交友时唯有以德行为上，才能做到择善而交、危而能守、诱而不动。

10

以势交者，势倾则绝；
以利交者，利穷则散

【范文】

领导干部有人际交往，这是人之常情。问题是，必须防止不正常，甚至有害的人际交往。一些领导干部所交的"小兄弟"，既不是真朋友，更不是亲兄弟，而多是一些心术不正、趋炎附势的小人。他们千方百计接近领导干部，挖空心思讨好，处心积虑拉拢，目的只有一个，就是利用领导干部手中的权力为自己谋好处。"以势交者，势倾则绝；以利交者，利穷则散。"领导干部一旦手中没有了权力，"小兄弟"们也就不会再跟你"铁"了。（选自 2009 年 11 月 19 日《人民日报》署名文章《领导干部交友范围关系党性党风》）

【典故出处】

语出隋朝王通《中说·礼乐篇》："以势交者，势倾则绝；以利交者，利穷则散。故君子不与也。"

文中典故的意思是：以权势交友的，一旦权势丧失了，那么交情也会随之断绝；以利益交友的，一旦利益穷尽了，那么交情也会随之终结。

【典故解读】

王通，字仲淹，谥号"文中子"，是隋朝思想家、教育家，也是"初唐四杰"之一王勃的祖父。王通倡导王道政治，致力于探究"天人之事"，他主张的"三教可一"思想，为宋代理学的产生和发展奠定了理论基础。

《中说》是王通的弟子们为了纪念先师，弘扬王通在儒学发展中所作的贡献，仿效孔子门徒作《论语》而编写。《中说》又称《文中子》，共有十卷，仿《论语》语录式体例，用问答笔记的形式记录了王通讲课时的主要内容，文中的"子曰"为王通说。

"以势交者，势倾则绝；以利交者，利穷则散"这段话出自《中说》卷六《礼乐篇》，指出以权、钱相交的朋友是靠不住的，正因为势利之交不长远，所以君子不会这样做。

【场景应用】

公文写作中，"以势交者，势倾则绝；以利交者，利穷则散"这句典故可以用来告诫大家，交友时不能只看重地位和权势，也不能只追求利益交换，真正的交友应该建立在真诚、善意、共同利益和共同价值观的基础上，只有这样的交友关系才能带来稳固、持久的友谊。

这句典故还可以用来教育引导领导干部在处理人际关系上，要明确哪些是应当有、应当讲的人情，哪些是不应当有、不应当讲的人情，做到既真诚待人、通情达理、善解人意，更要按照党性原则办事，绝不能搞"关系学"那一套。

【范文赏析】

发表在《人民日报》上的这篇文章提出领导干部要端正交友动机，远离所交的"小兄弟"。文中引用"以势交者，势倾则绝；以利交者，利穷则散"这句典故，旨在从古人处理人际关系的智慧中，告诫领导干部交友要有度，不能只讲关系、不讲原则，只讲哥们儿义气、不讲曲直是非，做到自重、自省、自警、自励。

11　　　　　　　　　结交须择善，非识莫与心

【范文】

　　"结交须择善，非识莫与心"，党员干部交友须把握好交情与权力的界限，人情之中有原则，交往当中有纪律，莫使浮云遮眼、认"钱"为友。（选自 2017 年 4 月 15 日《中国纪检监察报》文章《为官交友须谨慎》）

【典故出处】

　　语出唐朝王梵志《诗七首·结交须择善》："结交须择善，非识莫与心。若知管鲍志，还共不分金。"

　　诗中典故的意思是：结交朋友一定要选择好人，对不熟识的人不要敞开胸襟。

【典故解读】

　　王梵志为唐代僧人，他的诗歌浅显平易，往往充满诙谐趣味，寓生活哲理于嬉笑怒骂之间。"结交须择善，非识莫与心"这两句诗出自《诗七首》，告诉了我们一个颠扑不破的真理：与人相交，要择善而交，犹如鸟择木而栖，兽择陆而居。在交往中，不了解对方，就不能把真心交给他，因为识透对方本心绝非易事。

　　作者还借用管仲与鲍叔的典故，告诉我们什么才是真正的友谊。管仲贫困时和鲍叔一起做生意，在分配利润时，管仲总是分到很多，旁人愤愤不平。但是鲍叔并不认为管仲贪心，因为他很了解管仲家中十分贫困。"若知管鲍志，还共不分金"，这两句就道出了真正的友谊是基于相互之间的理解、尊重和信任，如此就不会出现争利之事。

【场景应用】

公文写作中，"结交须择善，非识莫与心"这句典故，常用来教育引导领导干部交友要慎，要择善而交，以"德"为据、以"信"为基；同时，交友要警，对于那些了解不多、背景不清的人，保持高度警觉，拉开必要的距离；多交畏友、诤友，切忌不讲原则，不分良莠，滥交朋友。

【范文赏析】

《中国纪检监察报》这篇文章主要是告诫引导领导干部"为官交友须谨慎"，文中引用典故"结交须择善，非识莫与心"，强调了纯洁朋友圈是领导干部立身从政之要，只有知人而交，择善而从，才能公正用权，拒腐防变。

12   爱好由来下笔难，
一诗千改始心安

【范文】

"爱好由来下笔难，一诗千改始心安。"好文章是作者思想和智慧的结晶，它的背后是长期的积累、深入的思考，乃至呕心沥血的艰苦创作。而"洗稿"则不同，它只是对别人的原创内容进行窜改、删减，使其看起来面目全非，但最有价值的部分其实还是抄袭的。不论把颠倒语句、变换段落、照搬逻辑等手段用得再"巧妙"，"洗稿"说到底还是一种抄袭。（选自2018年5月30日《光明日报》文章《聚芝兰之香方能扫"洗稿"之臭》）

【典故出处】

语出清朝袁枚《遣兴二首》："爱好由来下笔难，一诗千改始心安。阿婆还似初笄女，头未梳成不许看。"

诗中典故的意思是：因为追求好作品，下笔总会困难重重，一首诗要修改千万遍，内心才会安稳下来。

【典故解读】

袁枚在组诗《遣兴》中，表达了自己对于诗歌创作的态度和见解，他认为诗不厌改，优秀诗作往往是作者千锤百炼、一诗千改的创作结晶，这就好比年迈的阿婆，还像刚刚及笄的女孩子一样，头发没有梳好便不许外人看。

【场景应用】

公文写作中，"爱好由来下笔难，一诗千改始心安"这两句诗，可以用于事业追求或者艺术创作等方面。它告诉我们，即使是一个优秀的诗人，也需要花费很多时间和精力，反复打磨自己的作品。同样，任何人在追求自己的事业或者爱好的过程中，都需要不断地努力和改进，这样才能达成内心的满足和安宁。

【范文赏析】

《光明日报》这篇文章针对一些新媒体"洗稿"乱象，发出保护社会原创精神的呼吁，文中引用典故"爱好由来下笔难，一诗千改始心安"，强调创作是一个繁重的脑力劳动，任何优秀作品都是作者长年累月的思想和智慧的结晶。抄袭乱象伤害的是原创者的创作动力，折损的是社会的原创精神，损害的是公共利益。

13 城中好高髻，四方高一尺

【范文】

　　领导干部是当然的公众人物，他们的情趣爱好是作风的反映，往往是基层党员干部的价值取向。古话说，"城中好高髻，四方高一尺"，就是这个道理。如若领导干部的爱好是"麻将""喝酒""唱歌"，那么他们下基层去检查工作、调查研究、了解情况时，下面的干部就会"投其所好"，找人来陪同"搓麻"、与你"对饮"、同你"高歌"。（选自2012年12月6日中国江苏网文章《"顶层推动"八项规定，提速作风纯洁》）

【典故出处】

　　语出北宋郭茂倩《乐府诗集·杂歌谣辞·城中谣》："城中好高髻，四方高一尺。城中好广眉，四方且半额。城中好大袖，四方全匹帛。"

　　诗中典故的意思是：宫中流行高发髻，地方上就争相效仿，竟然高达一尺之多。这里比喻上行下效，有过之而无不及。

【典故解读】

　　这首歌谣表面上写的是汉代追求时髦的流行时尚，实际上暗讽了当时上行下效、盲目跟风的不良社会风气。

　　整首歌谣通过漫画式的描写，讽刺了那些盲目追求"高髻""广眉""大袖"的庸俗风习：京城流行"高髻"，各地便竞相仿效，竟然高达一尺之多；京都风行"广眉"，各地便把眉毛描画得能盖住半个额头那么宽大；京城时兴"大袖"，各地就用整匹绸缎做成宽大的衣袖。

　　《乐府诗集》由北宋文学家郭茂倩编撰，是继《诗经》之后总括中国古代乐府歌辞的诗歌总集，现存100卷，主要收录了汉魏到唐、五代的乐府歌辞以及先秦至唐末的歌谣5000多首。

"乐府"本是掌管音乐的机构名称，最早设立于汉武帝时，具体职责是制作乐谱、收集歌词和训练音乐人才。后来，乐府机构采集的诗歌被称为乐府或者乐府诗、乐府歌辞，于是乐府便由官府机构演变成诗体名称。

《乐府诗集》把乐府诗分为郊庙歌辞、燕射歌辞、鼓吹曲辞、横吹曲辞、相和歌辞、清商曲辞、舞曲歌辞、琴曲歌辞、杂曲歌辞、近代曲辞、杂歌谣辞和新乐府辞等12大类，其中又分若干小类。

【场景应用】

公文写作中，"城中好高髻，四方高一尺"这句典故可以用来教育引导领导干部，必须高度重视个人生活作风和生活情趣，正确地选择并适度地节制自己的个人情趣和爱好，认识到个人生活情趣和爱好既是其精神境界和生活作风的外在反映，也是时风的向标、世风的源头，往往会影响整个社会的价值取向，关乎着党和政府的威信和形象。

【范文赏析】

中国江苏网这篇文章提出作风建设不仅需要"顶层设计"，更需要"顶层带头""顶层推动"，文中引用典故"城中好高髻，四方高一尺"，强调了领导干部身处高位，其情趣爱好在时风的导向上有着十分重要的影响，因而党的领导干部必须锤炼思想纯度，努力把生活欲望、人生情趣打造成一种文化品格、道德品牌、政治品质，用浩然正气抵制恶欲，择其善者而从之，做到节而不过，遂而不纵。

14

祸莫大于不知足，
咎莫大于欲得

【范文】

"祸莫大于不知足，咎莫大于欲得"，知足才会安全，知足才会快乐。平心而论，领导干部政治待遇已经不错，工资、住房、医疗等生活待遇也不低，完全能够满足基本生活需要。对此，应该感到很知足。当然，希望政治上进步、生活上改善，是可以理解的，但必须严守政治纪律、政治规矩，决不能越雷池半步。（选自 2016 年 12 月 9 日《人民日报》评论文章《领导干部修养：既要知足，又要知不足》）

【典故出处】

语出春秋时期老子《道德经·第四十六章》："天下有道，却走马以粪，天下无道，戎马生于郊。祸莫大于不知足，咎莫大于欲得。故知足之足，常足矣。"

文中典故的意思是：天下最大的祸害莫过于不知足，最大的过失莫过于贪得无厌。所以知道欲望有度、不贪得无厌的人，永远都是满足的。

【典故解读】

《道德经·第四十六章》从大道的立场教人知足敛欲：天下有道，人民安居乐业，天下再无战争，马离开战场回到了农田；天下无道，君王贪欲无度，战争灾难不断，天下无法安定，连怀胎的马也要送上战场，在郊外生下马驹。因此，"祸莫大于不知足，咎莫大于欲得"，只有知足心才会获得永久的满足。

【场景应用】

公文写作中，"祸莫大于不知足，咎莫大于欲得"这句典故，用于党员干部生活情趣方面时，强调了不健康的生活情趣来源于不良欲念，一些领导干部的蜕变其实就是从生活情趣上的扭曲、蜕变开始，因而培养高尚情趣，关键在于慎始，从一开始就不要助长不良欲念，管住自己的欲望，从小节做起，从小处着眼，从细微处树立自身的良好形象。

【范文赏析】

《人民日报》这篇评论文章旨在阐述领导干部的修养，既要知足，又要知不足：所谓知足，是说在个人待遇上要懂得满足；所谓知不足，是指在党性修养上要清醒地认识到差距，增强律己修身的紧迫感。文中引用典故"祸莫大于不知足，咎莫大于欲得"，用来强调知足才会安全，知足才会快乐，只有懂得知足，面对名利时才会有风轻云淡的胸怀，欲求上才能做到节制，不为物役，拒绝放纵。

15　勿轻小事，小隙沉舟；勿轻小物，小虫毒身

【范文】

在小节上，"勿轻小事，小隙沉舟；勿轻小物，小虫毒身"。重视小节，好比逆水行舟，一篙不可放缓；犹如滴水穿石，一滴不可懈怠。对党员干部来说，在如何对待权力和利益的问题上，从来就没有小事，只有谨记万事皆有初，当遇到"第一次"，听到"下不为例"的时候，坚决守住防

线，才能让"病毒"无机可乘。要始终把重视节操当成终身修养，做事勤勉扎实、做人正派诚实，始终坚守精神家园，坚持监督管理"零缝隙"、工作落实"零折扣"、履行职责"零缺位"，永葆共产党人本色作风。（选自2022年3月21日《解放军报》署名文章《大节无亏 小节不纵》）

【典故出处】

语出周朝尹喜《关尹子·药》："勿轻小事，小隙沉舟；勿轻小物，小虫毒身；勿轻小人，小人贼国。能周小事，然后能成大事；能积小物，然后能成大物；能善小人，然后能契大人。"

文中典故的意思是：不要轻视微小的事情，一个小小的缝隙就能使大船沉没；不要轻视微小的东西，一个小小的虫子就能使人全身中毒。

【典故解读】

尹喜，又名尹子，曾任函谷关关令，因此又被称为关尹、关尹子或关令尹喜。尹喜官至周朝大夫，在函谷关遇到老子，被授千古奇书《老子五千言》，即《道德经》，后随老子西去，不知所终。尹喜为道家学派的重要人物，被道教称为"文始先生无上真人"。

尹喜著有《关尹子》九篇，即后世的《文始真经》，为道教五大经之一，其书文辞沈博绝丽，意境深远隽永，阐明宇宙万物的根本规律，主张体认至精无形的道体，充分体现了"道"的内涵，极宜修身养性。

《药》篇是《关尹子》第九章，用"药"来比喻纠正错误的良方，本篇主要阐述道在现实生活中的应用，包括为人处世中应该注意的问题，纠正一些不正确的想法和行为。

引文中"勿轻小事，小隙沉舟；勿轻小物，小虫毒身"这段话，通过比喻，强调凡事要从大处着眼，小处着手，不要忽略一些小事和小的东西，也不要轻视小人物，只有完美处理好小事，然后才能成就大事；只有不断积累微小事物，然后才能造就大事物；只有妥善处理好与小人物的关系，然后才能与大人物和谐共处。

【场景应用】

公文写作中，"勿轻小事，小隙沉舟；勿轻小物，小虫毒身"这句典故，可以用来教育引导党员干部要培养高尚的生活情趣，管住小节细节，从小事做起，从小处着眼，从细微处树立良好形象，"勿以善小而不为，勿以恶小而为之"，防微杜渐，慎独自警。

【范文赏析】

《解放军报》这篇文章从小节入手，提出唯有大小皆修，才能做到"大节无亏，小节不纵"。文中引用典故"勿轻小事，小隙沉舟；勿轻小物，小虫毒身"，强调党员干部不仅要在大是大非面前经得住考验，更要在日常小事、生活细节上守住底线，克己慎行，做到"小节不可失，小节不可纵"，不能因为小的方面不谨慎而招致大的灾难。

16　　　　　　　　　吾以嗜鱼，故不受鱼

【范文】

党员干部要正确对待自己的爱好，做到爱之有道，爱之有度。汉代刘向所作《新序》中有《节士》一篇，有这样一段话：昔者，有馈鱼于郑相者，郑相不受。或谓郑相曰："子嗜鱼，何故不受？"对曰："吾以嗜鱼，故不受鱼。受鱼失禄，无以食鱼。"郑相的做法值得我们每位党员干部学习，做到"嗜鱼不

受鱼，爱物不为诱"。（选自 2018 年 8 月 9 日河北新闻网时评文章《莫让"小爱好"压垮了纪律防线》）

【典故出处】

语出西汉刘向《新序·节士》："吾以嗜鱼，故不受鱼。受鱼失禄，无以食鱼。"

文中典故的意思是：我因为爱吃鱼，所以不接受别人送来的鱼。如果接受了别人的鱼，会使自己失去官职，没有俸禄也就没有鱼可吃。

【典故解读】

《新序》是西汉历史学家、文学家刘向编撰的一部历史故事类编，分为 10 卷。此书以讽谏为政治目的，许多故事采自诸子史传，通过古人的成败得失提供治政明鉴，集中体现了刘向德治仁政、贤人治国、崇谋尚义等方面的社会政治思想。

引文中"吾以嗜鱼，故不受鱼"这段话，讲的是郑国宰相酷爱吃鱼，于是就有人送了鱼过来，但是郑国宰相没有接受。这个时候有人就问："你平时爱吃鱼，为什么不接受赠送的鱼呢？"郑国宰相回答说："因为我喜欢吃鱼，所以不能接受别人送的鱼。如果接受了别人送来的鱼，就会使自己失去官职，没有俸禄也就没有鱼可吃了；如果不接受别人的鱼，那么我就可以保持清廉，以此保住官职，这样我一辈子都可以吃上鱼了。"当时的人听了都赞扬郑国的这位宰相。

【场景应用】

公文写作中，"吾以嗜鱼，故不受鱼"这句典故可以用来教育党员干部要管住自己的"爱好"，有"爱好"并不可怕，可怕的是对"爱好"的过度偏爱。人要常怀一颗敬畏之心、谨慎之心，培养高雅的情趣爱好，远离花天酒地的恶趣爱好，彻底铲除"小爱好"会酝酿成"大问题"的土壤。

【范文赏析】

河北新闻网这篇时评文章针对一些领导干部因自己的"小爱好"而丧失了党性原则，提出领导干部更应该培养积极向上、单纯普通的兴趣爱好。文中引用典故"吾以嗜鱼，故不受鱼"，强调自古以来为官者都十分重视自己的生活爱好，做到爱之有道，爱之有度，作为新时代的党员干部更应该给自己的爱好"上把锁"，时刻保持清醒头脑，在遇到"小爱好"诱惑时，做到守节持定，及时制止，莫让"小爱好"压垮了自己的纪律防线。

17 一生之成败，皆关乎朋友之贤否，不可不慎也

【范文】

择善而交。"一生之成败，皆关乎朋友之贤否，不可不慎也。"领导干部交友不易，交到好朋友更不易。综观近年来一些落马的领导干部，其中不乏驾驭全局能力强、敢抓敢管能干事的人，他们一步一个脚印地奋斗上来，本应是推动改革发展的中坚力量，缘何陷入贪腐的泥潭？细看他们的忏悔书，"利令智昏，扭曲了人生观和价值观""交友不慎，一失足成千古恨"等字眼充斥其中，分外醒目。（选自2013年7月1日《江西日报》文章《领导干部交友重在"三择"》）

【典故出处】

语出晚清曾国藩《曾国藩家书》："一生之成败，皆关乎朋友之贤否，不可不慎也。"

文中典故的意思是：人的一生是成功还是失败，与其结交的朋友是否贤良密切相关，因而选择朋友不可不慎重。

【典故解读】

曾国藩是晚清时期著名的政治家、军事家、思想家、理学家、文学家，被誉为"立德立功立言三不朽，为师为将为相一完人"，与李鸿章、左宗棠、张之洞并称"晚清四大名臣"，谥号"文正"，后世称"曾文正"。

曾国藩一生著述颇多，但以《曾国藩家书》流传最广，影响最大，这部家书涉及曾国藩一生的主要活动，体现了他在治政、治家、治学、修身多方面的思想和追求，从中可以感受到他的学识造诣和道德修养。

"一生之成败，皆关乎朋友之贤否，不可不慎也"这句话，是曾国藩在书信中给家人的告诫，认为选择朋友是人生最关键的一件事情，把交友的重要性提到了关乎一生成败的高度，指出人的一生是成功还是失败，与其所结交朋友的品性是否贤良密切相关，因而选择朋友不可不慎重。

【场景应用】

公文写作中，"一生之成败，皆关乎朋友之贤否，不可不慎也"这句典故，常用来告诫领导干部与人交往时，要慎重选择、谨慎交友，管好自己的社交圈，做到交往有原则、有底线，不交无德之人，不交无义之人，不交无耻之人，不断净化工作圈、生活圈和朋友圈，为廉洁从政创造一个良好的环境和清朗的氛围。

【范文赏析】

《江西日报》这篇文章提出领导干部交友重在"三择"，做到择善而交、择廉而交、择民而交。文中引典故"一生之成败，皆关乎朋友之贤否，不可不慎也"，旨在汲取古人的从政智慧，劝诫领导干部交友要择善而交，并结合现实生活中的案例，强调领导干部与谁交友、如何交友，关系到自己能否廉洁从政、秉公用权，因而必须时刻保持清醒头脑，乐交诤友，善交益友。

18 益者三友，损者三友

【范文】

　　严把交往关，净化社交圈。人生在世不能没有朋友，但"益者三友，损者三友"，从同学、战友到老乡，党员干部要把握感情分寸，守好交往规矩、原则，谨慎交往、择善而交，自觉净化社交圈。否则，社交圈一旦被别有用心的人利用，就会变成利益圈套的"圈"。要真正管好自己的腿，不该去的地方不去；管好自己的嘴，不该吃的饭不吃；管好自己的手，不该拿的东西不拿，始终做到不放纵、不越轨、不逾矩。（选自2023年3月24日七一网评论文章《党员干部要严把"三关"净化"三圈"》）

【典故出处】

　　语出春秋时期孔子《论语·季氏》："益者三友，损者三友。友直，友谅，友多闻，益矣。友便辟，友善柔，友便佞，损矣。"

　　文中典故的意思是：有益的朋友分三种，有害的朋友分三种。

【典故解读】

　　《季氏》是《论语》的第十六篇，共有十四章，主要阐述了孔子的基本政治立场、政治主张、政治活动，以及孔子关于君子德行操守的观点，如君子三戒、三畏和九思等。

"益者三友，损者三友"这段话体现了孔子的交友之道。孔子依据朋友的道德修养和节操作风，把朋友分为益友和损友。孔子认为，正直的朋友、诚信的朋友、见识广博的朋友，这三种人是益友；谄媚奉承的朋友、背后诋毁人的朋友、花言巧语的朋友，这三种人是损友。

【场景应用】

公文写作中，"益者三友，损者三友"这句典故，可以用来告诫领导干部在交友中，要保持头脑清醒，懂得选择益友，远离损友，洁身自好，慎重对待，择其善者而交之，逢其不善者而远之，万不可忘了原则。

【范文赏析】

七一网这篇评论文章提出领导干部要严把"三关"净化"三圈"，文中引用典故"益者三友，损者三友"，旨在借用古人的交友智慧来阐述"严把交往关，净化社交圈"的道理，告诫领导干部广交朋友是积极而有益的，但是必须从工作出发，从事业出发，从党和人民的利益出发，守好交往规矩和原则，谨慎交往，择善而交，自觉净化社交圈。

19 与善人居，如入芝兰之室，久而自芳也；与恶人居，如入鲍鱼之肆，久而自臭也

【范文】

"与善人居，如入芝兰之室，久而自芳也；与恶人居，如入鲍鱼之肆，

久而自臭也。"年轻干部结交积极向上的好朋友，就会一起谈崇高的理想追求；若和一些情趣低下的人在一起，谈的是吃喝玩乐，追求的是酒绿灯红，就会贪图享受、精神颓废、意志消沉、腐败堕落，最终走上犯罪的道路。要纯洁生活圈，净化社交圈、朋友圈，多同普通同志、先进典型、专家学者交朋友，多和那些平时默默无闻地工作、学习，八小时以外情趣高尚的同志交朋友。（选自 2022 年 11 月 5 日云南网署名文章《给年轻干部提个醒：怀德自重，情趣健康》）

【典故出处】

语出南北朝时期颜之推《颜氏家训·慕贤》："是以与善人居，如入芝兰之室，久而自芳也；与恶人居，如入鲍鱼之肆，久而自臭也。"

文中典故的意思是：和品德高尚的人交往，就像进了开满兰花的房间，久而久之自己也满身芳香；和品行低劣的人交往，就像进了卖臭咸鱼的店铺，久而久之自己也满身腥臭。

【典故解读】

《颜氏家训》是我国南北朝时期北齐文学家颜之推为训诫子孙，结合自己的人生经历和处世哲学写成的一部家训。全书共有七卷，二十篇，阐述了立身治家、处事为学的方法，内容涉及教育、语言、文学、历史、社会、民俗等许多领域，被誉为"古今家训，以此为祖"。

"是以与善人居，如入芝兰之室，久而自芳也；与恶人居，如入鲍鱼之肆，久而自臭也"这段家训，阐述了个人志趣以及交友环境对立身和治家的影响，和志趣高雅、品德高尚的朋友在一起，就像进了开满兰花的房间，潜移默化中自己也满身芳香；和品行卑下、志趣低劣的人交往，就像进了卖臭咸鱼的店铺，久而久之自己也满身腥臭。

【场景应用】

公文写作中，"与善人居，如入芝兰之室，久而自芳也；与恶人居，如入鲍鱼之肆，久而自臭也"这句典故，强调了人的品行和性格在很大程度上受到周围环境的影响，领导干部应该注重选择志趣相投、积极向上的人为友，纯洁生活圈，净化社交圈、朋友圈，在相互学习帮助中不断提升自己的品德和修养。同时，树立和培养良好的兴趣爱好，丰富内心生活，塑造和培育健康的人格和品行。

【范文赏析】

云南网这篇范文针对年轻干部提出要守住生活关，培养健康情趣，崇尚简朴生活，保持共产党人本色。文中引用典故"与善人居，如入芝兰之室，久而自芳也；与恶人居，如入鲍鱼之肆，久而自臭也"，强调自古以来我们就十分重视环境对人的影响和塑造，年轻干部要远离那些情趣低下、品行不端的人，培养良好的生活情趣，经常审察反省，检视自己的爱好、志趣是否与党员干部的标准要求相悖，及时校正思想上的偏差，纠正趣味上的偏离，澄清认识上的模糊。

 爱好文雅，广延诗赋，以知得失

【范文】

在现实生活中，有兴趣、有爱好也实属人之常情。一个没有兴趣爱好的人生，必定苍白无味。古人常说："爱好文雅，广延诗赋，以知得失。"由

此可见，志趣高尚、健康积极的兴趣喜好，不仅可以助人品悟进退、明德修身，还能陶冶身心、增智怡情，有效提升个体的愉悦感与幸福感。但我们也要清醒地认识到，喜好它同时也是一把"双刃剑"。如果不加辨别、纵情沉溺，盲目地"陶陶然乐在其中"，则可能误入歧途、走向极端，甚至因之恣意妄为、吞下苦果，尤其对于领导干部来说格外重要。（选自 2018 年 7 月 11 日武胜党建网时评文章《领导干部应当见"好"就收》）

【典故出处】

语出西晋陈寿《三国志·魏书·少帝纪》："吾以暗昧，爱好文雅，广延诗赋，以知得失，而乃尔纷纭，良用反仄。"

文中典故的意思是：爱好雅文礼乐，广招文人吟诗作赋，以此了解自己在德行上的得失。

【典故解读】

《三国志》是一部记载魏、蜀、吴三国鼎立时期的纪传体断代史，由西晋史学家陈寿所著，为二十四史之一，与《史记》《汉书》《后汉书》并称"前四史"。全书共六十五卷，包括《魏书》三十卷、《蜀书》十五卷、《吴书》二十卷。

引文中"爱好文雅，广延诗赋，以知得失"这段话出自《三国志》中的《魏书·少帝纪》。书中记载了魏少帝亲临大学馆，汇集群臣，命大家即兴赋诗。侍中和逌、尚书陈骞等人作诗迟缓，遭到有关官员上奏，请求免除他们的官职。魏少帝就下了诏书，诏书中就用了"爱好文雅，广延诗赋，以知得失"这句话。他说："我因愚昧，所以爱好雅文礼乐，广招文人吟诗作赋，以此了解自己在德行上的得失，没有想到却招来了这么多事情，因此深感不安，我要原谅和逌等人。我要告诫各位主管官员，从今以后群臣都要研习古文义理，体味理解经典深意，这样才能符合我的心意。"

【场景应用】

公文写作中，"爱好文雅，广延诗赋，以知得失"这句典故，可以用来表达党员干部应该培养健康高尚的兴趣爱好，广泛涉猎文学艺术作品，从中汲取知识，提升修养，丰富自己的精神世界，增强人文关怀和道德理念，以更加全面、细致、深入的眼光来看待社会、审视自己，更好地履行党员干部的职责和使命。

【范文赏析】

发表在武胜党建网上的这篇时评文章提出，新时代的领导干部要把握好自己的爱好，将兴趣爱好与全心全意为人民服务相结合，争做新时代为民务实清廉的好干部。文中引用典故"爱好文雅，广延诗赋，以知得失"，旨在体现古人向来重视从政者的志趣爱好，以此教育引导领导干部培养积极向上的情趣，以健康的爱好感悟社会，品悟进退，同时充实精神世界，磨砺坚强意志，培养优秀品格。